杉山 一志 著

文英堂

はじめに

　皆さん，こんにちは。この単語帳を作成した杉山一志です。まずは，最初に，いろいろな英単語に関する本がある中で，この本を手にとっていただいてありがとうございます。

　英語の勉強は，思うように進んでいますか。英語の勉強を楽しく続けることができているでしょうか。英語の勉強には，皆さんが，学校や塾などで学習しているような文法や構文の学習に加えて，読解問題，または，リスニングなど，いろいろなものがあります。その英語の学習の中でも，英単語を暗記するということは，みなさんが英語ができるようになるために，もっとも大切なものの1つだと言っても言い過ぎではありません。

　なぜなら，文法をいくら学習しても，そこに使われている単語が分からなければ，せっかく分かった文法の理解は，半減してしまいますし，読解問題では，単語の力がなければ，その理解はほとんどできなくなってしまいます。またリスニングの勉強のために，いくら英語を聞いたとしても，知らない単語を聞き取ったり，理解したりすることは，無理ですよね。

　そこで，日本で英語を勉強する私たちが，英文読解やリスニングの中で，理解がスムーズに行えるように，また，皆さんの中から，将来，外国に行って仕事をしたりする人がたくさん出てくることを期待して，本当に習得しておきたい英単語を余すところなく載せました。

　また，できるだけ，覚えたい単語が，どのような文章や他の単語とともに使われることが多いのかということにも気を配って，コロケーション（連語）という形でも紹介してあります。

　この単語帳を用いて，学校のテストだけではなく，将来において，より実戦的な英語力をつけた，「本当に英語が出来る人」が，たくさん登場してくれることを心より期待しています。

　　　　　　　　　　　　　　　　　　　　　　　著者　杉山　一志

もくじ

本書の特長と使い方 ·· 4
音声ダウンロード ·· 8

STAGE 1 基本英単語 ·· 9
　　　　　まとめて覚える英単語① ························ 76

STAGE 2 必修英単語 ·· 93
　　　　　まとめて覚える英単語② ······················· 154

STAGE 3 標準英単語 ··· 159
　　　　　まとめて覚える英単語③ ······················· 234

STAGE 4 発展英単語① ·· 237

STAGE 5 発展英単語② ·· 299
　　　　　まとめて覚える英単語④ ······················· 336

STAGE 6 英熟語 ··· 337

不規則動詞の変化表 ··· 356
さくいん　英単語 ··· 359
　　　　　英熟語 ··· 380

本書の特長と使い方

300語増の教科書に出た英単語を全掲載

　2012年より中学校の英語で覚える単語が3年間で**300語増えました**。高校入試、特に国公立高校の入試は教科書の影響を大きく受けますので、**高校入試で必要とされる英単語の数も**それに応じて**増えると予想されます**。

　本書は全6種類の英語の検定教科書を分析。名前や地名（一部を除く）などの固有名詞を除くすべての単語を掲載しました。

学習率の高い順に学べる

　本書は各教科書使用率を参考に按分し、学習率という目安を設けました。多く使用されている教科書に出ている単語ほど高い学習率になります。すべての教科書に出た単語は100%になります。

　都道府県立高校は、その都道府県で採択された教科書の単語を参考に問題を作ります。本書の学習率の高い単語ほど出る確率の高い重要な単語と考えられます。

　本書は学習率に応じて5つのSTAGEに分けました。

		学習率	語数	累計語数
STAGE 1	基本英単語	*100%*	457語	457語
STAGE 2	必修英単語	*99.9%〜50%*	417語	874語
STAGE 3	標準英単語	*49.9%〜25%*	510語	1,384語
STAGE 4	発展英単語①	*24.9%〜10%*	422語	1,806語
STAGE 5	発展英単語②	*9.9%〜0.1%*	387語	2,193語

　STAGE1は100%、すなわちすべての教科書に出る単語です。STAGE2まで終えると、全国の半分の生徒が教わる単語を学んだことになります。STAGE3まで終えると累計1384語、約3/4の生徒が教わる単語を学んだことになります。中学校で覚える単語は1200語ですので、まず、ここ

まで覚えることを目標にしましょう。

さらに余力があればSTAGE4, SAGE5まで覚えてみましょう。STAGE4は25％未満，STAGE5に至っては10％未満の生徒が学んでいるだけです。このような語は，公立高校の入試に脚注なしに出ることはほとんどないと思われますが，中学の教科書に出てきた語には違いありません。また，学校によって出題基準の違う私立高校，特に難関校では出る可能性があります。これらの語は高校に入ってから覚える単語でもあるので，ここで覚えておくとあとあと役に立つはずです。

まとめて覚える英単語

曜日・月・数字など同じ仲間の単語といっしょに覚えた方が効果的なものを「まとめて覚える英単語」として20のジャンル別に掲載しました。見出し語と重複している単語が大半ですが，ここでのみ出てくる語が140語ほどあります。例文や連語で覚えるより「まとめて覚えた方がよいと思われる」単語です。本文の見出し語とこの語を足すと，**書名の2300語を超えることになります。**

負担の少ない短い例文と連語（フレーズ）

本書はSTAGE4までの各単語に原則として連語（熟語を含む）と短い例文をつけています。例文より**連語の方が読む負担や文法の知識を使う負担が少なくて済みます。**また例文同様，単語の使い方や単語と単語の結びつき（コロケーション）がわかるとともに，フレーズ（句）の感覚も身についてきます。フレーズの感覚が身についていると，英文を読んだり聞いたりしたときに，文の構造をつかめるようになります。

学年の目安もわかる

右ページの上にはどの学年で習う単語かがわかる「初出学年」のゲージがあります。そのページにある単語の6教科書の初出学年の平均です。ここでだいたい何年で学ぶ単語かがわかります。

重要な単語をやさしい順番で覚える

単語は学習率の高い順に10%きざみ(STAGE3以後は一部5%きざみ)に分類。さらに初出学年の低い順に分けて掲載しました。**多くの生徒が学んでいる重要な単語を,若い学年で学ぶやさしい単語から覚える**構成になっています。

ページの構成

見出し語の情報

本書の単語の見出し語は,STAGE1〜STAGE4までは1ページに7語,見開きで14語を掲載しています。STAGE5では11語(見開きで22語),STAGE6の「英熟語」では12語(見開きで24語)を掲載しています。

付属の赤フィルターを使って,日本語を隠し,確認しながら覚えてください。音声も文英堂のホームページよりダウンロードできます(➡ p.8)。見出し語と意味を収録しています。耳からの学習もあわせてやってみてください。

通し番号 / この単語の学習率 / 単語の意味

見出し英単語: □ 0295 *100%* **mouth**

発音記号: [mauθ] マウス

カタカナ発音(太字はアクセントのある場所)

名 □
複 mouths [mauðz マウズズ]
➡ eye 名(目), nose 名(鼻)
▶ a small mouth (小さな□)

単語の情報

熟語も213語掲載

各単語の情報にも熟語を載せているものがありますが,特に重要な熟語213語をSTAGE6に掲載しました。使用数上位3教科書のいずれかに出てきたものの中から,重要なものを選んでいます。

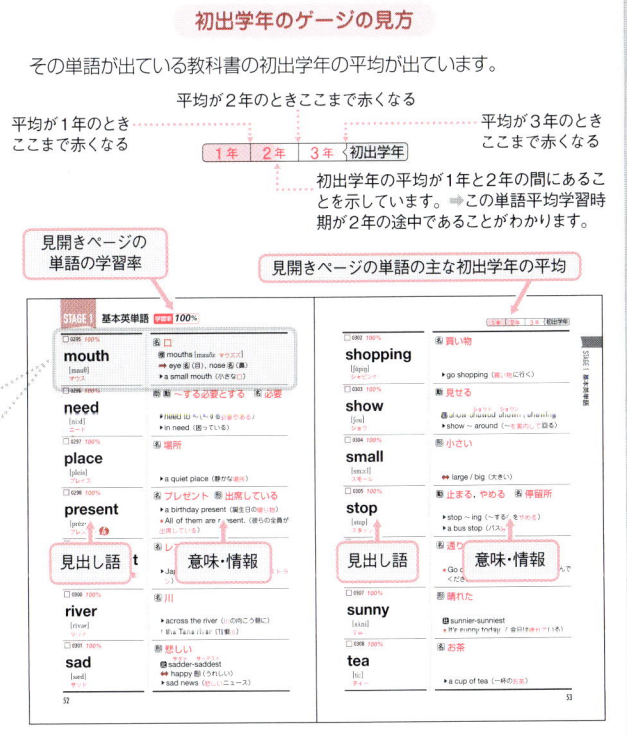

初出学年のゲージの見方

その単語が出ている教科書の初出学年の平均が出ています。

平均が1年のときここまで赤くなる
平均が2年のときここまで赤くなる
平均が3年のときここまで赤くなる

初出学年の平均が1年と2年の間にあることを示しています。⇒この単語平均学習時期が2年の途中であることがわかります。

本書の記号

- **=** ほぼ同じ意味を表す語句
- **➡** 派生語，関連語句
- **↔** 反意語
- **▶** フレーズ（句）・熟語
- **活** 動詞の活用
- **複** 名詞の複数形
- **🔊** 発音に注意する単語
- **ⓐ** アクセントに注意する単語
- **同音** 同音だがつづりが違う単語
- **●** 例文
- **比** 形容詞・副詞の比較変化
- **三単現** 動詞の三人称単数現在の形

品詞

- **名** 名詞
- **代** 代名詞
- **動** 動詞
- **形** 形容詞
- **副** 副詞
- **前** 前置詞
- **助** 助動詞
- **接** 接続詞
- **間** 間投詞

音声ダウンロードサービスについて

本書の〈見出し語と日本語〉の音声が，小社HPより無料でダウンロードできます。お手持ちのパソコンより，下記HPにアクセスしてください。

http://www.bun-eido.co.jp

携帯電話からも＜見出し語と日本語＞の音声が無料でダウンロードできます。下記のバーコード（QR）をご利用ください。

（コードが利用できない場合は，下記の
URLにアクセスしてください）

http://www.bun-eido.co.jp

STAGE 1
基本英単語

学習率 *100%*

単語 1~457

STAGE 1 基本英単語 学習率 100%

0001 100%
about
[əbáut]
アバウト

前 〜について 副 およそ

▶ about the topic（そのトピックについて）
▶ about 10 years ago（およそ10年前）

0002 100%
after
[ǽftər]
アフタァ

前 〜のあとに 接 〜したあとで

▶ after school（放課後）
▶ after he went home（彼が家に帰ったあとで）

0003 100%
afternoon
[æftərnúːn]
アフタヌーン

名 午後

▶ in the afternoon（午後に）

0004 100%
again
[əgéin]
アゲイン

副 再び

● Try again!（もう一度やってみなさい）

0005 100%
animal
[ǽnəməl]
アニマル

名 動物

▶ plants and animals（植物と動物）

0006 100%
any
[éni]
エニ

形（否定文・疑問文で）少しも, いくらかの（肯定文で）どんな…でも

● Any questions?（何か質問がありますか）

0007 100%
at
[æt]
アット

前 〜に, 〜で

▶ at the station（駅に）

| 1年 | 2年 | 3年 | 初出学年 |

0008 *100%*
bag
[bæg]
バッグ

名 かばん

▶ a heavy bag（重たいかばん）

0009 *100%*
baseball
[béisbɔːl]
ベイスボール

名 野球

theは不要
▶ play baseball（野球をする）
▶ a baseball player（野球選手）

0010 *100%*
basketball
[bæskitbɔːl]
バスケトゥボール

名 バスケットボール

▶ play basketball（バスケットボールをする）
▶ a basketball player（バスケットボールの選手）

0011 *100%*
beautiful
[bjúːtəfəl]
ビューティフル

形 美しい

→ beauty 名（美しさ）
● The woman is very beautiful.（その女性はとても美しい）

0012 *100%*
bed
[bed]
ベッド

名 ベッド

▶ on the bed（ベッドで）
▶ go to bed（寝る）

0013 *100%*
big
[big]
ビッグ

形 大きい

ビガァ　ビゲスト
比 bigger-biggest
▶ a big dog（大きな犬）

0014 *100%*
birthday
[bɚːθdei]
バースデイ

名 誕生日

● Today is his birthday.（今日は彼の誕生日です）

STAGE 1 基本英単語 学習率 100%

□ 0015 *100%*

book
[buk]
ブック

名 本

▶ a useful book（役に立つ本）

□ 0016 *100%*

boy
[bɔi]
ボイ

名 男の子, 少年
複 boys [-iz ズ]
⇔ girl 名（少女）
▶ a little boy（小さな男の子）

□ 0017 *100%*

by
[bai]
バイ

前 ～によって, ～のそばで

▶ by car（車を使って）
▶ by the lake（池のそばで）

□ 0018 *100%*

can
[kæn]
キャン

助 ～できる　名 缶
➡（過去形）could [kud クッド]
▶ can swim fast（速く泳ぐことができる）
▶ an empty can（空の缶）

□ 0019 *100%*

cap
[kæp]
キャップ

名 帽子

▶ put on a cap（帽子をかぶる）
▶ take off a cap（帽子をぬぐ）

□ 0020 *100%*

cat
[kæt]
キャット

名 ネコ

▶ a black cat（黒いネコ）

□ 0021 *100%*

CD
[síːdiː]
スィーディー

名 CD

▶ many CDs（多くのCD）
▶ listen to the CDs（CDを聞く）

| 1年 | 2年 | 3年 | 初出学年 |

☐ 0022 *100%*

class
[klæs]
クラス

名 **クラス**, 授業
複 classes [-iz イズ]
- I like this class.（私はこのクラスが好きだ）
▶ in class（授業で）

☐ 0023 *100%*

come
[kʌm]
カム

動 **来る**
活 come-came-come ; coming （ケイム）
▶ come to Japan（日本に来る）

☐ 0024 *100%*

day
[dei]
デイ

名 **日**
複 days [-z ズ]
→ month 名（月）, year（年）
▶ these days（最近は）

☐ 0025 *100%*

dear
[diər]
ディア

形 **親愛なる**

▶（手紙の最初に）Dear 〜 ,（親愛なる〜へ）

☐ 0026 *100%*

do
[duː]
ドゥー

動 **する**
助 一般動詞の疑問文で文頭に置く
活 do-did-done ; doing （ディッド ダン）
▶ do my homework（私の宿題をする）

☐ 0027 *100%*

dog
[dɔ(ː)g]
ド(ー)グ

名 **犬**

複 dogs [-z ズ]
▶ a guide dog（盲導犬）

☐ 0028 *100%*

eat
[iːt]
イート

動 **食べる**
活 eat-ate-eaten ; eating （エイト イートゥン）
- What do you want to eat?（何を食べたいですか）

STAGE 1 基本英単語

STAGE 1 基本英単語 学習率 100%

☐ 0029 *100%*

egg
[eg]
エッグ

名 卵
複 eggs [-z ズ]
▶ boiled eggs (ゆで卵)
▶ lay an egg (卵を産む)

☐ 0030 *100%*

English
[íŋgliʃ]
イングリシ

名 英語 形 英語の

▶ an English word (英単語)

☐ 0031 *100%*

enjoy
[indʒɔ́i] 🔊
エンヂョイ

動 〜を楽しむ

▶ enjoy cooking (料理を楽しむ)
× enjoy to cook

☐ 0032 *100%*

evening
[íːvniŋ]
イーヴニング

名 夜, 夕方

▶ in the evening (夜に)
● Good evening. (こんばんは)

☐ 0033 *100%*

every
[évri]
エブリィ

形 すべての (あとの名詞は単数形)

▶ every student (すべての学生)

☐ 0034 *100%*

excuse
[ikskjúːz]
イクスキューズ

動 〜の言いわけをする

● Excuse me. (すみません)
● Excuse me, but ... (すみませんが…)

☐ 0035 *100%*

family
[fǽm(ə)li]
ファミリィ

名 家族

複 families [-z ズ]
● This is my family. (これが私の家族です)

14

| 1年 | 2年 | 3年 | 初出学年 |

☐ 0036 **100%**

father

[fáːðər]
ファーザァ

名 父, 父親

⇔ mother 名（母, 母親）
▶ Father's Day（父の日）

☐ 0037 **100%**

favorite

[féiv(ə)rit]
フェイヴ(ァ)リト

形 お気に入りの

▶ his favorite song（彼のお気に入りの歌）

☐ 0038 **100%**

for

[fɔːr]
フォー(ァ)

前 〜のために, 〜に対して, 〜の間

▶ for your birthday（あなたの誕生日に）
▶ for two weeks（2週の間）

☐ 0039 **100%**

friend

[frend]
フレンド

名 友だち

▶ a friend of mine（私の友だち）
▶ make friends with 〜（〜と親しくなる）

☐ 0040 **100%**

from

[frɑm]
フラム

前 〜から

● He is from Korea.（彼は韓国の出身です）
▶ from 〜 to ...（〜から…まで）

☐ 0041 **100%**

get

[get]
ゲット

動 手に入れる

活 get-got-got(ten); getting
▶ get a card（カードを手に入れる）
▶ get a computer（コンピュータを手に入れる）

☐ 0042 **100%**

girl

[gəːrl]
ガール

名 女の子

⇔ boy 名（男の子）

STAGE 1 基本英単語

STAGE 1 基本英単語 学習率 100%

☐ 0043 *100%*

go
[gou]
ゴウ

動 行く
三単現 goes
活 go-went-gone ; going
▶ go to school（学校へ行く）

☐ 0044 *100%*

good
[gud]
グッド

形 よい
比 better-best
▶ a good boy（よい男の子）
▶ a good idea（よい考え）

☐ 0045 *100%*

guitar
[gitá:r]
ギター

名 ギター

▶ play the guitar（ギターをひく）

☐ 0046 *100%*

have
[hæv]
ハヴ

動 〜を持つ
活 have-had-had ; having
▶ have a car（車を持つ）
▶ have a cold（風邪をひく）

☐ 0047 *100%*

here
[híər]
ヒア

副 ここに
同音 hear（聞く）
⇔ there（そこに）
● Come here.（ここに来なさい）

☐ 0048 *100%*

home
[houm]
ホウム

名 家, 家庭　**副** 家に

▶ my home（私の家）
● Go home.（家に帰りなさい）

☐ 0049 *100%*

house
[haus]
ハウス

名 家
複 houses [háuziz ハウジィズ]
▶ a wooden house（木の家）

16

| 1年 | 2年 | 3年 | 初出学年 |

□ 0050 *100%*

how

[hau]
ハウ

□ 0051 *100%*

in

[in]
イン

□ 0052 *100%*

interesting

[ínt(ə)ristiŋ]
インタレスティング

□ 0053 *100%*

know

[nou]
ノウ

□ 0054 *100%*

last

[læst]
ラスト

□ 0055 *100%*

like

[laik]
ライク

□ 0056 *100%*

listen

[lísn]
リスン

副 **どのように**

- How old are you?（あなたは何歳ですか）
- ▶ How about ～?（～はいかがですか）

前 **～の中に**

- ▶ in the box（箱の中に）

形 **おもしろい**

比 more interesting-most interesting
- ▶ an interesting idea（おもしろい考え）

動 **知る**

活 know-knew-known
ニュー　ノウン
- Do you know that man?（あなたはあの男性を知っていますか）

形 **最後の**

比 late-latter-last
ラダァ　ラスト
⇔ first 形（最初の）
- ▶ the last train（最終電車）

動 **～を好む**　前 **～のような**

- I like this movie very much.（私はこの映画がとても好きだ）
- ▶ like an angel（天使のような）

動 **聞く**

- ▶ listen carefully（注意して聞く）
- ▶ listen to music（音楽を聞く）

STAGE 1 基本英単語

STAGE 1 基本英単語 学習率 100%

☐ 0057 **100%**

live
[liv]
リヴ

動 住む

▶ live in ~ (~に住む)

☐ 0058 **100%**

long
[lɔ(ː)ŋ]
ロ(ー)ング

形 長い

↔ short 形 (短い)
▶ for a long time (長い間)

☐ 0059 **100%**

look
[luk]
ルック

動 見る, ~に見える

▶ look at him (彼を見る)
▶ look like a doctor (医者のように見える)

☐ 0060 **100%**

lot
[lɑt]
ラット

名 たくさん

▶ a lot of ~ (たくさんの~) = lots of ~

☐ 0061 **100%**

make
[meik]
メイク

動 ~を作る

活 make-made-made ; making
　　　　メイド
▶ make a friend (友だちができる)

☐ 0062 **100%**

many
[méni]
メニィ

形 たくさんの　代 たくさん

比 more-most
　　モーア　モウスト
● I have many friends. (私にはたくさんの友だちがいます)

☐ 0063 **100%**

meet
[miːt]
ミート

動 ~に会う

活 meet-met-met ; meeting
　　　　メット
▶ meet Tom (トムに会う)

| 1年 | 2年 | 3年 | 初出学年 |

☐ 0064 **100%**

morning
[mɔ́ːrniŋ]
モーニング

名 **朝, 午前**
- ▶in the morning（朝に）
- ▶on Monday morning（月曜の午前中に）

☐ 0065 **100%**

mother
[mʌ́ðər]
マザァ

名 **母, 母親**

⇔ 名 father（父, 父親）

☐ 0066 **100%**

much
[mʌtʃ]
マッチ

形 **たくさんの**　代 **たくさん**
（数えられないものにつく）
= a lot of ～　比 more-most
- ▶much money（たくさんのお金）

☐ 0067 **100%**

music
[mjúːzik]
ミューズィク

名 **音楽**

- Let's listen to music.（音楽を聞きましょう）

☐ 0068 **100%**

name
[neim]
ネイム

名 **名前**

- What's your name?（あなたの名前は何ですか）

☐ 0069 **100%**

new
[n(j)uː]
ニュー

形 **新しい**

⇔ old 形（古い）
- ▶a new teacher（新しい先生）

☐ 0070 **100%**

nice
[nais]
ナイス

形 **よい, すてきな**
- ▶a nice camera（よいカメラ）
- ▶a nice dress（すてきなドレス）
- ▶Nice to meet you.（はじめまして）

STAGE 1 基本英単語

STAGE 1　基本英単語　学習率 100%

☐ 0071 *100%*

o'clock
[əklάk]
オクラック

副 〜時

▶ at five o'clock（5時に）

☐ 0072 *100%*

often
[ɔ́(ː)fən]
オ(ー)フン

副 しばしば

▶ often go to 〜（〜によく行く）

☐ 0073 *100%*

on
[ɑn]
アン

前 〜の上に（接触を表す）

▶ on the table（テーブルの上に）
▶ on Sunday（日曜日に）

☐ 0074 *100%*

pen
[pen]
ペン

名 ペン

▶ a useful pen（役に立つペン）

☐ 0075 *100%*

piano
[piǽnou]
ピアノウ

名 ピアノ
複 pianos [-z ズ]
➡ pianist 名（ピアニスト）
▶ play the piano（ピアノを演奏する）

☐ 0076 *100%*

picture
[píktʃər]
ピクチァ

名 写真, 絵

▶ take a picture（写真をとる）

☐ 0077 *100%*

play
[plei]
プレイ

動 遊ぶ, (楽器などを)演奏する

▶ play the guitar（ギターをひく）

20

1年 | 2年 | 3年 〈初出学年

☐ 0078 *100%*

player

[pléiər]
プレイア

名 選手

▶ a soccer player（サッカー選手）

☐ 0079 *100%*

please

[pli:z]
プリーズ

副 どうぞ　動 〜を喜ばせる

▶ Come in, please.（どうぞお入りください）

☐ 0080 *100%*

read

[ri:d] 🔊
リード

動 読む

活 read-read-read（過去形・過去分詞も同形　レッド　レッド）
● She read the novel.（彼女はその小説を読んだ）

☐ 0081 *100%*

really

[rí:(ə)li]
リー(ア)リィ

副 本当に（会話文で）

● Really?（本当に？）

☐ 0082 *100%*

right

[rait]
ライト

名 右　形 右の, 正しい

● He is right.（彼は正しい）
▶ my right hand（私の右手）

☐ 0083 *100%*

run

[rʌn]
ラン

動 走る

活 run-ran[ræn]-run ; running　ラン
▶ run home（家まで走る）

☐ 0084 *100%*

school

[sku:l]
スクール

名 学校

▶ go to school（学校に行く）

STAGE 1 基本英単語

STAGE 1 基本英単語 学習率 100%

☐ 0085 *100%*

see
[siː]
スィー

動 見る
活 see-saw-seen ; seeing
▶ see Tom（トムに会う）
▶ go to see the movie（映画を見に行く）

☐ 0086 *100%*

sister
[sístər]
スィスタァ

名 姉, 妹

⇔ brother 名（兄, 弟）

☐ 0087 *100%*

some
[sʌm]
サム

形 いくつかの
（否定文・疑問文は any）

▶ some books（何冊かの本）

☐ 0088 *100%*

sometimes
[sʌ́mtaimz]
サムタイムズ

副 ときどき

● Ken is sometimes late for school.（ケンはときどき学校に遅れる）

☐ 0089 *100%*

sorry
[sɔ́ri]
サリィ

形 すまなく思って, 気の毒で

● I'm sorry.（ごめんなさい）

☐ 0090 *100%*

speak
[spiːk]
スピーク

動 話す
活 speak-spoke-spoken ; speaking
　　　　スポウク　スポウクン
➡ speech 名（演説）
▶ speaks English well（上手に英語を話す）

☐ 0091 *100%*

start
[staːrt]
スタート

動 〜を始める, 始まる

▶ start a new life（新しい生活を始める）

22

☐ 0092 **100%**

student

[st(j)úːdnt]
ステューデント

☐ 0093 **100%**

study

[stʌ́di]
スタディ

☐ 0094 **100%**

summer

[sʌ́mər]
サマァ

☐ 0095 **100%**

swim

[swim]
スウィム

☐ 0096 **100%**

take

[téik]
テイク

☐ 0097 **100%**

talk

[tɔːk]
トーク

☐ 0098 **100%**

tennis

[ténis]
テニス

1年 2年 3年 〈初出学年

名 学生

▶ a junior high school student（中学生）

動 勉強する

活 study-studied-studied　複 studies [ㄙ ズ]
● He studied Japanese history.（彼は日本史を勉強しました）

名 夏

▶ summer vacation（夏休み）
▶ in summer（夏に）

動 泳ぐ

活 swim-swam[swæm]-swum[swʌm]
　　　スワム　　　　　スワム
▶ swim in the river（川で泳ぐ）

動 とる，(時間が) かかる

活 take-took-taken ; taking
　　　トゥック テイクン
▶ take some pictures（写真をとる）
▶ take two hours（2時間かかる）

動 話す

▶ talk about ~（~について話す）
▶ talk with ~（~と話をする）

名 テニス

▶ play tennis（テニスをする）

STAGE 1　基本英単語

STAGE 1 基本英単語 学習率 *100%*

☐ 0099 *100%*

that

[ðæt]
ザット

代 **あれ**　形 **あの**

複 those
- That is a cat.（あれはネコだ）
- ▶ that computer（あのコンピュータ）

☐ 0100 *100%*

then

[ðen]
ゼン

副 **そのとき**

▶ since then（そのとき以来）

☐ 0101 *100%*

there

[ðéər]
ゼア

副 **そこに，そこで**

⇔ here 副（ここに）
▶ over there（あそこに）

☐ 0102 *100%*

this

[ðis]
ズィス

代 **これ**　形 **この**

複 these
- This is good.（これはいい）
- ▶ this chair（この椅子）

☐ 0103 *100%*

time

[taim]
タイム

名 **時間**

▶ kill time（時間をつぶす）
▶ waste time（時間を無駄にする）

☐ 0104 *100%*

to

[tu:]
トゥー

前 **～に**

▶ come to Japan（日本に来る）
to ＋ 動詞の原形（① すること ② するための ③ するために）

☐ 0105 *100%*

today

[tədéi]
トゥデイ

副 **今日は**

- Where are you going today?
（今日はどこに行く予定ですか）

| 1年 | 2年 | 3年 | 〈初出学年

□ 0106 **100%**

too

[tu:]
トゥー

副 (肯定文で) **〜もまた**
(否定文の「も」は either)
- I like this song, too. (私もこの歌が好きです)

□ 0107 **100%**

TV

[tí:ví:]
ティーヴィー

名 テレビ (television の略語)

▶ on TV (テレビで)

□ 0108 **100%**

up

[ʌp]
アップ

副 上に　前 〜の上の方へ

↔ down 副 (下に)
▶ go up (上昇する)

□ 0109 **100%**

very

[véri]
ヴェリィ

副 とても

- This is very interesting. (これはとてもおもしろい)

□ 0110 **100%**

walk

[wɔ:k]
ウォーク

動 歩く

- We walked to the station. (私たちは駅まで歩きました)

□ 0111 **100%**

want

[wɑnt]
ワント

動 望む, 欲しい

活 want-wanted [-id イド]-wanted
▶ want to 〜 (〜したい)

□ 0112 **100%**

watch

[wɑtʃ]
ワッチ

動 見る　名 腕時計

三単現 watches [-iz イズ]
▶ watch a movie (映画を見る)

STAGE 1 基本英単語 学習率 *100%*

☐ 0113 *100%*

week

[wiːk]
ウィーク

名 週

→ day 名（日）year, 名（年）

☐ 0114 *100%*

welcome

[wélkəm]
ウェルカム

動 歓迎する　間 ようこそ

- You are welcome.（どういたしまして）
- Welcome to 〜 .（〜へようこそ）

☐ 0115 *100%*

well

[wel]
ウェル

副 上手に

ベター　ベスト
比 better-best
▶ speak English well（上手に英語を話す）
▶ cook well（上手に料理する）

☐ 0116 *100%*

what

[(h)wɑt]
(フ)ワット

代 何　形 何の

- What is this?（これは何ですか）

☐ 0117 *100%*

when

[(h)wen]
(フ)ウェン

副 いつ　接 〜するとき

- When is your birthday?（あなたの誕生日はいつですか）

☐ 0118 *100%*

where

[(h)weər]
(フ)ウェア

副 どこに

- Where are you from?（あなたはどこの出身ですか）

☐ 0119 *100%*

which

[(h)witʃ]
(フ)ウィッチ

代 どちら　形 どちらの

- Which do you want, tea or coffee?（あなたはお茶とコーヒーのどちらが欲しいですか）

| 1年 | 2年 | 3年 | 〈初出学年 |

STAGE 1 基本英単語

□ 0120 **100%**

who
[hu:]
フー

代 **だれが, だれを**

- Who is that girl?（あの少女はだれですか）

□ 0121 **100%**

whose
[hu:z]
フーズ

代 **だれの**

- Whose bag is this?（これはだれのカバンですか）

□ 0122 **100%**

winter
[wíntər]
ウィンタァ

名 **冬**

⇔ summer 名（夏）
▶ in winter（冬に）

□ 0123 **100%**

with
[wið]
ウィズ

前 **～といっしょに, ～を用いて**

- She wrote a letter with a pen.（彼女はペンで手紙を書いた）

□ 0124 **100%**

write
[rait]
ライト

動 **書く**

活 write-wrote-written ; writing
　　　ロウト　リトゥン
▶ write a letter（手紙を書く）

□ 0125 **100%**

year
[jɪər]
イア

名 **年**

→ century 名（世紀）
▶ last year（昨年）

□ 0126 **100%**

yesterday
[jéstərdi]
イェスタディ

副 **昨日（は）** 名 **昨日**

⇔ tomorrow 副名（明日）
- We walked to the park yesterday.（私たちは, 昨日, 公園まで歩いて行きました）

27

STAGE 1　基本英単語　学習率 100%

☐ 0127　*100%*

all
[ɔːl]
オール

代 **すべて**　形 **すべての**（複数扱い）

▶ all of the students（すべての生徒）

☐ 0128　*100%*

also
[ɔ́ːlsou]
オールソウ

副 **〜もまた**

● She also speaks French.（彼女はフランス語もまた話す）

☐ 0129　*100%*

around
[əráund]
アラウンド

前 **〜の周りに**

▶ around the station
（駅の周りに）
▶ around the park（公園の周りに）

☐ 0130　*100%*

be
[biː]
ビー

動 **〜である**

現在形では is / am / are, 過去形では was / were を用いる。過去分詞は been

☐ 0131　*100%*

bike
[baik]
バイク

名 **自転車**

= bicycle
motorcycle 名（オートバイ）を指すこともある。

☐ 0132　*100%*

bring
[briŋ]
ブリング

動 **〜を持ってくる**

活 bring-brought-brought ; bringing
● Please bring your umbrella.（かさを持ってきてください）

☐ 0133　*100%*

bus
[bʌs]
バス

名 **バス**

▶ by bus（バスで）
▶ a bus stop（バス停）

| 1年 | 2年 | 3年 | 初出学年 |

□ 0134 100%

dinner
[dínər]
ディナァ

名 夕食

→ breakfast 名（朝食）, lunch 名（昼食）
▶ have dinner（夕食を食べる）

□ 0135 100%

down
[dáun]
ダウン

副 下に　前 〜を下りて

⇔ up 副（上に）
▶ go down（下に降りる）

□ 0136 100%

early
[ə́ːrli]
アーリィ

副 早く　形 早い
アーリア アーリエスト
比 earlier-earliest
⇔ late 副（遅く, 遅い）
▶ get up early（早く起きる）

□ 0137 100%

everyone
[évriwʌn]
エヴリワン

代 みんな（単数扱い）

= everybody
● Hello, everyone.（皆さん, こんにちは）

□ 0138 100%

food
[fuːd]
フード

名 食べ物

複 foods [-dz ヅ]
▶ Chinese food（中華料理）

□ 0139 100%

fun
[fʌn]
ファン

名 楽しみ　形 楽しい

● Have fun.（楽しんでね）
▶ a fun game（楽しいゲーム）

□ 0140 100%

game
[geim]
ゲイム

名 ゲーム, 試合
複 games [-z ズ]
▶ a video game（テレビゲーム）
▶ a football game（フットボールの試合）

STAGE 1 基本英単語 学習率 100%

0141 100%
happy
[hǽpi]
ハピィ

形 幸せな
比 happier-happiest (ハピァ ハピエスト)
▶ a happy life (幸せな生活)
● We are happy. (私たちは幸せだ)

0142 100%
help
[help]
ヘルプ

動 助ける 名 手助け
▶ help you (あなたを助ける)
● I need your help. (私はあなたの助けが必要です)

0143 100%
homework
[hóumwə:rk]
ホウムワーク

名 宿題 (数えられない名詞)
▶ do my homework (宿題をする)

0144 100%
hot
[hɔt]
ホット

形 暑い, 熱い
比 hotter-hottest (ホタァ ホテスト)
⟷ cold 形 (寒い, 冷たい)
▶ a hot day (暑い日)

0145 100%
love
[lʌv]
ラヴ

名 愛 動 〜を愛する
▶ first love (初恋)
● I love sushi. (私はおすしが大好きです)

0146 100%
lunch
[lʌntʃ]
ランチ

名 昼食
➡ breakfast 名 (朝食), dinner 名 (夕食)
▶ skip lunch (昼食をぬく〔食べない〕)

0147 100%
man
[mæn]
マン

名 男性, 人
複 men [-men メン]
⟷ women 名 (女性)
▶ a tall man (背の高い男性)

☐ 0148 *100%* **math** [mæθ] マス	名 **数学**（mathematics の短縮形） ▶study math hard（一生懸命数学を勉強する）
☐ 0149 *100%* **month** [mʌnθ] マンス	名 **月** ➡ year 名（年），week 名（週） ▶last month（先月）
☐ 0150 *100%* **near** [níər] ニア	前 **〜の近くに** ▶near my house（私の家の近くに）
☐ 0151 *100%* **next** [nékst] ネクスト	形 **次の** ▶next week（来週） ▶the next page（次のページ）
☐ 0152 *100%* **night** [nait] ナイト	名 **夜** ▶at night（夜に） ▶last night（昨晩）
☐ 0153 *100%* **now** [nau] ナウ	副 **今は，現在は** ● What time is it now?（今何時ですか）
☐ 0154 *100%* **number** [nʌ́mbər] ナンバァ	名 **数** ▶a large number of 〜（とてもたくさんの〜）

STAGE 1 基本英単語 学習率 100%

☐ 0155 *100%*

old
[ould]
オウルド

形 古い, 年をとった
⇔ new 形（新しい）, young 形（若い）
● The old man looks like my grandfather.
（そのお年寄りは私の祖父のようです）

☐ 0156 *100%*

park
[pɑːrk]
パーク

名 公園

▶ in the park（公園で）

☐ 0157 *100%*

pencil
[pénsl]
ペンスル

名 えんぴつ

▶ a mechanical pencil（シャープペンシル）
▶ a red pencil（赤えんぴつ）

☐ 0158 *100%*

people
[píːpl]
ピープル

名 人々
（person の複数形として使われる）

▶ a lot of people（たくさんの人々）

☐ 0159 *100%*

room
[ru(ː)m]
ル(ー)ム

名 部屋

▶ living room（居間）

☐ 0160 *100%*

say
[sei]
セイ

動 言う
活 say-said-said ; saying
セド
● My mother said, "Study harder."（私の母は「もっと勉強しなさい」と言った）

☐ 0161 *100%*

science
[sáiəns]
サイエンス

名 科学, 理科

▶ study science（科学を勉強する）

| | 1年 | 2年 | 3年 | 〈初出学年 |

□ 0162 *100%*

sing
[siŋ]
スィング

動 **歌う**
↔ song 名（歌）
活 sing-sang[sæŋ]-sung[sʌŋ] ; singing
▶ sing very well（とても上手に歌う）

□ 0163 *100%*

soccer
[sákər]
サカァ

名 **サッカー**

▶ a soccer player（サッカー選手）

□ 0164 *100%*

sport
[spɔːrt]
スポート

名 **スポーツ**

● What sport do you like?（どんなスポーツが好きですか）

□ 0165 *100%*

stay
[stei]
ステイ

動 **滞在する**

▶ stay at a hotel（ホテルに滞在する）
▶ stay with him（彼と過ごす）

□ 0166 *100%*

think
[θiŋk]
スィンク

動 **思う，考える**

活 think-thought-thought
▶ think about ～（～のことを考える）

□ 0167 *100%*

those
[ðouz]
ゾウズ

代 **それら**　形 **それらの**

● Those books are mine.（それらの本は私のものです）

□ 0168 *100%*

together
[təgéðər]
トゥゲザァ

副 **いっしょに**

▶ play together（いっしょに遊ぶ）

STAGE 1 基本英単語

33

STAGE 1 基本英単語 学習率 **100%**

☐ 0169 *100%*

try
[trai]
トゥライ

動 試す
複 tries [-z ズ] (つづり注意)
活 try-tried [-d ド]-tried ; trying
▶ try to ~ (～しようと試みる)

☐ 0170 *100%*

use
[ju:z]
ユーズ

動 ～を使う **名** 利用, 使うこと
複 uses [-iz イズ]
活 use-used [-d ド]-used ; using
▶ use my phone (私の電話を使う)

☐ 0171 *100%*

visit
[vízit]
ヴィズィト

動 訪問する

→ visitor **名** (訪問者)
▶ visit the temple (そのお寺を訪れる)

☐ 0172 *100%*

way
[wei]
ウェイ

名 方法

▶ many ways of thinking (たくさんの考え方)

☐ 0173 *100%*

why
[(h)wai]
(フ)ワイ

副 なぜ

● Why don't we ~ ? (いっしょに～しませんか)
● Why don't you ~ ? (～したらどうですか)

☐ 0174 *100%*

work
[wə:rk]
ワーク

動 働く **名** 仕事

▶ work for the company (その会社で働く)

☐ 0175 *100%*

answer
[ǽnsər]
アンサァ

動 答える **名** 答え

● Please answer this question. (この質問に答えてください)

| 1年 | 2年 | 3年 | 初出学年 |

0176 100%
bird
[bə:rd]
バード

名 鳥

▶the flying bird (飛んでいる鳥)

0177 100%
box
[bɑks]
バックス

名 箱

複 boxes [-iz イズ]
▶a lunch box (弁当箱)

0178 100%
breakfast
[brékfəst]
ブレクファスト

名 朝食

→ dinner 名 (夕食), lunch (昼食)
▶eat a big breakfast (朝食をたっぷりとる)

0179 100%
brother
[brʌ́ðər]
ブラザァ

名 兄, 弟

複 brothers [-z ズ]
↔ sister 名 (姉, 妹)

0180 100%
call
[kɔ:l]
コール

動 電話する, (大声で) 呼ぶ
名 電話

▶call Tom twice (トムに2回電話する)

0181 100%
care
[keər]
ケア

名 注意, 世話

→ careful 形 (注意深い)
▶take care of ~ (~の世話をする)

0182 100%
city
[síti]
スィティ

名 都市

複 cities [-z ズ]
▶a big city (大都市)

STAGE 1 基本英単語 学習率 100%

☐ 0183 *100%*

classmate
[klǽsmeit]
クラスメイト

名 クラスメート

▶ meet a classmate（クラスメートと会う）

☐ 0184 *100%*

desk
[desk]
デスク

名 机

▶ a desk calendar（卓上カレンダー）

☐ 0185 *100%*

different
[dífər(ə)nt]
ディフ(ェ)レント

形 異なった
比 more different-most different
⇔ same 形（同じ）
▶ be different from ～（～と異なっている）

☐ 0186 *100%*

door
[dɔːr]
ドー(ア)

名 ドア

▶ front door（玄関のドア）
▶ open the door（ドアを開ける）

☐ 0187 *100%*

fall
[fɔːl]
フォール

動 落ちる 名 秋（＝ autumn）

▶ fall asleep（眠りに落ちる）
▶ in fall（秋に）

☐ 0188 *100%*

famous
[féiməs]
フェイマス

形 有名な
比 more famous-most famous
▶ be famous for ～（～で有名である）

☐ 0189 *100%*

fine
[fain]
ファイン

形 よい
ファイナァ ファイネスト
比 finer-finest
● It is fine today.（きょうはいい天気です）

| 1年 | 2年 | 3年 | 〈初出学年

☐ 0190 *100%*

grandfather
[græ(d)fɑːðər]
グラン(ドゥ)ファーザァ

名 祖父

⇔ grandmother 名 (祖母)

☐ 0191 *100%*

great
[greit]
グレイト

形 偉大な

▶ a great baseball player (偉大な野球選手)
▶ have a great time (大いに楽しむ)

☐ 0192 *100%*

hard
[hɑːrd]
ハード

形 熱心な, かたい   副 一生懸命に

● He studied English very hard. (彼はとても一生懸命に英語を勉強した)

☐ 0193 *100%*

head
[hed]
ヘッド

名 頭

▶ my head (私の頭)

☐ 0194 *100%*

hungry
[hʌ́ŋgri]
ハングリィ

形 空腹の

比 hungrier-hungriest
⇒ hunger 名 (空腹)
▶ very hungry (とても空腹で)

☐ 0195 *100%*

junior
[dʒúːnjər]
ヂューニャ

形 年下の

⇔ senior 形 (年上の)
● He is a junior high school student. (彼は中学生です)

☐ 0196 *100%*

kind
[kaind]
カインド

形 親切な   名 種類

▶ be kind to ~ (~に親切である)
▶ a kind of ~ (~の種類)

STAGE 1 基本英単語 学習率 100%

☐ 0197 *100%*

late
[leit]
レイト

副 遅くに 形 遅い
⇔ early 副（早く）形（早い）
▶ come late（遅れてくる）
▶ late at night（夜遅くに）

☐ 0198 *100%*

leave
[liːv]
リーヴ

動 出発する

活 leave-left-left ; leaving
　　　　レフト
▶ leave for Tokyo（東京に向けて出発する）

☐ 0199 *100%*

life
[laif]
ライフ

名 生活
複 lives [laivz]
動 live [liv]（生きる）
▶ in my life（私の生活で）

☐ 0200 *100%*

of
[ɑv]
アヴ

前 〜の

▶ one of them（それらのうちの1つ）
▶ the tallest of all（皆の中で一番背が高い）

☐ 0201 *100%*

open
[óup(ə)n]
オウプン

動 開く 形 開いた
▶ open the door（ドアを開ける）
● The door is open.（ドアは開いています〔カギはかかっていません〕）

☐ 0202 *100%*

other
[ʌ́ðər]
アザァ

形 ほかの

▶ other people（他人）

☐ 0203 *100%*

over
[óuvər]
オウヴァ

前 〜以上の，〜を越えて

▶ over there（向こうに）

38

| 1年 | 2年 | 3年 | 初出学年 |

☐ 0204 *100%*

phone
[foun]
フォウン

名 電話 (telephone の略)

▶ on [over] the phone (電話で)

☐ 0205 *100%*

so
[sou]
ソウ

副 そのように, それほど

- I think so. (そう思います)
▶ get up so early (とても早く起きる)

☐ 0206 *100%*

soon
[suːn]
スーン

副 すぐに
- They will come back soon. (彼らはすぐに戻ってきます)
▶ as soon as ～ (～するとすぐに)

☐ 0207 *100%*

special
[spéʃ(ə)l]
スペシャル

形 特別な

▶ a special concert (特別なコンサート)

☐ 0208 *100%*

spring
[spriŋ]
スプリング

名 春

▶ in spring (春に)
- Spring has come. (春が来た)

☐ 0209 *100%*

subject
[sʌ́bdʒikt]
サブヂェクト

名 科目

▶ favorite subject (お気に入りの科目)

☐ 0210 *100%*

sure
[ʃuər]
シュア

形 確かな, 確信している

▶ be sure of ～ (～を確信する)

STAGE 1 基本英単語 学習率100%

0211
table
[téibl]
テイブル

名 テーブル

▶ on the table（テーブルの上の）

0212 100%
teach
[ti:tʃ]
ティーチ

動 教える

活 teach-taught-taught（トート）
▶ teach history（歴史を教える）

0213
team
[ti:m]
ティーム

名 チーム

▶ my baseball team（私の野球チーム）

0214 100%
thank
[θæŋk]
サンク

動 〜に感謝する

• Thank you for your help.（助けてくれてありがとう）

0215 100%
thing
[θiŋ]
スィング

名 事(がら)

▶ a lot of things to learn（学ぶべきたくさんのもの）

0216 100%
train
[trein]
トゥレイン

名 電車, 列車

▶ by train（電車で）
▶ an express train（急行列車）

0217 100%
turn
[tə:rn]
ターン

動 曲がる, 変わる

▶ turn right（右に曲がる）
▶ turn red（赤色に変わる）

1年	2年	3年 〈初出学年

0218 100%
under
[ʌ́ndər]
アンダァ

前 ~の下に

▶ under the table (テーブルの下に)

0219 100%
usually
[júːʒuəli]
ユージュアリィ

副 ふつうは

➡ usual 形 (ふつうの)
● I usually get up at seven. (私はふつう7時に起きます)

0220 100%
white
[(h)wait]
(フ)ワイト

名 白 形 白い

▶ a white dog (白い犬)

0221 100%
yellow
[jélou]
イェロウ

名 黄色 形 黄色の

▶ a yellow car (黄色の車)

0222 100%
as
[æz]
アズ

前 ~として
接 ~のように, ~のとき

▶ as a teacher (教師として)
▶ as you can see (見てのとおり)

0223 100%
ask
[æsk]
アスク

動 (質問を)たずねる

● He asked our teacher a question. (彼は私たちの先生に質問をしました)

0224 100%
back
[bæk]
バック

副 もどって

● I'll be back soon. (私はすぐにもどってきます)

STAGE 1 基本英単語 学習率 100%

☐ 0225 *100%*

because
[bikɔ́(:)z]
ビコ(ー)ズ

接 **〜なので**
- because of 〜（〜が原因で）
- Because I felt sick.（私は気分が悪かったからです）

☐ 0226 *100%*

before
[bifɔ́:r]
ビフォー(ァ)

前 **〜の前に**　接 **〜する前に**
- before dinner（夕食の前に）
- before it rains（雨が降る前に）

☐ 0227 *100%*

black
[blæk]
ブラック

名 **黒**　形 **黒い**
- a black cat（黒いネコ）

☐ 0228 *100%*

blue
[blu:]
ブルー

名 **青**　形 **青色の**
- a blue car（青い車）

☐ 0229 *100%*

car
[kɑ:r]
カー

名 **車**
- wash a car（車を洗う）
- a used car（中古車）

☐ 0230 *100%*

clean
[kli:n]
クリーン

動 **掃除する**
- clean the room（部屋を掃除する）

☐ 0231 *100%*

cold
[kould]
コウルド

形 **寒い, 冷たい**
- ↔ hot 形（暑い）
- cold weather（寒い天気）
- It is very cold today.（きょうはとても寒い）

| 1年 | 2年 | 3年 | 〈初出学年〉

☐ 0232 *100%*

color
[kʌ́lər]
カラァ

☐ 0233 *100%*

computer
[kəmpjúːtər]
コンピュータァ

☐ 0234 *100%*

cool
[kuːl]
クール

☐ 0235 *100%*

course
[kɔːrs]
コース

☐ 0236 *100%*

date
[deit]
デイト

☐ 0237

daughter
[dɔ́ːtər]
ドータァ

☐ 0238 *100%*

drink
[driŋk]
ドゥリンク

名 色

▶ a warm color（暖色）
▶ a cold color（寒色）

名 コンピューター

▶ a personal computer（＝PC）（パソコン）
▶ use a computer（コンピューターを使う）

形 すずしい

⇔ warm 形（暖かい）
• It is cool today.（きょうはすずしい）

名 コース, 進路

▶ a summer course（夏期講座）
▶ of course（もちろん）

名 日付

• What date is it today?（きょうは何日ですか）

名 娘

⇔ son 名（息子）
• I have two daughters.（私には2人の娘がいます）

動 飲む 名 飲みもの

活 drink-drank [dræŋk]-drunk [drʌŋk]
  ドゥランク   ドゥランク
▶ drink water（水を飲む）

STAGE 1 基本英単語 学習率 100%

0239 100%
exciting
[iksáitiŋ]
イクサイティング

形 **わくわくさせるような**
- → excited 形 (〈人が〉わくわくしている)
- Football games are exciting. (フットボールの試合はわくわくする)

0240 100%
eye
[ai]
アイ

名 **目**
- → ear 名 (耳), nose 名 (鼻)
- ▶ blue eyes (青い目)

0241 100%
fast
[fæst]
ファスト

副 **速く** 形 **速い**
- ↔ slowly 副 (おそく)
- ↔ slow 形 (おそい)
- ▶ run fast (速く走る)

0242 100%
festival
[féstəvəl]
フェスティヴァル

名 **祭り**
- ▶ summer festival (夏祭り)

0243 100%
fish
[fiʃ]
フィッシ

名 **魚** (単複同形に注意)
- ▶ a tropical fish (熱帯魚)

0244 100%
grandmother
[græn(d)mʌðər]
グラン(ドゥ)マザァ

名 **祖母**
- ↔ grandfather 名 (祖父)
- → grandparents 名 (祖父母)

0245 100%
high
[hai]
ハイ

形 **高い**
- ↔ low 形 (低い)
- ▶ a high mountain (高い山)

| 1年 | 2年 | 3年 | 〈初出学年

☐ 0246 *100%*

idea

[aidí(:)ə]
アイディ(ー)ア

名 考え

- I have a good idea.（私によい考えがあります）

☐ 0247 *100%*

join

[dʒɔin]
チョイン

動 参加する, 加わる

▶ join us（私たちに加わる）

☐ 0248 *100%*

just

[dʒʌst]
チャスト

副 ちょうど

▶ just now（たった今）
▶ just a little（ほんの少し）

☐ 0249 *100%*

later

[léitər]
レイタァ

副 あとで

- Please call back later.（あとで電話してください）

☐ 0250 *100%*

left

[left]
レフト

名 左　**副** 左に

↔ right **名**（右）**副**（右に）
- Turn left at the corner.（その角で左に曲がりなさい）

☐ 0251 *100%*

minute

[mínit]
ミニト

名 分

→ hour **名**（時間），second **名**（秒）
- Just a minute.（少しお待ちください）

☐ 0252 *100%*

mom

[mɑm]
マム

名 お母さん, ママ

↔ dad **名**（お父さん, パパ）
- I'm hungry, mom.（ママ, お腹すいた）

STAGE 1 基本英単語

STAGE 1 基本英単語 学習率 100%

☐ 0253 *100%*

movie
[múːvi]
ムーヴィ

名 映画

- We went to see a movie yesterday.
（私たちは昨日, 映画を見に行きました）

☐ 0254 *100%*

off
[ɔ(ː)f]
オ(ー)フ

副 〜から離れて

▶ get off（降りる）

☐ 0255 *100%*

only
[óunli]
オウンリィ

副 (わずか)〜だけ　形 ただ1つの

▶ only ten students（わずか10人の生徒だけ）

☐ 0256 *100%*

out
[aut]
アウト

副 外に

⟷ in（中に）
▶ go out（外出する）
▶ eat out（外食する）

☐ 0257 *100%*

popular
[pápjulər]
パピュラァ

形 人気のある

比 more popular-most popular
- He is a popular singer.（彼は人気のある歌手です）

☐ 0258 *100%*

put
[put]
プット

動 〜を置く

活 put-put-put ; putting
▶ put on 〜（〜を着る）

☐ 0259 *100%*

question
[kwéstʃən]
クウェスチョン

名 質問

⟷ answer 名（答え）
- I have a question.（私は質問があります）

46

| 1年 | 2年 | 3年 | 〈初出学年

□ 0260 *100%*

rice
[raɪs]
ライス

名 米

▶ rice cake（もち）

□ 0261 *100%*

sea
[siː]
スィー

名 海

同音 see
▶ in the sea（海で）
▶ by the sea（海のそばに）

□ 0262 *100%*

season
[síːzn]
スィーズン

名 季節

▶ four seasons（四季）

□ 0263 *100%*

shop
[ʃɑp]
シャップ

名 店

= store
▶ a pet shop（ペットショップ）

□ 0264 *100%*

sit
[sɪt]
スィット

動 座る

活 sit-sat-sat ; sitting（サット）
▶ sit on a sofa（ソファーに座る）

□ 0265 *100%*

sleep
[sliːp]
スリープ

動 眠る

活 sleep-slept-slept ; sleeping（スレプト）
▶ sleep well（ぐっすり眠る）

□ 0266 *100%*

something
[sʌ́mθɪŋ]
サムスィング

代 何か

▶ something nice（何かいいもの）
　× nice something
▶ say something（何かを言う）

STAGE 1 基本英単語 学習率 100%

☐ 0267 *100%*

stand
[stænd]
スタンド

動 立つ

活 stand-stood-stood (ストゥッド)
- Stand up. (立ちなさい)

☐ 0268 *100%*

still
[stíl]
スティル

副 まだ

- He is still sleeping. (彼はまだ眠っています)

☐ 0269 *100%*

tall
[tɔ́ːl]
トール

形 背が高い

⇔ short 形 (背が低い)
- He is very tall. (彼はとても背が高い)

☐ 0270 *100%*

tired
[táiərd]
タイアド

形 疲れた

比 more tired-most tired
- He looks tired. (彼は疲れているようです)

☐ 0271 *100%*

tree
[tríː]
トゥリー

名 木

▶ a big tree (大きな木)

☐ 0272 *100%*

ago
[əɡóu]
アゴウ

副 (今から)〜前に

▶ two years ago (2年前に)

☐ 0273 *100%*

away
[əwéi]
アウェイ

副 (位置が)離れて

▶ run away (逃げる)
▶ away from (〜から離れて)

| 1年 | 2年 | 3年 ⟨初出学年

☐ 0274 **100%**

cake
[keik]
ケイク

名 ケーキ

▶ chocolate cake (チョコレートケーキ)

☐ 0275 **100%**

carry
[kǽri]
キャリィ

動 〜を運ぶ

活 carry-carried [-d ド]-carried ; carrying
▶ carry the bag (そのかばんを運ぶ)

☐ 0276 **100%**

cherry
[tʃéri]
チェリィ

名 さくらんぼ, 桜の木

▶ cherry blossom (桜の花)

☐ 0277 **100%**

child
[tʃaild]
チャイルド

名 子ども

複 children (子どもたち)
▶ an only child (ひとりっ子)

☐ 0278 **100%**

cloudy
[kláudi]
クラウディ

形 くもっている

• It was cloudy yesterday. (きのうはくもっていた)

☐ 0279 **100%**

coffee
[kɔ́(:)fi]
コ(ー)フィ

名 コーヒー

▶ a cup of coffee (一杯のコーヒー)

☐ 0280 **100%**

country
[kʌ́ntri]
カントゥリィ

名 国

複 countries [-z ズ]
▶ a foreign country (外国)

49

STAGE 1 基本英単語 学習率 100%

□ 0281 *100%*

cry
[krai]
クライ

動 泣く

活 cry-cried [-d ド]-cried ; crying
- The baby was crying.（赤ちゃんは泣いていました）

□ 0282 *100%*

dream
[dri:m]
ドゥリーム

名 夢　動 夢を見る

▶ have a dream（夢を見る）

□ 0283 *100%*

each
[i:tʃ]
イーチ

形 それぞれの（単数の名詞につける）

▶ each student（それぞれの生徒）
▶ each other（お互い）

□ 0284 *100%*

example
[igzǽmpl]
イグザンプル

名 例

▶ for example（例えば）

□ 0285 *100%*

give
[giv]
ギヴ

動 与える

活 give-gave-given ; giving
ゲイヴ　ギヴン
▶ give you a present（あなたにプレゼントをあげる）

□ 0286 *100%*

hear
[hiər]
ヒア

動 聞く

活 hear-heard-heard ; hearing
　　　ハード
▶ hear of ～（～のうわさを聞く）

□ 0287 *100%*

hour
[áuər]
アウア

名 時間

同音 our（私たちの）
▶ for an hour（1時間）

50

| 1年 | 2年 | 3年 | 〈初出学年 |

☐ 0288 *100%*

Internet
[íntərnet]
インタネト

名 **インターネット**

▶on the Internet（インターネット上で）

☐ 0289 *100%*

language
[lǽŋgwidʒ]
ラングウィヂ

名 **言語**

●How many languages do you speak?
（あなたは何か国語を話しますか）

☐ 0290 *100%*

learn
[ləːrn]
ラーン

動 **〜を学ぶ**

▶learn English（英語を学ぶ）

☐ 0291 *100%*

letter
[létər]
レタァ

名 **手紙**

▶write a letter（手紙を書く）

☐ 0292 *100%*

little
[lítl]
リトゥル

形 **少量の**（数えられない名詞の前で使う）
　　レス　リースト
活 less-least
▶a little（少しの,少しの）, little（ほとんど〜ない）
▶a little money（少しのお金）

☐ 0293 *100%*

mean
[miːn]
ミーン

動 **意味する**
　　　　　　　　　　　メント
活 mean-meant-meant
●What does this word mean?（この語は何を意味しますか）

☐ 0294 *100%*

miss
[mis]
ミス

動 **のがす**

三単現 misses [-iz イズ]
▶miss the bus（バスをのがす）

STAGE 1 基本英単語 学習率 100%

☐ 0295 *100%*

mouth
[mauθ]
マウス

名 口
複 mouths [mauðz マウズズ]
→ eye 名(目), nose 名(鼻)
▶ a small mouth (小さな口)

☐ 0296 *100%*

need
[ni:d]
ニード

助 動 〜を必要とする 名 必要

▶ need to 〜 (〜する必要がある)
▶ in need (困っている)

☐ 0297 *100%*

place
[pleis]
プレイス

名 場所

▶ a quiet place (静かな場所)

☐ 0298 *100%*

present
[préznt]
プレズント

名 プレゼント 形 出席している
▶ a birthday present (誕生日の贈り物)
• All of them are present. (彼らの全員が出席している)

☐ 0299 *100%*

restaurant
[réstərənt] (つづり注意)
レストラント

名 レストラン

▶ Japanese restaurant (日本食レストラン)

☐ 0300 *100%*

river
[rívər]
リヴァ

名 川

▶ across the river (川の向こう側に)
▶ the Tone river (利根川)

☐ 0301 *100%*

sad
[sæd]
サッド

形 悲しい
サダ　サッデスト
比 sadder-saddest
↔ happy 形 (うれしい)
▶ sad news (悲しいニュース)

52

| 1年 | 2年 | 3年 | 初出学年 |

□ 0302 **100%**

shopping
[ʃápiŋ]
シャピング

名 買い物

▶ go shopping（買い物に行く）

□ 0303 **100%**

show
[ʃou]
ショウ

動 見せる

変 show-showed-shown ; showing
（ショウド　ショウン）
▶ show ～ around（～を案内して回る）

□ 0304 **100%**

small
[smɔːl]
スモール

形 小さい

↔ large / big（大きい）

□ 0305 **100%**

stop
[stap]
スタップ

動 止まる，やめる　名 停留所

▶ stop ～ ing（～するのをやめる）
▶ a bus stop（バス停）

□ 0306 **100%**

street
[striːt]
ストゥリート

名 通り

● Go down this street.（この通りを進んでください）

□ 0307 **100%**

sunny
[sʌ́ni]
サニィ

形 晴れた

比 sunnier-sunniest
● It's sunny today.（今日は晴れている）

□ 0308 **100%**

tea
[tiː]
ティー

名 お茶

▶ a cup of tea（一杯のお茶）

STAGE 1 基本英単語 学習率 **100%**

☐ 0309 *100%*

teacher
[tíːtʃər]
ティーチァ

名 先生

▶an English teacher（英語の先生）

☐ 0310 *100%*

tell
[tel]
テル

動 話す, 言う

活 tell-told-told ; telling （トゥルド）
▶tell a lie（嘘をつく）

☐ 0311 *100%*

tomorrow
[təmɔ́ːrou]
トゥモーロウ

副 明日

↔ 名 yesterday（きのう）
● See you tomorrow.（明日, 会いましょう）

☐ 0312 *100%*

trip
[trip]
トゥリップ

動 旅行する　名 旅行

▶go on a trip（旅行する）

☐ 0313 *100%*

vacation
[veikéiʃən]
ヴェイケイション

名 休暇

▶summer vacation（夏休み）

☐ 0314 *100%*

video
[vídiou]
ヴィディオウ

名 ビデオ　形 ビデオの

▶video game（テレビゲーム）

☐ 0315 *100%*

wash
[waʃ]
ウォッシ

動 洗う

三単現 washes [-iz イズ]
▶wash the dishes（皿を洗う）

54

| 1年 | 2年 | 3年 | 初出学年 |

☐ 0316 *100%*

water

[wɔ́:tər]
ウォータァ

名 水

▶a glass of water（1杯の水）

☐ 0317 *100%*

weather

[wéðər]
ウェザァ

名 天気

▶a weather forecast（天気予報）

☐ 0318 *100%*

woman

[wúmən]
ウマン

名 女性

複 women ウィメン 🔊
▶a woman doctor（女性の医者）

☐ 0319 *100%*

wonderful

[wʌ́ndərfəl]
ワンダフル

形 すばらしい

比 more wonderful-most wonderful
▶a wonderful dinner（すばらしい夕食）

☐ 0320 *100%*

world

[wə:rld]
ワールド

名 世界

▶around the world（世界中の）

☐ 0321 *100%*

always

[ɔ́:lweiz]
オールウェイズ

副 いつも

•He is always busy.（彼はいつも忙しい）

☐ 0322 *100%*

anything

[éniθiŋ]
エニスィング

代 (疑問文で)何か, (否定文で)何も

•Do you have anything in your hand?
（あなたは手に何か持っていますか）

55

STAGE 1　基本英単語　学習率 *100%*

□ 0323　*100%*

arrive
[əráiv]
アライヴ

動 到着する

▶ arrive at the station（駅に到着する）

□ 0324　*100%*

art
[ɑːrt]
アート

名 美術，芸術

▶ Japanese art（日本の美術）

□ 0325　*100%*

between
[bitwíːn]
ビトウウィーン

前 〜の間に（2つのものの間を表す。3つ以上は among）

▶ between A and B（AとBの間に）

□ 0326　*100%*

buy
[bai]
バイ

動 〜を買う
活 buy-bought-bought
ボート
▶ buy a digital camera（デジタルカメラを買う）

□ 0327　*100%*

change
[tʃéindʒ]
チェインジ

動 変える，変わる
名 変化，おつり

▶ change trains（電車を乗りかえる）
▶ a small change（小さな変化）

□ 0328　*100%*

close
動 [klouz] 形 [klous]
クロウズ　クロウス

動 閉じる　形 近い

▶ close the window（窓を閉じる）
▶ be close to 〜（〜に近い）

□ 0329　*100%*

die
[dai]
ダイ

動 死ぬ
活 die-died [-d ド]-died ; dying
➡ dead [ded] 形（死んでいる）
▶ die of cancer（ガンで死ぬ）

| 1年 | 2年 | 3年 | 〈初出学年 |

□ 0330 **100%**

difficult

[dífikəlt]
ディフィカルト

形 難しい

比 more difficult-most difficult
↔ easy 形（簡単な）
▶ a difficult question（難しい質問）

□ 0331 **100%**

during

[d(j)ú(ə)riŋ]
デュ(ア)リング

前 ～の間

▶ during winter vacation（冬休みの間）

□ 0332 **100%**

earth

[əːrθ]
アース

名 地球（ふつう the earth の形）

▶ save the earth（地球を救う）

□ 0333 **100%**

easily

[íːzəli]
イーズィリィ

副 簡単に

▶ easy 形（簡単な）
● You can do it easily.（君は簡単にそれができるよ）

□ 0334 **100%**

excited

[iksáitid]
イクサイティド

形 (人が)わくわくしている

➡ exciting 形（〈物事が〉わくわくさせる）
▶ excited people（わくわくしている人々）

□ 0335 **100%**

face

[feis]
フェイス

名 顔

▶ face to face（面と向かって）

□ 0336 **100%**

fan

[fæn]
ファン

名 ファン

▶ a Giants fan（ジャイアンツ・ファン）

STAGE 1 基本英単語 学習率 100%

☐ 0337 *100%*

feel
[fiːl]
フィール

動 感じる

活 feel-felt-felt (フェルト)
▶ feel good (気持ちがいい)

☐ 0338 *100%*

find
[faind]
ファインド

動 ～を見つける, ～とわかる

活 find-found-found (ファウンド)
▶ find my key (私のカギを見つける)

☐ 0339 *100%*

flower
[fláuər]
フラウア

名 花

▶ a beautiful flower (美しい花)
▶ arrange flowers (花を生ける)

☐ 0340 *100%*

hand
[hænd]
ハンド

名 手

▶ shake hands with ～ (～と握手をする)

☐ 0341 *100%*

hold
[hould]
ホウルド

動 保持する

活 hold-held-held (ヘルド) ; holding
▶ hold world records (世界記録を保持する)
▶ hold on (電話を切らずにそのままにする)

☐ 0342 *100%*

interested
[ínt(ə)ristid] **ア**
インタレスティド

形 興味をもった

▶ be interested in ～ (～に興味をもっている)

☐ 0343 *100%*

into
[íntuː]
イントゥー

前 ～の中に

⇔ out of ～ (～から)
▶ into the store (店の中に)

58

| 1年 | 2年 | 3年 〈初出学年

☐ 0344 *100%*

job
[dʒɑb]
チァブ

名 **仕事**

▶ a hard job (困難な仕事)

☐ 0345 *100%*

keep
[ki:p]
キープ

動 **保つ**

活 keep-kept [kept]-kept ; keeping
▶ keep a diary (日記をつける)

ケプト

☐ 0346 *100%*

large
[lɑ:rdʒ]
ラーチ

形 **大きい**

⟷ small 形 (小さい)
▶ large population (多数の人口)

☐ 0347 *100%*

may
[mei]
メイ

助 **〜かもしれない, してもよい**

(過去形 might)
● May I take your order? (ご注文をうけたまわりましょうか)

☐ 0348 *100%*

move
[mu:v]
ムーヴ

動 **動く**

▶ move to this town (この町に移る)

☐ 0349 *100%*

poor
[puər]
フア

形 **貧しい**

⟷ rich 形 (豊かな)
▶ a poor boy (貧しい少年)

☐ 0350 *100%*

practice
[præktis]
プラクティス

動 **練習する**

▶ practice the piano (ピアノを練習する)

STAGE 1 基本英単語 学習率 100%

0351 100%
program
[próugræm]
プロウグラム

名 プログラム, 番組

▶a TV program（テレビ番組）

0352 100%
same
[seim]
セイム

形 (the と共に) 同じ

⇔ different 形（ちがった）
▶the same dictionary（同じ辞書）

0353 100%
song
[sɔ(:)ŋ]
ソ(ー)ング

名 歌

▶sing a song（歌を歌う）

0354 100%
sound
[saund]
サウンド

名 音

▶the sound of waves（波の音）

0355 100%
station
[stéiʃən]
ステイション

名 駅

● He finally arrived at the station.（彼はようやく駅に到着した）

0356 100%
traditional
[trədíʃ(ə)nəl]
トゥラディショ(ョ)ナル

形 伝統的な

→ tradition 名（伝統）
▶a traditional way（伝統的なやり方）

0357 100%
warm
[wɔːrm]
ウォーム

形 暖かい

→ hot 形（暑い）
● It's getting warm.（暖かくなってきています）

| 1年 | 2年 | 3年 | 初出学年 |

0358 100%
will
[wil]
ウィル

助 ～するでしょう，～するつもりです
- I will go there someday. （私はいつかそこに行くつもりです）

0359 100%
word
[wəːrd]
ワード

名 単語

▶ an English word （英語の単語）

0360 100%
another
[ənʌ́ðər]
アナザァ

形 もう1つの

- Would you like another cup of tea? （もう1杯のお茶はいかがですか）

0361 100%
baby
[béibi]
ベイビィ

名 赤ちゃん
複 babies [-z ズ]
- The baby is very cute. （その赤ちゃんはとてもかわいい）

0362 100%
bad
[bæd]
バッド

形 悪い

比 worse-worst （ワース ワースト）
▶ bad news （悪い知らせ）

0363 100%
become
[bikʌ́m]
ビカム

動 ～になる

活 become-became-become ; becoming （ビケイム）
▶ become a teacher （先生になる）

0364 100%
build
[bild]
ビルド

動 ～を建てる

活 build-built-built ; building （ビルト）
▶ build a bridge （橋をかける）

STAGE 1 基本英単語

STAGE 1 基本英単語 学習率 *100%*

☐ 0365 *100%*

clothes
[klouz]
クロウズ

名 衣服

→ cloth 名（布, 生地）
▶ change clothes（服を着替える）

☐ 0366 *100%*

doctor
[dáktər]
ダクタァ

名 医者

▶ see a doctor（医者にみてもらう）

☐ 0367 *100%*

event
[ivént]
イヴェント

名 できごと

▶ school events（学校行事）

☐ 0368 *100%*

everything
[évriθiŋ]
エヴリスィング

代 すべてのこと（単数扱い）

● Everything is OK.（すべてオーケーだ）

☐ 0369 *100%*

far
[fɑːr]
ファー

副 遠くに

比 farther-farthest
ファーザァ ファーゼスト
▶ far away（遠く離れて）

☐ 0370 *100%*

free
[friː]
フリー

形 自由な, 無料の

→ 名 freedom（自由）
▶ free of charge（無料で）

☐ 0371 *100%*

future
[fjúːtʃər]
フューチァ

名 未来

↔ past 名（過去）, present 名（現在）
▶ in the future（将来は）

| 0372 *100%*

hit
[hit]
ヒット

動 ～を打つ

活 hit-hit-hit ; hitting
▶ hit the ball（ボールを打つ）

| 0373 *100%*

hope
[houp]
ホウプ

動 望む **名 希望**

● I hope to be a teacher.（私は先生になることを望んでいる）

| 0374 *100%*

hospital
[háspitl]
ハスピトゥル

名 病院

▶ in the hospital（病院で）

| 0375 *100%*

if
[if]
イフ

接 もし～すれば

● If it is fine tomorrow, we will go shopping.（もし明日天気がよければ，私たちは買い物に行く予定です）

| 0376 *100%*

important
[impɔ́ːrt(ə)nt]
インポートゥント

形 重要な

比 more important-most important
➡ importance 名（重要性）
▶ an important friend（大切な友だち）

| 0377 *100%*

mountain
[máuntin]
マウンテン

名 山（「～山」と言うときはMt. Fujiのように略語Mt.を使う）

▶ a high mountain（高い山）

| 0378 *100%*

must
[mʌst]
マスト

助 ～しなければならない

● You must help her.（あなたは彼女を助けなければならない）

STAGE 1　基本英単語　学習率 **100%**

□ 0379　*100%*

never

[névər]
ネヴァ

副 決して~ない, 一度も~ない

- I have never met him. (私は彼に会ったことがない)

□ 0380　*100%*

once

[wʌns]
ワンス

副 かつて, 一度

- I have visited Rome once. (私は一度ローマを訪れたことがある)

□ 0381　*100%*

paper

[péipər]
ペイパァ

名 紙

▶ a piece of paper (1枚の紙)

□ 0382　*100%*

peace

[piːs]
ピース

名 平和

同音 piece (1つ)
⇔ war **名** (戦争)
▶ in peace (平和で)

□ 0383　*100%*

problem

[prábləm]
プラブレム

名 問題

▶ a big problem (大きな問題)
▶ solve a problem (問題を解決する)

□ 0384　*100%*

save

[seiv]
セイヴ

動 ~を救う

▶ save the earth (地球を救う)

□ 0385　*100%*

send

[send]
センド

動 ~を送る

活 send-sent-sent ; sending
センt
▶ send an e-mail (Eメールを送る)

| 1年 | 2年 | 3年 ⟨初出学年

☐ 0386 100%

snow
[snou]
スノウ

名 雪 動 雪が降る
▶ heavy snow（大雪）
• It is snowing now.（今, 雪が降っています）

☐ 0387 100%

story
[stɔ́:ri]
ストーリィ

名 物語

複 stories [-z ズ]
▶ an interesting story（おもしろい物語）

☐ 0388 100%

strong
[strɔ(:)ŋ]
ストゥロ(ー)ング

形 強い

⇔ weak 形（弱い）
▶ a strong wind（強い風）

☐ 0389 100%

than
[ðæn]
ザン

接（比較級とともに）～より
⟨比較級+than ～⟩ ～より…

▶ more than ～（～以上）

☐ 0390 100%

understand
[ʌndərstǽnd]
アンダスタンド

動 理解する

活 understand-understood-understood
　　　　　　　アンダストゥッド
▶ understand Chinese（中国語を理解する）

☐ 0391 100%

useful
[jú:sfəl]
ユースフル

形 役に立つ

比 more useful-most useful
▶ a useful dictionary（役に立つ辞書）

☐ 0392 100%

wait
[weit]
ウェイト

動 待つ

同音 weight（重さ）
▶ wait for ～（～を待つ）

STAGE 1　基本英単語　学習率 100%

☐ 0393　100%

wish
[wiʃ]
ウィッシ

動 **望む**　名 **願い**

▶ wish to ～（～することを望む）
▶ my wish（私の願い）

☐ 0394　100%

without
[wiðáut] 🔊
ウィズアウト

前 **～なしで**

⇔ with 前（～といっしょに）
▶ without your help（あなたの助けなしで）

☐ 0395　100%

young
[jʌŋ]
ヤング

形 **若い**　名 （the ～）**若い人たち**

⇔ old 名（年老いた）
▶ a young man（若い男性）

☐ 0396　100%

almost
[ɔ́ːlmoust]
オールモウスト

副 **ほとんど**

▶ almost every student（ほとんどすべての学生）

☐ 0397　100%

anyone
[éniwʌn]
エニワン

代 （主に否定文で）**だれも～ない**, （疑問文で）**だれか～ですか**, （肯定文で）**だれでも**

● I didn't know anyone there.（私はそこではだれも知らなかった）

☐ 0398　100%

begin
[bigín]
ビギン

動 **始まる，～を始める**

活 begin-began-begun ; beginning
　　　ビギャン　ビガン
▶ begin at nine（9時に始める）
▶ begin the lesson（授業を始める）

☐ 0399　100%

collect
[kəlékt]
コレクト

動 **集める**

→ collection 名（収集）
▶ collect stamps（切手を集める）

| 1年 | 2年 | 3年 | 〈初出学年

☐ 0400 *100%*

decide
[disáid]
ディサイド

動 決定する

→ decision 名（決定）
▶ decide to ～（～することを決定する）

☐ 0401 *100%*

draw
[drɔː]
ドゥロー

動 描く

活 draw-drew-drawn ; drawing
（ドゥルー　ドゥローン）
▶ draw a picture（絵を描く）

☐ 0402 *100%*

drum
[drʌ́m]
ドゥラム

名 ドラム

▶ play the drums（ドラムを演奏する）

☐ 0403 *100%*

experience
[ikspí(ə)riəns]
イクスピ(ァ)リエンス

名 経験

• I had a good experience last year.（私は昨年，よい経験をしました）

☐ 0404 *100%*

follow
[fálou]
ファロウ

動 従う

▶ follow this rule（このルールに従う）

☐ 0405 *100%*

forget
[fərgét]
フォゲット

動 忘れる

活 forget-forgot-forgotten[fərgɔ́t] ; forgetting
（フォガット　フォガトゥン）
• I forgot her name.（彼女の名前を忘れた）

☐ 0406 *100%*

grow
[grou]
グロウ

動 成長する

活 grow-grew-grown
（グルー　グロウン）
▶ grow up（成長する）

STAGE 1　基本英単語　学習率 100%

☐ 0407 *100%*

light
[lait]
ライト

名 光, 明かり　形 軽い

▶ turn on the light（明かりをつける）
▶ as light as air（空気のように軽い）

☐ 0408 *100%*

lose
[lu:z]
ルーズ

動 失う

活 lose-lost(ロースト)-lost ; losing
▶ lose my key（カギをなくす）

☐ 0409 *100%*

meaning
[mí:niŋ]
ミーニング

名 意味

▶ the meaning of the word（その単語の意味）

☐ 0410 *100%*

message
[mésidʒ]
メセヂ

名 メッセージ

▶ take a message（メッセージを受け取る）

☐ 0411 *100%*

money
[máni]
マニィ

名 お金

▶ spend money（お金を使う）
● I need much money to buy a car.
（車を買うのにたくさんのお金が必要だ）

☐ 0412 *100%*

musician
[mju:zíʃən]
ミューズィシャン

名 ミュージシャン

▶ a famous musician（有名なミュージシャン）

☐ 0413 *100%*

newspaper
[n(j)ú:zpeipər]
ニューズペイパァ

名 新聞

▶ read a newspaper（新聞を読む）

| 1年 | 2年 | 3年 〈初出学年 |

□ 0414 *100%*

part
[pɑːrt]
パート

名 部分

▶a part of ～（～の一部）
▶part-time job（アルバイト）

□ 0415 *100%*

perfect
[pə́ːrfikt]
パーフェクト

形 完全な

➡ perfectly 副（完全に）
▶a perfect answer（完ぺきな答え）

□ 0416 *100%*

point
[pɔint]
ポイント

名 ポイント　動 さす

▶the main point（主なポイント）
▶point at ～（～をさす）

□ 0417 *100%*

should
[ʃud]
シュッド

助 ～すべきだ

●What should I do?（何をすればいい？）

□ 0418 *100%*

sick
[sik]
スィック

形 病気の

▶be sick in bed（病気で寝ている）

□ 0419 *100%*

such
[sʌtʃ]
サッチ

形 そのような
（a, an の前に置く）

▶such a kind girl（そのように親切な女の子）

□ 0420 *100%*

sweet
[swiːt]
スウィート

形 甘い

▶sweet cake（甘いケーキ）

STAGE 1 基本英単語　学習率 100%

0421 100%
village
[vílidʒ]
ヴィレチ

名 村
- ▶ villager 名（村人）
- ▶ a small village（小さな村）

0422 100%
would
[wud]
ウッド

助 〜するだろう，〜したものだ（過去の習慣）
- ● Would you like 〜?（〜はいかがですか）

0423 100%
yet
[jet]
イェット

副（疑問文で）もう　（否定文で）まだ
- ● Have you met her yet?（彼女にもう会いましたか）

0424 100%
afraid
[əfréid]
アフレイド

形 恐れて
- ▶ be afraid of 〜（〜を怖がる）
- ● The little boy is afraid of dogs.（その小さな男の子は犬を恐れている）

0425 100%
break
[bréik]
ブレイク

動 〜をこわす，こわれる
- 活 break-broke-broken ; breaking （ブロウク ブロウクン）
- ▶ break a glass（コップをこわす）

0426 100%
deep
[diːp]
ディープ

形 深い
- → deeply 副（深く）
- ▶ deep sea（深い海）

0427 100%
difference
[dífɹ(ə)rəns]
ディフ(ェ)レンス

名 違い
- → different 形（異なっている）
- ▶ understand the difference（違いを理解する）

| 1年 | 2年 | 3年 | 初出学年 |

☐ 0428 **100%**

easy
[íːzi]
イーズィ

形 簡単な
比 easier-easiest
　　イーズィア イーズィエスト
⇔ difficult 形（難しい）
▶ easy English（簡単な英語）

☐ 0429 **100%**

even
[íːvən]
イーヴン

副 ～でさえ,（比較級の前で強調して）ずっと
▶ even better（ずっとよい）
● Even a child can do it.（子どもでさえそれができます）

☐ 0430 **100%**

few
[fjuː]
フュー

形 ほとんどない（数えられる名詞と使う）
→ little（数えられない名詞と使う），little money（ほとんどないお金）
▶ few students（ほとんどいない学生）

☐ 0431 **100%**

finish
[fíniʃ]
フィニシ

動 ～を終える
▶ finish the homework（その宿題を終える）
▶ finish eating lunch（お昼を食べ終える）
× finish to eat lunch

☐ 0432 **100%**

remember
[rimémbər]
リメンバァ

動 覚えている
⇔ forget 動（忘れる）
▶ remember his name（彼の名前を覚えている）

☐ 0433 **100%**

ride
[raid]
ライド

動 乗る
　　　　ロウド リドゥン
活 ride-rode-ridden ; riding
▶ ride on a bus（バスに乗る）

☐ 0434 **100%**

rock
[rɑk]
ラック

名 岩
▶ on the rock（岩の上に）

STAGE 1 基本英単語 学習率 *100%*

☐ 0435 *100%*

singer
[síŋər]
スィンガァ

名 歌手

▶ a good singer (歌のうまい人)

☐ 0436 *100%*

son
[sʌn]
サン

名 息子

同音 sun (太陽)
⇔ daughter 名 (娘)
▶ my younger son (私の下の息子)

☐ 0437 *100%*

through
[θru:]
スルー

前 〜を通りぬけて

▶ through the tunnel (トンネルを通りぬける)

☐ 0438 *100%*

until
[əntíl]
アンティル

前 〜まで(ずっと)　接 〜するまで

▶ until (= till) tomorrow (明日まで)
● Please wait until tomorrow. (明日まで待ってください)

☐ 0439 *100%*

wear
[weər]
ウェア

動 〜を身につける, 〜を着ている

ウォー(ァ)　ウォーン
活 wear-wore-worn ; wearing
▶ wear a coat (コートを着ている)

☐ 0440 *100%*

agree
[əgríː]
アグリー

動 同意する

▶ agree with 〜 (〜に同意する)
● I agree with this plan. (私はこの計画に同意します)

☐ 0441 *100%*

front
[frʌnt]
フラント

名 前面

▶ in front of 〜 (〜の前に)

| 1年 | 2年 | 3年 | 〈初出学年

☐ 0442 *100%*

human

[hjúːmən]
ヒューマン

名 人間（= human being）
形 人間の

▶ the human body（人の体）

☐ 0443 *100%*

kill

[kil]
キル

動 〜を殺す

▶ kill an insect（虫を殺す）
▶ kill time（時間をつぶす）

☐ 0444 *100%*

nurse

[nəːrs]
ナース

名 看護師

→ doctor 名 医者
▶ become a nurse（看護師になる）

☐ 0445 *100%*

pass

[pæs]
パス

動 過ぎる, 合格する, 手渡す

● Time passes.（時が過ぎる）
▶ pass the examination（試験に受かる）

☐ 0446 *100%*

speech

[spiːtʃ]
スピーチ

名 スピーチ

→ speak 動（話す）
▶ make a speech（スピーチをする）

☐ 0447 *100%*

war

[wɔːr]
ウォー(ァ)

名 戦争

↔ 名 peace（平和）
▶ World War Ⅱ（第2次世界大戦）

☐ 0448 *100%*

while

[(h)wail]
(フ)ワイル

接 〜の間, 〜の一方で

● While I was reading a book, he was watching TV.（私が本を読んでいる間, 彼はテレビを見ていた）

STAGE 1 基本英単語

STAGE 1 基本英単語 学習率 100%

0449 100%
already
[ɔːlrédi] 🅐
オールレディ

副 すでに, もう

- I have already finished reading the book.（私はすでにその本を読み終えた）

0450 100%
concert
[kánsə(ː)rt]
カンサ(ー)ト

名 コンサート

- We went to a concert last week.（私たちは先週, コンサートへ行きました）

0451 100%
ground
[graund]
グラウンド

名 地面

▶ on the ground（地面に）

0452 100%
machine
[məʃíːn]
マシーン

名 機械

▶ a washing machine（洗濯機）

0453 100%
person
[pə́ːrsn]
パースン

名 （1人の）人

複 people（人々）
▶ an important person（大切な人）

0454 100%
recycle
[riːsáikl]
リーサイクル

動 〜をリサイクルする　名 リサイクル

▶ recycle old clothes（古着をリサイクルする）

0455 100%
ever
[évər]
エヴァ

副 （疑問文で）かつて

- Have you ever been to America?（あなたはかつてアメリカに行ったことがありますか）

0456 100%

line

[lain]
ライン

图 ライン, 線

▶ the Tozai Line（東西線）

0457 100%

since

[sɪns]
スィンス

前 ～以来　接 ～して以来

- I have known her since 2002.（私は2002年から彼女を知っている）

まとめて覚える英単語 1

① 動物（animals）

① **cat**	[kæt] キャット	ネコ
② **dog**	[dɔ(:)g] ド(ー)グ	犬
③ **elephant**	[éləfənt] エレファント	ゾウ
④ **tiger**	[táigər] タイガァ	トラ
⑤ **lion**	[láiən] ライアン	ライオン
⑥ **rabbit**	[ræbit] ラビト	ウサギ
⑦ **whale**	[(h)weil] (フ)ウェイル	クジラ
⑧ **frog**	[frɔ(:)g] フロ(ー)グ	カエル
⑨ **horse**	[hɔːrs] ホース	ウマ

※数字が白ヌキの丸数字は，本文の見出し語にない単語です。

⑩ **mouse**	[maus] マウス	ネズミ
⑪ **bear**	[beər] ベア	クマ
⑫ **pig**	[pig] ピッグ	ブタ
⑬ **bird**	[bəːrd] バード	鳥
⑭ **sheep**	[ʃiːp] シープ	羊
⑮ **fish**	[fiʃ] フィッシ	魚
⑯ **cattle**	[kǽtl] キャトゥル	牛(集合的に使う)
⑰ **donkey**	[dáŋki] ダンキィ	ロバ
⑱ **giraffe**	[dʒəræf] ヂラフ	キリン
⑲ **kangaroo**	[kæʒgərúː] キャンガルー	カンガルー

❷ 野菜(vegetables)

① **carrot**	[kǽrət] キャロト		にんじん
② **potato**	[pətéitou] ポウテイトウ		じゃがいも
③ **cucumber**	[kjúːkʌmbər] キューカンバァ		きゅうり
④ **onion**	[ʌ́njən] アニョン		たまねぎ
⑤ **tomato**	[təméitou] トメイトウ		トマト
⑥ **pumpkin**	[pʌ́m(p)kin] パン(プ)キン		かぼちゃ
⑦ **corn**	[kɔːrn] コーン		とうもろこし
⑧ **bean**	[biːn] ビーン		マメ

❸ くだもの (fruits)

①	**melon**	[mélən] メロン	メロン
②	**grape**	[greip] グレイプ	ぶどう
③	**apple**	[æpl] アプル	リンゴ
④	**banana**	[bənǽnə] バナナ	バナナ
⑤	**orange**	[ɔ́(:)rindʒ] オ(ー)レンヂ	オレンジ
⑥	**strawberry**	[strɔ́:beri] ストゥローヴェリィ	イチゴ
⑦	**watermelon**	[wɔ́:tərmelən] ウォータメロン	スイカ
⑧	**kiwifruit**	[kí:wi:fru:t] キーウィーフルート	キウイ

❹ 家族 (family members)

- ⑦ grandfather
- ⑧ grandmother
- ① father
- ② mother
- ⑬ aunt
- ⑫ uncle
- ④ sister
- ③ brother
- me
- 20年後
- ⑰ wife
- ⑯ husband
- ⑭ nephew
- ⑤ son
- ⑥ daughter
- ⑮ niece

①	**father**	[fá:ðər] ファーザァ	父
②	**mother**	[mʌ́ðər] マザァ	母
③	**brother**	[brʌ́ðər] ブラザァ	兄弟
④	**sister**	[sístər] スィスタァ	姉妹
⑤	**son**	[sʌn] サン	息子
⑥	**daughter**	[dɔ́:tər] ドータァ	娘
⑦	**grandfather**	[grǽn(d)fɑ:ðər] グラン(ドゥ)ファーザァ	祖父
⑧	**grandmother**	[grǽn(d)mʌðər] グラン(ドゥ)マザァ	祖母
⑨	**grandchild**	[grǽn(d)tʃaild] グラン(ドゥ)チャイルド	孫
⑩	**grandson**	[grǽn(d)sʌn] グラン(ドゥ)サン	孫息子
⑪	**granddaughter**	[grǽn(d)dɔ:tər] グラン(ドゥ)ドータァ	孫娘
⑫	**uncle**	[ʌ́ŋkl] アンクル	おじ
⑬	**aunt**	[ænt] アント	おば
⑭	**nephew**	[néfju:] ネフュー	甥
⑮	**niece**	[ní:s] ニース	姪
⑯	**husband**	[hʌ́zbənd] ハズバンド	夫
⑰	**wife**	[waif] ワイフ	妻

40年後

⑩ grandson　　⑪ granddaughter

⑤ 曜日・月・季節

季節（seasons）

① spring	[spriŋ] スプリング	春
② summer	[sʌ́mər] サマァ	夏
③ fall	[fɔːl] ファール	秋
④ autumn	[ɔ́ːtəm] オータム	秋
⑤ winter	[wíntər] ウィンタァ	冬

曜日（A day of the week）

❶ Sunday	[sʌ́ndi] サンディ	日曜日
❷ Monday	[mʌ́ndi] マンディ	月曜日
❸ Tuesday	[t(j)úːzdi] テューズデイ	火曜日
❹ Wednesday	[wénzdi] ウェンズディ	水曜日
❺ Thursday	[θə́ːrzdi] サーズデイ	木曜日
❻ Friday	[fráidi] フライディ	金曜日
❼ Saturday	[sǽtərdi] サタディ	土曜日

月 (months)

❶ **January**	Jan.	[dʒǽnjueri] ヂャニュエリィ	1月
❷ **February**	Feb.	[fébrueri] フェブルエリィ	2月
❸ **March**	Mar.	[mɑːrtʃ] マーチ	3月
❹ **April**	Apr.	[éiprəl] エイプリル	4月
❺ **May**	May	[mei] メイ	5月
❻ **June**	Jun.	[dʒuːn] ヂューン	6月
❼ **July**	Jul.	[dʒulái] ヂュライ	7月
❽ **August**	Aug.	[ɔ́ːgəst] オーガスト	8月
❾ **September**	Sep.	[septémbər] セプテンバァ	9月
❿ **October**	Oct.	[ɑktóubər] アクトゥバァ	10月
⓫ **November**	Nov.	[no(u)vémbər] ノ(ウ)ヴェンバァ	11月
⓬ **December**	Dec.	[disémbər] ディセンバァ	12月

6 時を表すことば

①	**afternoon**	[ǽftərnúːn] アフタヌーン	午後
②	**morning**	[mɔ́ːrniŋ] モーニング	朝
③	**evening**	[íːvniŋ] イーヴニング	夕方
④	**night**	[nait] ナイト	夜
⑤	**noon**	[nuːn] ヌーン	正午
⑥	**tomorrow**	[təmɔ́ːrou] トゥモーロウ	明日
⑦	**yesterday**	[jéstərdi] イェスタディ	昨日
⑧	**today**	[tədéi] トゥデイ	今日
⑨	**tonight**	[tənáit] トゥナイト	今晩
⑩	**weekend**	[wíːkend] ウィークエンド	週末
⑪	**day**	[dei] デイ	日
⑫	**week**	[wiːk] ウィーク	週
⑬	**month**	[mʌnθ] マンス	月
⑭	**year**	[jiər] イア	年
⑮	**century**	[séntʃəri] センチュリィ	世紀
⑯	**now**	[nau] ナウ	今
⑰	**a.m.**	[éiém] エイエム	午前
⑱	**p.m.**	[píːém] ピーエム	午後

7 国(countries)・都市(cities)

①	**Japan**	[dʒəpǽn] ヂャパン	日本
②	**Tokyo**	[tóukiou] トウキョウ	東京
③	**America**	[əmérikə] アメリカ	アメリカ
④	**Washington**	[wáʃiŋtən] ワシングトン	ワシントン
⑤	**New York**	[n(j)u:jɔ́:rk] ニューヨーク	ニューヨーク
⑥	**England**	[íŋglənd] イングランド	イギリス
⑦	**London**	[lʌ́ndən] ランドン	ロンドン
⑧	**Korea**	[kərí(:)ə] コリ(ー)ア	韓国
⑨	**Seoul**	[soul] ソウル	ソウル
⑩	**China**	[tʃáinə] チャイナ	中国
⑪	**Beijing**	[béidʒiŋ] ベイヂング	北京
⑫	**Australia**	[ɔ(:)stréiljə] オ(ー)ストゥレイリャ	オーストラリア
⑬	**Sydney**	[sídni] スィドゥニィ	シドニー
⑭	**New Zealand**	[n(j)u:zí:lənd] ニューズィーランド	ニュージーランド
⑮	**Germany**	[dʒɔ́:rməni] ヂャーマニィ	ドイツ
⑯	**Berlin**	[bərlín] バーリン	ベルリン
⑰	**Italy**	[ítəli] イタリィ	イタリア
⑱	**Rome**	[roum] ロウム	ローマ
⑲	**France**	[fræns] フランス	フランス
⑳	**Paris**	[pǽris] パリス	パリ
㉑	**Canada**	[kǽnədə] キャナダ	カナダ

㉒ India	[índiə] インディア	インド
㉓ Brazil	[brəzíl] ブラズィル	ブラジル
㉔ Venezuela	[venəzwéila] ヴェネズウェイラ	ベネズエラ
㉕ Vietnam	[vi:etná:m] ヴィーエトゥナーム	ベトナム

⑧ 言語 (languages)

❶ Japanese	[dʒæpəní:z] ヂャパニーズ	日本語
② English	[íŋgliʃ] イングリシ	英語
❸ Korean	[kərí(:)ən] コリ(ー)アン	韓国語
❹ Chinese	[tʃainí:z] チャイニーズ	中国語
❺ Spanish	[spǽniʃ] スパニシ	スペイン語
❻ French	[frentʃ] フレンチ	フランス語
❼ German	[dʒə́ːrmən] ヂャーマン	ドイツ語
❽ Russian	[rʌ́ʃən] ラシャン	ロシア語

⑨ 人称代名詞 (personal pronoun)

人称 \ 格		主格 ~は	所有格 ~の	目的格 ~を	所有代名詞 ~のもの
1人称	私	I	my	me	mine
2人称	あなた	you	your	you	yours
3人称	彼	he	his	him	his
	彼女	she	her	her	hers
	それ	it	its	it	
1人称	私たち	we	our	us	ours
2人称	あなたたち	you	your	you	yours
3人称	彼ら	they	their	them	theirs

❶ I	[ai] アイ	私は, 私が
❷ my	[mai] マイ	私の
❸ me	[mi:] ミー	私を, 私に
❹ mine	[main] マイン	私のもの
❺ you	[ju:] ユー	あなた(たち)は, あなた(たち)が, あなたを, あなたに
❻ your	[juər] ユア	あなた(たち)の
❼ yours	[juərz] ユアズ	あなた(たち)のもの
❽ he	[hi:] ヒー	彼は, 彼が
❾ his	[hiz] ヒズ	彼の, 彼のもの
❿ him	[him] ヒム	彼を, 彼に

⑪ she	[ʃiː] シー		彼女は,彼女が
⑫ her	[həːr] ハー		彼女の,彼女を,彼女に
⑬ hers	[həːrz] ハーズ		彼女のもの
⑭ it	[it] イット		それは,それが
⑮ its	[its] イッツ		その
⑯ we	[wiː] ウィー		私たちは,私たちが
⑰ our	[auər] アウア		私たちの
⑱ us	[ʌs] アス		私たちを,私たちに
⑲ ours	[auərz] アウアズ		私たちのもの
⑳ they	[ðei] ゼイ		彼らは,彼らが
㉑ their	[ðeər] ゼア		彼らの
㉒ them	[ðem] ゼム		彼らを,彼らに
㉓ theirs	[ðeərz] ゼアズ		彼らのもの

⑩ 冠詞(articles)

❶ a	[ə] ア	1つの,1人の,ある,〜につき aは子音で始まる語の前に,anは 母音で始まる語の前に使う。
❷ an	[ən] アン	
❸ the	[ðə, ði] ザ, ズィ	その,あの 子音で始まる語の前では[ðə ザ], 母音で始まる語の前では[ði ズィ] の音。

⑪ 数字(基数)

❶	**one**	[wʌn] ワン	1
❷	**two**	[tu:] トゥー	2
❸	**three**	[θri:] スリー	3
❹	**four**	[fɔ:r] フォー(ァ)	4
❺	**five**	[faiv] ファイヴ	5
❻	**six**	[siks] スィックス	6
❼	**seven**	[sévən] セヴン	7
❽	**eight**	[eit] エイト	8
❾	**nine**	[nain] ナイン	9
❿	**ten**	[ten] テン	10
⓫	**eleven**	[ilévən] イレヴン	11
⓬	**twelve**	[twelv] トゥウェルヴ	12
⓭	**thirteen**	[θə:rtí:n] サーティーン	13
⓮	**fourteen**	[fɔ:rtí:n] フォーティーン	14
⓯	**fIfteen**	[fiftí:n] フィフティーン	15
⓰	**sixteen**	[sikstí:n] スィクスティーン	16
⓱	**seventeen**	[sevəntí:n] セヴンティーン	17
⓲	**eighteen**	[eití:n] エイティーン	18
⓳	**nineteen**	[naintí:n] ナインティーン	19
⓴	**twenty**	[twénti] トゥウェンティ	20
㉑	**twenty-one**	[twéntiwʌ́n] トゥウェンティワン	21
㉒	**thirty**	[θə́:rti] サーティ	30

㉓ **forty**	[fɔ́ːrti] フォーティ	40
㉔ **fifty**	[fífti] フィフティ	50
㉕ **sixty**	[síksti] スィクスティ	60
㉖ **seventy**	[sévənti] セヴンティ	70
㉗ **eighty**	[éiti] エイティ	80
㉘ **ninety**	[náinti] ナインティ	90
㉙ **one hundred**	[wʌ́n hʌ́ndred] ワン ハンドゥレッド	100
㉚ **one hundred one**	[wʌ́n hʌ́ndred wʌ́n] ワン ハンドゥレッド ワン	101
㉛ **one thousand**	[wʌ́n θáuz(ə)nd] ワン サウザンド	1,000
㉜ **ten thousand**	[tén θáuz(ə)nd] テン サウザンド	10,000
㉝ **one hundred thousand**	[wʌ́n hʌ́ndred θáuz(ə)nd] ワン ハンドゥレッド サウザンド	100,000
㉞ **one million**	[wʌ́n míljən] ワン ミリョン	1,000,000
㉟ **ten million**	[tén míljən] テン ミリョン	10,000,000

12 数字（序数）

❶	first	[fə:rst] ファースト	1番目の
❷	second	[sékənd] セカンド	2番目の
❸	third	[θə:rd] サード	3番目の
❹	fourth	[fɔ:rθ] フォース	4番目の
❺	fifth	[fifθ] フィフス	5番目の
❻	sixth	[siksθ] シックスス	6番目の
❼	seventh	[sévənθ] セヴンス	7番目の
❽	eighth	[eitθ] エイトゥス	8番目の
❾	ninth	[nainθ] ナインス	9番目の
❿	tenth	[tenθ] テンス	10番目の
⓫	eleventh	[ilévənθ] イレヴンス	11番目の
⓬	twelfth	[twelfθ] トゥエルフス	12番目の
⓭	thirteenth	[θərtí:nθ] サーティーンス	13番目の
⓮	fourteenth	[fɔ:rtí:nθ] フォーティーンス	14番目の
⓯	fifteenth	[fiftí:nθ] フィフティーンス	15番目の
⓰	sixteenth	[sikstí:nθ] シックスティーンス	16番目の
⓱	seventeenth	[sevəntí:nθ] セヴンティーンス	17番目の
⓲	eighteenth	[eití:nθ] エイティーンス	18番目の
⓳	nineteenth	[naintí:nθ] ナインティーンス	19番目の
⓴	twentieth	[twéntiiθ] トゥウェンティエス	20番目の
㉑	twenty-first	[twénti fə:rst] トゥウェンティファースト	21番目の
㉒	thirtieth	[θə́:rtiiθ] サーティエス	30番目の

㉓ fortieth	[fɔ́ːrtiiθ] フォーティエス	40番目の
㉔ fiftieth	[fíftiiθ] フィフティエス	50番目の
㉕ sixtieth	[síxtiiθ] スィクティエス	60番目の
㉖ seventieth	[sévəntiiθ] セヴンティエス	70番目の
㉗ eightieth	[éitiiθ] エイティエス	80番目の
㉘ ninetieth	[náintiiθ] ナインティエス	90番目の
㉙ one hundredth	[wʌ́n hʌ́ndredθ] ワン ハンドゥレドゥス	100番目の

STAGE 2
必修英単語

学習率 *99.9%~50%*

単 語 458~874

STAGE 2　必修英単語　学習率 99.9%〜90%

☐ 0458　*99.9%〜90%*

own

[oun]
オウン

形 **〜自身の**

▶your own PC（あなた自身のパソコン）

☐ 0459　*99.9%〜90%*

chair

[tʃeər]
チェア

名 **いす**

▶sit on a chair（いすに座る）

☐ 0460　*99.9%〜90%*

club

[klʌb]
クラブ

名 **クラブ**

▶club activities（クラブ活動）

☐ 0461　*99.9%〜90%*

comic

[kámik]
カミク

形 **漫画の**

▶a comic book（漫画本）

☐ 0462　*99.9%〜90%*

shoe

[ʃu:]
シュー

名 **(片方の)くつ**
（通例：shoes 一足のくつ）
▶wear my shoes（私のくつをはく）
↔ take off my shoes（私のくつをぬぐ）

☐ 0463　*99.9%〜90%*

bottle

[bátl]
バトゥル

名 **ボトル, びん**

▶a bottle for wine（ワインのボトル）

☐ 0464　*99.9%〜90%*

meter

[mí:tər]
ミータァ

名 **メートル**

➡ centimeter 名（センチメートル）
▶one hundred meters（100メートル）

| 1年 | 2年 | 3年 〈初出学年

☐ 0465 *99.9%〜90%*

foreign
[fɔ́(:)rin]
フォ(ー)リン

形 **外国の**

➡ foreigner 名（外国人）
▶ a foreign country（外国）

☐ 0466 *99.9%〜90%*

hotel
[houtél]
ホウテル

名 **ホテル**

• I want to stay at this hotel someday.
（私はいつかこのホテルに滞在したい）

☐ 0467 *99.9%〜90%*

library
[láibreri]
ライブレリィ

名 **図書館**

複 libraries [-z ズ]
• I sometimes study in the library.（私はときどき図書館で勉強します）

☐ 0468 *99.9%〜90%*

rain
[rein]
レイン

名 **雨** 動 **雨が降る**

▶ heavy rain（大雨）

☐ 0469 *99.9%〜90%*

ski
[skiː]
スキー

動 **スキーをする**

• I can't ski well.（私はスキーをじょうずにできない）

☐ 0470 *99.9%〜90%*

space
[speis]
スペイス

名 **空間, 宇宙**

▶ my own space（私の場所）
▶ travel in space（宇宙旅行）

☐ 0471 *99.9%〜90%*

blossom
[blásəm]
ブラサム

名 **花**

▶ cherry blossoms（桜の花）

STAGE 2 必修英単語

STAGE 2　必修英単語　学習率 99.9%〜90%

☐ 0472　*99.9%〜90%*

both
[bouθ]
ボウス

形 両方の　代 両方　接 両方とも

▶ both 〜 and ...（〜と…の両方）

☐ 0473　*99.9%〜90%*

nothing
[nʌ́θiŋ]
ナスィング

代 何も〜ない

▶ for nothing（ただで）
● It's nothing.（たいしたことない）

☐ 0474　*99.9%〜90%*

sun
[sʌn]
サン

名 (the をつけて)太陽

➡ moon 名（月）
● The sun rises.（太陽が昇る）
● The sun sets.（太陽が沈む）

☐ 0475　*99.9%〜90%*

touch
[tʌtʃ]
タッチ

動 ふれる

三単現 touches [-iz　イズ]
● Don't touch it.（それにさわらないで）

☐ 0476　*99.9%〜90%*

travel
[trǽv(ə)l]
トゥラヴ(ェ)ル

動 旅行する　名 旅行

▶ travel to America（アメリカへ旅行する）

☐ 0477　*99.9%〜90%*

weekend
[wíːkend]
ウィークエンド

名 週末

⇔ weekday 名（平日）
▶ in[on] the weekend（週末に）

☐ 0478　*99.9%〜90%*

across
[əkrɔ́(ː)s]
アクロ(ー)ス

前 〜を横切って

▶ across the street（道路を横切って）

| 1年 | 2年 | 3年 | 初出学年 |

☐ 0479 99.9%〜90%

hall
[hɔːl]
ホール

名 ホール

▶ a city hall（市役所）

☐ 0480 99.9%〜90%

lake
[léik]
レイク

名 湖
→ pond 名（池）
▶ at the lake（湖で）
「〜湖」は Lake Biwa（琵琶湖）のように表す。

☐ 0481 99.9%〜90%

share
[ʃéər]
シェア

動 共有する

▶ share 〜 with ...（〜と…を共有する）

☐ 0482 99.9%〜90%

star
[stɑːr]
スター

名 星, スター, 人気者

▶ a movie star（映画スター）

☐ 0483 99.9%〜90%

communication
[kəmjuːnəkéiʃən]
コミュニケイション

名 コミュニケーション
→ communicate 動（コミュニケーションをとる）
▶ good communication（良好なコミュニケーション）

☐ 0484 99.9%〜90%

company
[kʌ́mp(ə)ni]
カンパニィ

名 会社

● His father works for a large company.
（彼のお父さんは大企業で働いています）

☐ 0485 99.9%〜90%

design
[dizáin]
ディザイン

動 デザインする **名** デザイン

→ designer 名（デザイナー）
▶ Japanese design（日本のデザイン）

STAGE 2　必修英単語　学習率 99.9%〜90%

☐ 0486　*99.9%〜90%*

environment
[invái(ə)rənmənt]
エンヴァイ(ァ)ロンメント

名 環境
→ environmental 形（環境の）
▶ protect the environment（環境を保護する）

☐ 0487　*99.9%〜90%*

field
[fi:ld]
フィールド

名 野原, 畑, 競技場
▶ on the field（競技場で）

☐ 0488　*99.9%〜90%*

land
[lænd]
ランド

名 土地, 陸
▶ rent land（土地を借りる）

☐ 0489　*99.9%〜90%*

stadium
[stéidiəm]
ステイディアム

名 スタジアム
▶ go to the stadium（スタジアムに行く）

☐ 0490　*99.9%〜90%*

album
[ǽlbəm]
アルバム

名 アルバム
▶ his new album（彼の新しいアルバム）

☐ 0491　*99.9%〜90%*

store
[stɔːr]
ストー(ァ)

名 店
▶ a convenience store（コンビニ店）

☐ 0492　*99.9%〜90%*

waste
[weist]
ウェイスト

動 むだにする
▶ waste time（時間をむだにする）

| 1年 | 2年 | 3年 | 初出学年 |

☐ 0493 *99.9%〜90%*

necessary
[nésəseri]
ネセセリィ

形 必要な

▶ necessary information（必要な情報）

☐ 0494 *99.9%〜90%*

continue
[kəntínju:]
コンティニュー

動 続ける

▶ continue to 〜（〜し続ける）

☐ 0495 *89.9%〜80%*

piece
[pi:s]
ピース

名 一切れ

▶ a piece of paper（一枚の紙）

☐ 0496 *89.9%〜80%*

ball
[bɔ:l]
ボール

名 ボール

▶ a soccer ball（サッカーボール）

☐ 0497 *89.9%〜80%*

cook
[kuk]
クック

動 料理する

▶ cook dinner（夕食を作る）

☐ 0498 *89.9%〜80%*

member
[mémbər]
メンバァ

名 メンバー

▶ a member of the tennis club（テニス部のメンバー）

☐ 0499 *89.9%〜80%*

busy
[bízi]
ビズィ

形 いそがしい

ビズィア ビズィエスト
比 busier-busiest
▶ a busy worker（いそがしい労働者）

STAGE 2 必修英単語

STAGE 2 必修英単語 学習率 99.9%〜90%

☐ 0500 *89.9%〜80%*

catch
[kætʃ]
キャッチ

動 **捕まえる**

活 catch-caught-caught (コート)
▶ catch a fish（魚を捕まえる）

☐ 0501 *89.9%〜80%*

party
[pá:rti]
パーティ

名 **パーティー**

複 parties [-z ズ]
▶ a birthday party（誕生パーティー）

☐ 0502 *89.9%〜80%*

red
[red]
レッド

名 **赤** 形 **赤い**

▶ a red car（赤い車）

☐ 0503 *89.9%〜80%*

pick
[pik]
ピック

動 **拾う**

▶ pick up 〜（〜を〈車で〉迎えに行く）

☐ 0504 *89.9%〜80%*

umbrella
[ʌmbrélə]
アンブレラ

名 **かさ**

● Please bring an umbrella.（かさを持ってきてください）

☐ 0505 *89.9%〜80%*

drive
[draiv]
ドゥライヴ

動 **運転する**

活 drive-drove-driven ; driving (ドゥロウヴ ドゥリヴン)
● My brother can drive a car well.（私の兄は上手に車の運転をすることができます）

☐ 0506 *89.9%〜80%*

hair
[heər]
ヘア

名 **毛, 髪の毛**

▶ long hair（長い髪）

| | | | 1年 | 2年 | 3年 | 〈初出学年 |

0507 89.9%〜80%
short
[ʃɔːrt]
ショート

形 **短い**
↔ long 形（長い）
▶ short hair（短い髪）

0508 89.9%〜80%
carefully
[kéərfəli]
ケアフリィ

副 **注意深く**
変 more carefully-most carefully
➡ careful 形（注意深い）
▶ listen carefully（注意して聞く）

0509 89.9%〜80%
trash
[træʃ]
トゥラッシ

名 **ごみ**
▶ trash can（ごみ入れ）

0510 89.9%〜80%
arm
[ɑːrm]
アーム

名 **腕**
➡ hand 名（手）
▶ arm band（腕章）

0511 89.9%〜80%
choose
[tʃuːz]
チューズ

動 **選ぶ**
活 choose-chose-chosen ; choosing （チョッズ ナヨウズン）
▶ choose a book（本を選ぶ）

0512 89.9%〜80%
cup
[kʌp]
カップ

名 **カップ, 茶わん**
▶ a cup of tea（一杯のお茶）

glass

0513 89.9%〜80%
dance
[dæns]
ダンス

動 **踊る**
▶ dance to music（音楽に合わせて踊る）

STAGE 2 必修英単語

STAGE 2 必修英単語 学習率 99.9%～90%

☐ 0514 *89.9%～80%*

plan
[plæn]
プラン

動 計画する　**名** 計画

▶ plan an event（イベントを計画する）
▶ a plan for summer vacation（夏休みの計画）

☐ 0515 *89.9%～80%*

anywhere
[éni(h)weər]
エニ(フ)ウェア

副（疑問文で）どこか,（否定文で）どこにも（～ない）,（肯定文で）どこでも

● Did you go anywhere?（どこかに行きましたか？）

☐ 0516 *89.9%～80%*

body
[bɑdi]
バディ

名 体

複 bodies [-z ズ]
▶ the whale's body（クジラの体）

☐ 0517 *89.9%～80%*

clever
[klévər]
クレヴァ

形 かしこい

比 cleverer-cleverest
● The little boy is very clever.（その小さな少年はとてもかしこい）

☐ 0518 *89.9%～80%*

else
[els]
エルス

副 そのほかの

● Anybody else?（ほかにいますか）

☐ 0519 *89.9%～80%*

enough
[ináf]
イナフ

形 十分な　**副** 十分に

▶ enough time（十分な時間）
▶ young enough（十分に若い）＊語順に注意

☐ 0520 *89.9%～80%*

fire
[fáiər]
ファイア

名 火

▶ on fire（火事になって）

| 1年 | 2年 | 3年 | 初出学年 |

☐ 0521 *89.9%〜80%*

history

[hístəri]
ヒストゥリィ

名 歴史

複 histories [-z ズ]
▶ Japanese history（日本史）

☐ 0522 *89.9%〜80%*

information

[ìnfərméiʃən]
インフォメイション

名 情報（数えられない名詞）

▶ a lot of information（たくさんの情報）

☐ 0523 *89.9%〜80%*

inside

[insáid]
インサイド

副 内側に

⇔ outside 副（外に）
● Come inside, please.（どうぞ，中に入ってください）

☐ 0524 *89.9%〜80%*

page

[peidʒ]
ペイヂ

名 ページ

▶ page three（3ページ）

☐ 0525 *89.9%〜80%*

strange

[streindʒ]
ストゥレインヂ

形 奇妙な

▶ a strange man（奇妙な人）

☐ 0526 *89.9%〜80%*

town

[taun]
タウン

名 町

→ village 名（村）
▶ in my town（私の町で）

☐ 0527 *89.9%〜80%*

abroad

[əbrɔ́ːd]
アブロード

副 外国に

▶ go abroad（外国に行く）

STAGE 2 必修英単語

STAGE 2　必修英単語　学習率 99.9%～90%

□ 0528　*89.9%～80%*

chocolate
[tʃák(ə)lət] 🔊
チャコレト

名 チョコレート

▶ chocolate cake（チョコレートケーキ）
▶ eat chocolate（チョコレートを食べる）

□ 0529　*89.9%～80%*

happen
[hǽpən]
ハプン

動 起こる

● The accident happened last night.
（その事故はきのうの夜起きた）

□ 0530　*89.9%～80%*

outside
[autsáid]
アウトゥサイド

副 外に

⇔ inside **副**（内側に）
● Let's go outside.（外に出かけましょう）

□ 0531　*89.9%～80%*

win
[win]
ウィン

動 勝つ

活 win-won-won ; winning（ワン）
▶ win the contest（コンテストに勝つ）

□ 0532　*89.9%～80%*

check
[tʃek]
チェック

動 確認する

▶ check ～ out（～を調べる）

□ 0533　*89.9%～80%*

graph
[grǽf]
グラフ

名 グラフ

▶ draw a graph（グラフを描く）

□ 0534　*89.9%～80%*

mind
[maind]
マインド

名 心, 精神　**動** 気にする

▶ in my mind（私の心の中に）
● Don't mind me.（私におかまいなく）

| 1年 | 2年 | 3年 | 〈初出学年 |

□ 0535 *89.9%〜80%*

officer

[ɔ́(ː)fisər]
オ(ー)フィサァ

名 役人

▶ a police officer（警察官）

□ 0536 *89.9%〜80%*

road

[roud]
ロウド

名 道

▶ a busy road（交通量の多い道）
▶ on the road（道路で）

□ 0537 *89.9%〜80%*

test

[test]
テスト

名 試験, テスト
動 〜に試験をする

▶ a math test（数学の試験）

□ 0538 *89.9%〜80%*

map

[mæp]
マップ

名 地図

▶ draw a map（地図をかく）

□ 0539 *89.9%〜80%*

meat

[miːt]
ミート

名 肉

▶ cook meat（肉を調理する）

□ 0540 *89.9%〜80%*

moment

[móumənt]
モウメント

名 瞬間

▶ at that moment（その瞬間）

□ 0541 *89.9%〜80%*

among

[əmʌ́ŋ]
アマング

前 〜の間で
（ふつう「3つ以上の間で」。「2つのものの間」は between）
▶ among villagers（村人たちの間で）

STAGE 2 必修英単語 学習率 99.9%〜90%

☐ 0542 *89.9%〜80%*

card
[kɑ:rd]
カード

名 カード

▶ a Christmas card（クリスマスカード）

☐ 0543 *89.9%〜80%*

enter
[éntər]
エンタァ

動 入る

➡ entrance 名（入口）
▶ enter the room（部屋に入る）

☐ 0544 *89.9%〜80%*

fight
[fait]
ファイト

動 戦う　名 戦い

活 fight-fought-fought ; fighting
　　　　フォート
▶ fight for ～（～のために戦う）

☐ 0545 *89.9%〜80%*

low
[lou]
ロウ

形 低い

⇔ high 形（高い）
▶ at a low price（低い価格で）

☐ 0546 *89.9%〜80%*

reason
[rí:zn]
リーズン

名 理由

▶ reason for ～（～の理由）

☐ 0547 *89.9%〜80%*

forward
[fɔ́:rwərd]
フォーワド

副 前の方に

▶ look forward to ～（～を楽しみにする）

☐ 0548 *89.9%〜80%*

police
[pəlí:s]
ポリース

名 警察

▶ police station（警察署）
▶ police officer（警察官）

| 1年 | 2年 | 3年 | 初出学年 |

☐ 0549 *89.9%~80%*

roof
[ruːf]
ルーフ

名 屋根

複 roofs [-s ス]
▶ on the roof（屋根の上に）

☐ 0550 *89.9%~80%*

dark
[dɑːrk]
ダーク

形 暗い

⇔ light 形（明るい）
▶ dark side（影の側面）

☐ 0551 *89.9%~80%*

especially
[espéʃ(ə)li]
エスペシャリィ

副 特別に

● She especially likes her English class.
（彼女は特に英語の授業が好きだ）

☐ 0552 *89.9%~80%*

lucky
[lʌ́ki]
ラキィ

形 幸運な

比 luckier-luckiest
➡ unlucky 形（不運な）
▶ a lucky number（幸運の数字）

☐ 0553 *89.9%~80%*

importance
[impɔ́ːrt(ə)ns]
インポートゥンス

名 重要性

➡ important 形（重要な）
▶ the importance of peace（平和の重要性）

☐ 0554 *89.9%~80%*

tradition
[trədíʃən]
トゥラディション

名 伝統

➡ traditional 形（伝統的な）
▶ Japanese traditions（日本の伝統）

☐ 0555 *89.9%~80%*

writer
[ráitər]
ライタァ

名 作家

➡ write 動（書く）
▶ a famous Japanese writer（有名な日本人の作家）

STAGE 2 必修英単語 学習率 99.9%〜90%

☐ 0556 *89.9%〜80%*

gather
[gǽðər]
ギャザァ

動 集まる，集める

▶ gather flowers（花をつむ）

☐ 0557 *89.9%〜80%*

raise
[réiz]
レイズ

動 (持ち)上げる

活 raise-raised [-d ド]-raised ; raising
➡ rise [ráiz ライズ] 動（上がる）
● He raised his hand.（彼は手を上げた）

☐ 0558 *89.9%〜80%*

bomb
[bɑm]
バム

名 爆弾

▶ atomic bombs（原子爆弾）

☐ 0559 *89.9%〜80%*

dangerous
[déindʒ(ə)rəs]
デインヂ(ャ)ラス

形 危険な

➡ danger 名（危険）
▶ a dangerous job（危険な仕事）

☐ 0560 *89.9%〜80%*

nature
[néitʃər]
ネイチャ

名 自然

⇔ art 名（人工）
● Nature is wonderful.（自然はすばらしい）

☐ 0561 *89.9%〜80%*

shock
[ʃɑk]
シャック

動 ショックを与える
名 ショック

▶ be shocked to 〜（〜してショックを受ける）
▶ be in shock（ショックを受けている）

☐ 0562 *89.9%〜80%*

arrest
[ərést]
アレスト

動 〜を逮捕する　名 逮捕

▶ under arrest（逮捕された）

| 1年 | 2年 | 3年 | 初出学年 |

☐ 0563 **89.9%~80%**

perform
[pərfɔ́:rm]
パフォーム

動 演じる

→ performance 名 (演技, パフォーマンス)
▶ perform in English (英語で演じる)

☐ 0564 **89.9%~80%**

president
[préz(ə)dənt]
プレズ(ィ)デント

名 社長, (the ~) 大統領

▶ the President of the United States (合衆国大統領)

☐ 0565 **79.9%~70%**

classroom
[klǽsru(:)m]
クラスル(ー)ム

名 教室

▶ in the classroom (教室で)

☐ 0566 **79.9%~70%**

orange
[ɔ́(:)rindʒ]
オ(ー)レンヂ

名 オレンジ

▶ mandarin orange (ミカン)

☐ 0567 **79.9%~70%**

toast
[toust] 🔊
トウスト

名 トースト

▶ have toast and milk (トーストとミルクを食べる)

☐ 0568 **79.9%~70%**

juice
[dʒu:s]
ヂュース

名 ジュース

▶ orange juice (オレンジジュース)

☐ 0569 **79.9%~70%**

milk
[milk]
ミルク

名 牛乳

▶ a glass of milk (一杯の牛乳)

STAGE 2 必修英単語

STAGE 2 必修英単語 学習率 99.9%～90%

☐ 0570　79.9%～70%

T-shirt
[tíːʃəːrt]
ティーシャート

名 Tシャツ

- I'm looking for a T-shirt.（Tシャツをさがしているのです）

☐ 0571　79.9%～70%

gift
[gift]
ギフト

名 おくり物

= present
▶ a gift for ～（～へのおくり物）

☐ 0572　79.9%～70%

thirsty
[θə́ːrsti]
サースティ

形 のどがかわいた

➔ hungry 形（空腹の）
- Are you thirsty?（のどがかわきましたか?）

☐ 0573　79.9%～70%

zoo
[zuː]
ズー

名 動物園

複 zoos [-z ズ]
▶ at the zoo（動物園で）

☐ 0574　79.9%～70%

delicious
[dilíʃəs] 🔊
ディリシャス

形 おいしい

▶ a delicious meal（おいしい食事）

☐ 0575　79.9%～70%

notebook
[nóutbuk]
ノウトゥブク

名 ノート

▶ take out a notebook（ノートを取り出す）

☐ 0576　79.9%～70%

ready
[redi]
レディ

形 準備ができている

▶ be ready for ～（～の準備ができている）

| 1年 | 2年 | 3年 | 初出学年 |

☐ 0577 *79.9%〜70%*

window

[wíndou]
ウィンドウ

名 窓

▶ open the window（窓を開ける）

☐ 0578 *79.9%〜70%*

alone

[əlóun]
アロウン

形 1人の　副 1人で

● Leave me alone.（私をほうっておいてください）

☐ 0579 *79.9%〜70%*

boat

[bout]
ボウト

名 ボート

▶ row a boat（ボートをこぐ）

☐ 0580 *79.9%〜70%*

cafeteria

[kæfətí(ə)riə]
キャフィティ(ア)リア

名 カフェテリア

▶ a school cafeteria（学食）

☐ 0581 *79.9%〜70%*

hat

[hæt]
ハット

名 帽子

▶ a red hat（赤い帽子）

☐ 0582 *79.9%〜70%*

uniform

[júːnəfɔːrm]
ユーニフォーム

名 ユニフォーム，制服

▶ wear uniforms（制服を着る）

☐ 0583 *79.9%〜70%*

fly

[flai]
フライ

動 飛ぶ

活 fly-flew-flown ; flying
　　　フルー　フロウン

▶ fly in the sky（空を飛ぶ）

STAGE 2 必修英単語 学習率 79.9%〜70%

☐ 0584 *79.9%〜70%*

smile
[smail]
スマイル

動 ほほえむ　名 ほほえみ

▶ smile at 〜（〜にほほえみかける）

☐ 0585 *79.9%〜70%*

worry
[wɔ́ːri]
ワーリィ

動 心配する

▶ be worried about 〜（〜について心配している）

☐ 0586 *79.9%〜70%*

clerk
[kləːrk]
クラーク

名 店員, 事務員

▶ a bank clerk（銀行員）

☐ 0587 *79.9%〜70%*

dictionary
[díkʃəneri]
ディクショネリィ

名 辞書

複 dictionaries [-z ズ]
▶ an English dictionary（英語の辞書）

☐ 0588 *79.9%〜70%*

rule
[ruːl]
ルール

名 規則

▶ keep the rules（規則を守る）

☐ 0589 〜

textbook
[téks(t)buk]
テクス(トゥ)ブク

名 教科書

● Open your textbook, please.（教科書を開いてください）

☐ 0590 *79.9%〜70%*

treasure
[tréʒər]
トゥレジャ

名 宝物

→ pleasure 名（喜び）と区別する
▶ my treasure（私の宝物）

| 1年 | 2年 | 3年 | 初出学年 |

☐ 0591 *79.9%〜70%*

believe
[bilíːv]
ビリーヴ

動 信じる

→ belief 名（信じること）
▶ believe in 〜（〜（の存在）を信じる）

☐ 0592 *79.9%〜70%*

camera
[kǽm(ə)rə]
キャメラ

名 カメラ

▶ an expensive camera（高価なカメラ）

☐ 0593 〜

cute
[kjuːt]
キュート

形 かわいい

比 cuter-cutest
▶ a cute girl（かわいい女の子）

☐ 0594 *79.9%〜70%*

e-mail
[íːmeil]
イーメイル

名 Eメール

▶ send an e-mail（Eメールを送る）

☐ 0595 *79.9%〜70%*

guess
[ges] 🔊
ゲス

動 推測する

● Guess what?（あのね，聞いてくれる？）

☐ 0596 *79.9%〜70%*

noon
[nuːn]
ヌーン

名 正午

▶ at noon（正午に）

☐ 0597 *79.9%〜70%*

parent
[pé(ə)rənt]
ペ(ア)レント

名 親, (複数形で)両親

▶ my parents（私の両親）

STAGE 2 必修英単語

STAGE 2 必修英単語　学習率 79.9%〜70%

0598　79.9%〜70%
quiet
[kwáiət]
クワイエト

形 静かな
比 quieter-quietest
- He's quiet and shy.（彼はもの静かで恥ずかしがりやだ）

0599　79.9%〜70%
disappear
[dìsəpíər]
ディサピア

動 消える

↔ appear 動（現れる）
▶ disappear completely（完全に消える）

0600　79.9%〜70%
dry
[drai]
ドゥライ

形 乾いた
比 drier[dryer]-driest[dryest]
↔ wet 形（ぬれた）
▶ dry weather（乾いた天気）

0601　79.9%〜70%
either
[íːðər]
イーザァ

代（2つのうち）どちらか
形（2つのうち）どちらかの
（単数名詞につける）
▶ either 〜 or ...（〜か…のどちらか）

0602　79.9%〜70%
explain
[ikspléin]
イクスプレイン

動 説明する

→ explanation 名（説明）

0603　79.9%〜70%
group
[gruːp]
グループ

名 団体, グループ

▶ a group of doctors（医師の団体）

0604　79.9%〜70%
headache
[hédeik]
ヘデイク

名 頭痛
（-acheは「痛み」を表す言葉）

- I have a headache.（私は頭痛がします）

| 1年 | 2年 | 3年 | 〈初出学年〉

☐ 0605 79.9%〜70%

holiday
[hάlədei]
ハリデイ

名 休日

▶summer holidays（夏休み）

☐ 0606 79.9%〜70%

plane
[plein]
プレイン

名 飛行機

= airplane
▶by plane（飛行機で）

☐ 0607 79.9%〜70%

quickly
[kwíkli]
クウィクリィ

副 素早く

比 more quickly-most quickly
▶move quickly（素早く動く）

☐ 0608 79.9%〜70%

volunteer
[vὰləntíər] 名
ヴァランティア

名 志願者，ボランティア
動 ボランティアで働く

▶volunteer activities（ボランティア活動）

☐ 0609 79.9%〜70%

angry
[ǽŋgri]
アングリィ

形 おこっている
比 angrier-angriest
➡ anger 名（怒り）
▶get angry（おこる）

☐ 0610 79.9%〜70%

borrow
[bárou]
バロウ

動 借りる

▶borrow the book from him（彼からその本を借りる）

☐ 0611 79.9%〜70%

building
[bíldiŋ]
ビルディング

名 建物

▶a new building（新しい建物）

STAGE 2 必修英単語　学習率 79.9%～70%

☐ 0612　*79.9%～70%*

cloud
[kláud]
クラウド

名 雲

→ cloudy 形（くもっている）
▶ above the clouds（雲の上に）

☐ 0613　*79.9%～70%*

culture
[kʌ́ltʃər]
カルチァ

名 文化

→ cultural 形（文化の
▶ Japanese culture（日本文化）

☐ 0614　*79.9%～70%*

cut
[kʌt]
カット

動 ～を切る

活 cut-cut-cut ; cutting
▶ cut hair（髪を切る）

☐ 0615　*79.9%～70%*

engineer
[endʒəníər]
エンヂニア

名 エンジニア

▶ a chemical engineer（化学エンジニア）

☐ 0616　*79.9%～70%*

friendly
[fréndli]
フレンドゥリィ

形 親しみやすい

比 friendlier-friendliest
● He is very friendly.（彼はとても親しみやすい）

☐ 0617　*79.9%～70%*

fruit
[fru:t]
フルート

名 果物

▶ tropical fruits（トロピカル・フルーツ, 熱帯果実類）

☐ 0618　*79.9%～70%*

hurt
[hə:rt]
ハート

動 傷つける

活 hurt-hurt-hurt
▶ hurt animals（動物を傷つける）

116

| 1年 | 2年 | 3年 ⟨初出学年⟩ |

□ 0619 79.9%〜70%

news
[n(j)u:z]
ニューズ

名 ニュース

▶ the latest news（最新のニュース）

□ 0620 79.9%〜70%

return
[rité:rn]
リターン

動 もどる，返す
名 返すこと，帰ること
▶ return to school（学校にもどる）
▶ in return（お返しに）

□ 0621 79.9%〜70%

seat
[si:t]
スィート

名 席

▶ take a seat（席に着く）

□ 0622 79.9%〜70%

sell
[sel]
セル

動 売る

活 sell-sold-sold （ソウルド）
▶ sell books（本を売る）

□ 0623 79.9%〜70%

shrine
[ʃráin]
シライン

名 神社

→ temple 名（お寺）
▶ an old shrine（古い神社）

□ 0624 79.9%〜70%

sky
[skai]
スカイ

名 (the をつけて)空

▶ in the sky（空に）

□ 0625 79.9%〜70%

wrong
[rɔ(:)ŋ]
ロ(ー)ング

形 間違っている，悪い

● You have the wrong number.（〈電話で〉間違い電話です）

STAGE 2　必修英単語　学習率 79.9%〜70%

☐ 0626　79.9%〜70%

glad
[glæd]
グラッド

形 うれしい
比 gladder-gladdest
- I am glad to see you.（私はあなたに会えてうれしいです）

☐ 0627　79.9%〜70%

plastic
[plǽstik] 発
プラスティク

形 プラスティック(製)の, ビニール(製)の

▶a plastic bag（ビニール袋）

☐ 0628　79.9%〜70%

rest
[rest]
レスト

名 休憩(けい)

▶take a rest（休憩をとる）

☐ 0629　79.9%〜70%

shout
[ʃaut]
シャウト

動 さけぶ

▶shout back（さけび返す）

☐ 0630　79.9%〜70%

sightseeing
[sáitsiːiŋ]
サイトゥスィーイング

名 観光

▶go sightseeing（観光に出かける）

☐ 0631　79.9%〜70%

ticket
[tíkit]
ティケト

名 チケット

▶a free ticket（無料のチケット）

☐ 0632　79.9%〜70%

wrap
[ræp]
ラップ

動 包む

▶wrap things（物を包む）

| 1年 | 2年 | 3年 | 初出学年 |

□ 0633 79.9%〜70%

host
[houst]
ホウスト

图 **主人, ホスト役**

↔ hostess 图（女主人, ホステス）
▶ a host family（ホストファミリー）

□ 0634 79.9%〜70%

receive
[risíːv]
リスィーヴ

動 **受け取る**

▶ receive a message（メッセージを受け取る）

□ 0635 79.9%〜70%

tonight
[tənáit]
トゥナイト

副 **今晩**

● Shall we eat out tonight?（今晩, 外食しませんか）

□ 0636 79.9%〜70%

tour
[tuər]
トゥア

图 **ツアー**

▶ a bus tour（バスツアー）

□ 0637 79.9%〜70%

along
[əlɔ́(ː)ŋ]
アロ(ー)ング

前 **〜に沿って**

▶ along the street（道に沿って）

□ 0638 79.9%〜70%

softball
[sɔ́(ː)ftbɔːl]
ソ(ー)フトゥボール

图 **ソフトボール**

▶ play softball（ソフトボールをする）

□ 0639 79.9%〜70%

university
[jùːnəvə́ːrsəti]
ユーニヴァースィティ

图 **(総合)大学**

→ college 图（〈専門的な〉大学）
▶ a university student（大学生）

STAGE 2 必修英単語 学習率 79.9%～70%

☐ 0640 *79.9%～70%*

wife
[(h)waif]
ワイフ

名 妻
- 複 wives [wáivz ワイヴズ]
- ⇔ husband 名（夫）
- ▶ a husband and wife（夫婦）

☐ 0641 *79.9%～70%*

actually
[ǽktʃuəli]
アクチュアリィ

副 実際に
- ➡ actual 形（実際の）
- ● Actually they are kind.（実際には彼らは親切です）

☐ 0642 *79.9%～70%*

scientist
[sáiəntist]
サイエンティスト

名 科学者
- ➡ chemist 名（化学者）
- ▶ a great scientist（偉大な科学者）

☐ 0643 *79.9%～70%*

disagree
[dìsəgríː]
ディサグリー

動 意見がちがう
- ⇔ agree 動（賛成する）
- ▶ disagree with ～（～に反対する）

☐ 0644 *79.9%～70%*

radio
[réidiou]
レイディオウ

名 ラジオ
- ▶ listen to the radio（ラジオを聞く）

☐ 0645 *79.9%～70%*

against
[əgénst]
アゲンスト

前 ～に対して，～に反対して
- ● I am against your opinion.（私はあなたの意見に反対です）

☐ 0646 *79.9%～70%*

warming
[wɔ́ːrmiŋ]
ウォーミング

名 暖まること
- ▶ global warming（地球温暖化）

| 0647 79.9%～70%

slowly
[slóuli]
スロウリィ

| 副 **ゆっくり**
- ↔ fast 副（速く）
- ➡ slow 形（遅い）
- ▶ walk slowly（ゆっくり歩く）

| 0648 79.9%～70%

smell
[smel]
スメル

| 動 **においがする**

- This soup smells good.（このスープは いいにおいがする）

| 0649 79.9%～70%

able
[éibl]
エイブル

| 形 **能力のある**

- ▶ be able to ～（～することができる）

| 0650 79.9%～70%

forest
[fɔ́(ː)rist]
フォ(ー)レスト

| 名 **森林**

- ▶ rain forest（熱帯雨林）

| 0651 79.9%～70%

grade
[greid]
グレイド

| 名 **学年**

- ▶ the first grade（1年〈学校の学年〉）

| 0652 79.9%～70%

produce
[prəd(j)úːs]
プロデュース

| 動 **生産する**
- ➡ production 名（生産）
- ▶ produce energy（エネルギーを生産する）

| 0653 79.9%～70%

someone
[sʌ́mwʌn]
サムワン

| 代 **だれか**

- ▶ someone to talk to（話し相手）

STAGE 2 必修英単語　学習率 79.9%〜60%

☐ 0654　79.9%〜70%

attention
[əténʃən]
アテンション

名 **注意**

▶ pay attention to ～（～に注意を払う）
● Attention, please!（お知らせいたします）

☐ 0655　79.9%〜70%

burn
[bə:rn]
バーン

動 **燃やす**

活 burn-burnt-burnt ; burning（バーント）
▶ burn the trash（ゴミを燃やす）

☐ 0656　79.9%〜70%

oil
[ɔil]
オイル

名 **油**

▶ made from oil（石油で作られた）

☐ 0657　79.9%〜70%

separate
[sépəreit] 🔊
セパレイト

形 **分かれた，別々の**

▶ a separate room（別室，個別の部屋）

☐ 0658　79.9%〜70%

track
[træk]
トゥラック

名 **小道，線路，跡**

▶ track 3（3番線）

☐ 0659　69.9%〜60%

aunt
[ænt] 🔊
アント

名 **おば**

⇔ uncle 名（おじ）
▶ my aunt and uncle（私のおばとおじ）

☐ 0660　69.9%〜60%

bath
[bæθ]
バス

名 **入浴，浴室**

→ bathe [beið] 動（ふろに入る）
▶ take a bath（ふろに入る）

0661 69.9%〜60%	名 フルート
flute [fluːt] フルート	▶play the flute（フルートを演奏する）

0662 69.9%〜60%	名 ジム, 体育館
gym [dʒim] ヂム	▶in the gym（ジムで）

0663 69.9%〜60%	動 急ぐ 名 急ぎ
hurry [hə́ːri] ハーリィ	▶in a hurry（急いで）

0664 69.9%〜60%	名 子ども
kid [kid] キッド	●Kids learn music.（子どもたちは音楽を習う）

0665 69.9%〜60%	名 卓球
table tennis [téibl tènis] テイブル テニス	= ping pong ▶a table tennis player（卓球の選手）

0666 69.9%〜60%	名 リンゴ
apple [ǽpl] アプル	▶bake an apple pie（アップルパイを焼く）

0667 69.9%〜60%	名 ドル（お金の単位）
dollar [dάlər] ダラァ	▶five hundred dollars（500ドル）

STAGE 2 必修英単語

STAGE 2 必修英単語 学習率 69.9%〜60%

☐ 0668 69.9%〜60%

grandma
[grǽn(d)mɑ̀ː]
グラン(ドゥ)マー

名 おばあちゃん

= grandmother
⇔ grandpa **名**（おじいちゃん）

☐ 0669 69.9%〜60%

lion
[láiən]
ライオン

名 ライオン

▶ as brave as a lion（ライオンのように勇敢な）

☐ 0670 69.9%〜60%

sandwich
[sǽn(d)witʃ]
サン(ドゥ)ウィチ

名 サンドイッチ

複 sandwiches [-iz イズ]
▶ make sandwiches（サンドイッチを作る）

☐ 0671 69.9%〜60%

brush
[brʌʃ]
ブラシ

動 ブラシをかける

▶ brush 〜 teeth（〜の歯をみがく）

☐ 0672 69.9%〜60%

cookie
[kúki]
クキィ

名 クッキー

▶ make cookies（クッキーを作る）
▶ fortune cookies（おみくじ付きクッキー）

☐ 0673 69.9%〜60%

jacket
[dʒǽkit]
ヂャケト

名 ジャケット

● I'm looking for a jacket.（私はジャケットをさがしています）

☐ 0674 69.9%〜60%

jam
[dʒæm]
ヂャム

名 ジャム, 渋滞

▶ traffic jam（交通渋滞）

| 1年 | 2年 | 3年 | 初出学年 |

☐ 0675 *69.9%〜60%*

racket

[rǽkit]
ラケト

名 ラケット

▶ a tennis racket（テニスラケット）

☐ 0676 *69.9%〜60%*

shirt

[ʃəːrt]
シャート

名 (ワイ)シャツ

▶ a T-shirt（Tシャツ）
▶ an aloha shirt（アロハシャツ）

☐ 0677 *69.9%〜60%*

voice

[vɔis]
ヴォイス

名 声

▶ in a loud voice（大きな声で）

☐ 0678 *69.9%〜60%*

nose

[nouz]
ノウズ

名 鼻

➡ mouth（口）, eye（目）
▶ a long nose（高い鼻）

☐ 0679 *69.9%〜60%*

spend

[spend]
スペンド

動 (お金を)使う, (時間を)過ごす

活 spend-spent-spent
▶ spend 〜's winter vacation（〜の冬休みを過ごす）

☐ 0680 *69.9%〜60%*

dish

[diʃ]
ディッシュ

名 皿

複 dishes [-iz イズ]
▶ wash the dishes（皿を洗う）

☐ 0681 *69.9%〜60%*

sleepy

[slíːpi]
スリーピィ

形 眠い

▶ asleep 形（眠っている）
● The boy looks very sleepy.（その少年はとても眠たそうに見える）

STAGE 2 必修英単語

STAGE 2 必修英単語 学習率 69.9%〜60%

□ 0682 *69.9%〜60%*

uncle
[ʌ́ŋkl]
アンクル

名 おじ

↔ aunt 名（おば）
▶ Uncle John（ジョンおじさん）

□ 0683 *69.9%〜60%*

guide
[gaid]
ガイド

名 ガイド

▶ a tour guide（ツアーガイド，観光ガイド）

□ 0684 *69.9%〜60%*

industrial
[indʌ́striəl]
インダストゥリアル

形 産業の

▶ the Industrial Revolution（産業革命）

□ 0685 *69.9%〜60%*

noodle
[nuːdl]
ヌードゥル

名 めん類

▶ eat noodles（めんを食べる）
▶ *udon* noodles（うどん）

□ 0686 *69.9%〜60%*

shoot
[ʃuːt]
シュート

動 うつ，シュートをする

活 shoot-shot-shot；shooting（シャット）
▶ shoot a gun（けん銃をうつ）

□ 0687 *69.9%〜60%*

suddenly
[sʌ́dnli]
サドゥンリィ

副 突然に

→ sudden 形（突然の）
▶ change suddenly（急転する）

□ 0688 *69.9%〜60%*

bear
[beər]
ベア

名 クマ 動 がまんする

▶ a brown bear（ヒグマ）

126

| 1年 | 2年 | 3年 | 〈初出学年

□ 0689 *69.9%〜60%*

careful
[kéərfəl]
ケアフル

形 **注意深い**
- ↔ 形 careless（あさはかな）
- Be careful in driving a car.（車を運転するときは気をつけなさい）

□ 0690 *69.9%〜60%*

curry
[kə́:ri]
カーリィ

名 **カレー**

▶ curry and rice（カレーライス）

□ 0691 *69.9%〜60%*

funny
[fʌ́ni]
ファニィ

形 **おもしろい**
- 比 funnier-funniest
- → fun 名（楽しいこと）
- He's very funny.（彼はとてもおもしろい）

□ 0692 *69.9%〜60%*

king
[kiŋ]
キング

名 **王**
- ↔ queen 名（女王）
- ▶ become king（王になる）

□ 0693 *69.9%〜60%*

kitchen
[kítʃin]
キチン

名 **台所**
- My grandmother is in the kitchen.（私の祖母は台所にいます）

□ 0694 *69.9%〜60%*

quiz
[kwíz]
クウィズ

名 **クイズ, 小テスト**

▶ a quiz contest（クイズ競技会）

□ 0695 *69.9%〜60%*

snowy
[snóui]
スノウィ

形 **雪が降っている**
- → snow 名（雪），動（雪が降る）
- It was snowy yesterday.（きのうは雪が降っていました）

STAGE 2　必修英単語　学習率 69.9%～60%

0696　69.9%～60%
supermarket
[súːpərmɑːrkit]
スーパーマーケト

名 スーパーマーケット
▶ go to the supermarket（そのスーパーマーケットへ行く）

0697　69.9%～60%
taste
[teist]
テイスト

動 味がする
● The food tastes good.（その食べ物はおいしい味がする）

0698　69.9%～60%
view
[vjuː]
ヴュー

名 見方　動 見る
▶ from a different point of view（異なった見方から）

0699　69.9%～60%
floor
[flɔːr]
フロー(ァ)

名 床
➡ the first floor〔米〕（1階）,〔英〕（2階）

0700　69.9%～60%
museum
[mjuːzíː(ː)əm]
ミューズィ(ー)アム

名 ミュージアム
▶ an art museum（美術館）

0701　69.9%～60%
pretty
[príti]
プリティ

形 かわいい　副 かなり
比 prettier-prettiest
▶ a pretty girl（かわいい女の子）
▶ pretty good（かなりよい）

0702　69.9%～60%
rainy
[réini]
レイニィ

形 雨降りの
➡ rain 名（雨）動（雨が降る）
● It is rainy today.（今日は雨が降っています。雨の日）

| 1年 | 2年 | 3年 | 〈初出学年〉 |

☐ 0703 69.9%~60%

appear

[əpíər]
アピア

動 現れる

→ appearance 名 (外見)
- Many animals appeared and disappeared. (多くの動物が現れ,消えた)

☐ 0704 69.9%~60%

beach

[bíːtʃ]
ビーチ

名 ビーチ, 浜

▶ walk along the beach (ビーチに沿って歩く)

☐ 0705 69.9%~60%

bookstore

[búkstɔːr]
ブクストー(ア)

名 本屋

= bookshop
▶ a bookstore gift card (図書券, 図書カード)

☐ 0706 69.9%~60%

church

[tʃə́ːrtʃ]
チャーチ

名 教会

▶ go to church (教会に行く)〔礼拝に行く場合にはtheをつけない〕

☐ 0707 69.9%~60%

college

[kɑ́lidʒ]
カレヂ

名 (専門の)大学

▶ a college student (大学生)

☐ 0708 69.9%~60%

compare

[kəmpéər]
コンペア

動 ~を比較する

▶ compare ~ with ... (~を…と比較する)

☐ 0709 69.9%~60%

convenience

[kənvíːnjəns]
コンビィーニェンス

名 便利(なこと)

→ convenient 形 (便利な)
▶ a convenience store (コンビニエンスストア)

STAGE 2 必修英単語　学習率 69.9%～60%

☐ 0710　*69.9%～60%*

custom
[kʌ́stəm]
カスタム

名 慣習, 風習

▶ social customs（社会習慣）

☐ 0711　*69.9%～60%*

elephant
[éləfənt]
エレファント

名 ゾウ

▶ a wild elephant（野生のゾウ）

☐ 0712　*69.9%～60%*

end
[end]
エンド

名 終わり, 目的　動 終わる

▶ in the end（最後に）
▶ the end of study（勉強の目的）

☐ 0713　*69.9%～60%*

football
[fútbɔːl]
フトゥボール

名 フットボール

● They are playing football now.（彼らは, 今, フットボールをしています）

☐ 0714　*69.9%～60%*

hole
[houl]
ホウル

名 穴

▶ a huge hole（巨大な穴）

☐ 0715　*69.9%～60%*

husband
[hʌ́zbənd]
ハズバンド

名 夫

⇔ wife 名（妻）
▶ a husband and wife（夫婦）

☐ 0716　*69.9%～60%*

interpreter
[intə́ːrpritər]　5
インタープリタァ

名 通訳, 翻訳者

→ interpret 動（通訳〔翻訳〕する）
▶ work as an interpreter（通訳として働く）

| 1年 | 2年 | 3年 | 初出学年 |

☐ 0717 69.9%〜60%

kilometer
[kilάmətər] 🅰
キラメタァ

名 キロメートル

▶ 60 kilometers per hour（時速60キロ）

☐ 0718 69.9%〜60%

magic
[mǽdʒik] 🅰
マヂク

名 手品，魔法

→ magician 名（マジシャン）
▶ a magic trick（手品）

☐ 0719 69.9%〜60%

market
[má:rkit]
マーケト

名 市場，マーケット

▶ a fish market（魚市場）

☐ 0720 69.9%〜60%

size
[saiz]
サイズ

名 大きさ

▶ the size of the bed（そのベッドの大きさ）

☐ 0721 69.9%〜60%

bread
[bred]
ブレッド

名 パン

▶ bake bread（パンを焼く）
▶ Indian bread（インドのパン，ナン）
▶ a slice of bread（1切れのパン）

☐ 0722 69.9%〜60%

expensive
[ikspénsiv] 🅰
イクスペンスィヴ

形（費用が）高い

⇔ cheap 形（安い）
● The shoes are very expensive.（その靴はとても高価だ）

☐ 0723 69.9%〜60%

match
[mætʃ]
マッチ

名 試合

複 matches [-iz ィズ]
▶ a judo match（柔道の試合）

STAGE 2 必修英単語

STAGE 2　必修英単語　学習率 69.9%〜60%

☐ 0724　69.9%〜60%

salad
[sǽləd]
サラド

名 サラダ

- ▶ make salad（サラダを作る）
- ▶ green salad（野菜サラダ）

☐ 0725　69.9%〜60%

temple
[témpl]
テンプル

名 寺

→ shrine 名（神社）
- ▶ a Buddhist temple（仏教寺院）

☐ 0726　69.9%〜60%

area
[é(ə)riə]
エ(ァ)リア

名 地区, 地域

- ▶ a dangerous area（危険区域）

☐ 0727　69.9%〜60%

coach
[kóutʃ]
コウチ

名 コーチ

- ▶ a baseball coach（野球のコーチ）

☐ 0728　69.9%〜60%

cover
[kʌ́vər]
カヴァ

動 おおう

- ▶ be covered with 〜（〜でおおわれている）

☐ 0729　69.9%〜60%

firework
[fáiərwəːrk]
ファイアワーク

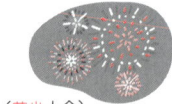

名 花火

- ▶ fireworks display（花火大会）

☐ 0730　69.9%〜60%

heart
[haːrt]
ハート

名 心, 心臓

- ▶ a warm heart（温かい心）

| 1年 | 2年 | 3年 | 初出学年 |

☐ 0731　69.9%〜60%

however
[hauévər]
ハウエヴァ

接 **しかしながら**　副 **どんなに〜でも**

- However, I have to do my homework.（しかしながら，私は宿題をしなければならない）

☐ 0732　69.9%〜60%

visitor
[vízitər]
ヴィズィタァ

名 **訪問者**

→ visit 動（訪問する）
▶ welcome visitors（訪問客を歓迎する）

☐ 0733　69.9%〜60%

astronaut
[ǽstrənɔːt] 🔊
アストゥロノート

名 **宇宙飛行士**

- He wants to be an astronaut.（彼は宇宙飛行士になりたがっています）

☐ 0734　69.9%〜60%

bright
[brait]
ブライト

形 **明るい**

⇔ dark 形（暗い）
▶ bright future（明るい未来）

☐ 0735　69.9%〜60%

choice
[tʃɔis]
チョイス

名 **選択**

→ choose 動（選ぶ）
▶ make a choice（選択する）▶ have no choice（〈〜する以外〉道がない, 選択肢がない）

☐ 0736　69.9%〜60%

everyday
[évridei]
エヴリデイ

形 **毎日の**

▶ everyday life（日常生活）

☐ 0737　69.9%〜60%

fact
[fækt]
ファクト

名 **事実**

▶ in fact（実際に）
▶ the fact that ...（という事実）

STAGE 2 必修英単語

STAGE 2 必修英単語 学習率 69.9%〜60%

☐ 0738 *69.9%〜60%*

farm
[fɑːrm]
ファーム

名 農場

→ farmer 名（農場経営者）
▶ go to a farm（農場へ行く）

☐ 0739 *69.9%〜60%*

fold
[fould]
フォウルド

動 折りたたむ

● Fold the paper in four, please.（紙を4つに折りたたんでください）

☐ 0740 *69.9%〜60%*

forever
[fərévər]
フォレヴァ

副 永遠に

▶ go on forever（永遠に続く）

☐ 0741 *69.9%〜60%*

garbage
[gɑ́ːrbidʒ]
ガーベチ

名 (生)ごみ

▶ a garbage can（ごみ入れ）

☐ 0742 *69.9%〜60%*

homestay
[hóumstei]
ホウムステイ

名 ホームステイ

▶ an overseas homestay（海外でのホームステイ）

☐ 0743 *69.9%〜60%*

laugh
[læf]
ラフ

動 笑う

→ smile 動（ほほえむ）
▶ laugh at 〜（〜を笑う）

☐ 0744 *69.9%〜60%*

main
[mein]
メイン

形 主な

▶ the main news（主なニュース）

0745 69.9%〜60%
panda
[pǽndə]
パンダ

名 パンダ
▶ panda bear, giant panda（ジャイアントパンダ）

0746 69.9%〜60%
similar
[símələr]
スィミラァ

形 同じような
▶ be similar to 〜（〜と似ている）

0747 69.9%〜60%
terrible
[térəbl]
テリブル

形 ひどい
▶ a terrible accident（ひどい事故）

0748 69.9%〜60%
throw
[θrou]
スロウ

動 〜を投げる
活 throw-threw-thrown （スルー スロウン）
▶ throw the ball（ボールを投げる）

0749 69.9%〜60%
trouble
[trʌbl]
トゥラブル

名 困難, 心配
● We have a lot of troubles now.（私たちには, 今, 多くの困ったことがあります）

0750 69.9%〜60%
wrestling
[réslɪŋ]
レスリング

名 レスリング
▶ a wrestling match（レスリングの試合）

0751 69.9%〜60%
coat
[kout]
コウト

名 コート
▶ wear a coat（コートを着ている）

STAGE 2 必修英単語 学習率 69.9%〜60%

☐ 0752 *69.9%〜60%*

office
[ɔ́(ː)fis]
オ(ー)フィス

名 **オフィス**

▶ an office worker（事務員）

☐ 0753 *69.9%〜60%*

step
[step]
ステップ

名 **ステップ, 一歩**

▶ take a step（一歩進む）
▶ step by step（一歩ずつ）

☐ 0754 *69.9%〜60%*

crane
[krein]
クレイン

名 **ツル**

▶ a paper crane（折り鶴）

☐ 0755 *69.9%〜60%*

drop
[drɑp]
ドゥラップ

動 **落ちる, 〜を落とす**　名 **しずく**

▶ drop from a tree（木から落ちる）
▶ a drop of rain（雨粒）

☐ 0756 *69.9%〜60%*

mistake
[mistéik]
ミステイク

動 **〜を間違う**　名 **間違い**

活 mistake-mistook-mistaked ; mistaking
　　　　　　ミストゥック ミステイクン
▶ make a mistake（間違いをする）

☐ 0757 *69.9%〜60%*

rich
[ritʃ]
リッチ

形 **金持ちの**

⇔ poor 形（貧しい）
▶ rich people（金持ちの人）

☐ 0758 *69.9%〜60%*

rise
[raiz]
ライズ

動 **上がる, 上昇する**

活 rise-rose-risen ; rising
　　　　ロウズ リズン
● The sun rises in the east.（太陽は東から昇る）

136

| 1年 | 2年 | 3年 | 初出学年 |

☐ 0759 *69.9%〜60%*

round

[raund]
ラウンド

形 **丸い, 円形の**

▶ a round table (丸いテーブル)

☐ 0760 *69.9%〜60%*

plant

[plænt]
プラント

名 **植物** 動 **〜を植える**

→ animal 名 (動物)
▶ animals and plants (動物と植物)

☐ 0761 *69.9%〜60%*

vegetable

[védʒ(ə)təbl]
ヴェヂタブル

名 **野菜**

→ meat 名 (肉)
▶ grow vegetables (野菜を栽培する)

☐ 0762 *69.9%〜60%*

action

[ǽkʃən]
アクション

名 **行動**

▶ everyday action (日常の行動)

☐ 0763 *69.9%〜60%*

architect

[áːrkətekt]
アーキテクト

名 **建築家**

→ architecture 名 (建築)
▶ become an architect (建築家になる)

☐ 0764 *69.9%〜60%*

blueberry

[blúːberi]
ブルーベリィ

名 **ブルーベリー**

▶ blueberry jam (ブルーベリージャム)

☐ 0765 *69.9%〜60%*

dead

[ded]
デッド

形 **死んだ**

→ die 動 (死ぬ)
● The soldier was dead. (その兵隊は死んでいた)

STAGE 2 必修英単語 学習率 69.9%～60%

□ 0766 69.9%～60%

earn
[ə:rn]
アーン

動 〜をかせぐ

▶ earn a living（生活費をかせぐ）

□ 0767 69.9%～60%

figure
[fígjər]
フィギュア

名 数字, 姿

▶ a good figure（よいスタイル）

□ 0768 69.9%～60%

gate
[geit]
ゲイト

名 門

▶ the south gate（南門）

□ 0769 69.9%～60%

joke
[dʒouk]
ヂョウク

名 ジョーク, 冗談

▶ a Japanese joke（日本のジョーク）

□ 0770 69.9%～60%

lead
[li:d]
リード

動 導く
レッド
活 lead-led-led ; leading
➡ leader 名（リーダー）
▶ lead 〜 to ...（〜を…に導く）

□ 0771 69.9%～60%

mask
[mæsk]
マスク

名 マスク, 面

▶ with a mask（マスクをして）

□ 0772 69.9%～60%

photographer
[fətágrəfər]
フォタグラファー

名 写真家

➡ photograph 名（写真）
▶ work as a photographer（写真家として働く）

| 1年 | 2年 | 3年 | 初出学年 |

□ 0773 *69.9%～60%*

salt
[sɔːlt]
ソールト

图 塩

- ↔ sugar 图（砂糖）
- Please pass me the salt.（塩をとってくれませんか）

□ 0774 *69.9%～60%*

simple
[símpl]
スィンプル

形 単純な

- 比 simpler-simplest
- ▶ simple questions（単純な質問）

□ 0775 *69.9%～60%*

surf
[səːrf]
サーフ

動 （インターネットでいろいろな情報を）見る，サーフィンをする

- ▶ surf the net（インターネットを見てまわる）

□ 0776 *69.9%～60%*

towel
[táu(ə)l]
タウ(ェ)ル

图 タオル

- ▶ a cotton towel（木綿地のタオル）
- ▶ a bath towel（バスタオル）

□ 0777 *69.9%～60%*

west
[west]
ウェスト

图 (theをつけて)西　形 西の

- ↔ east 图（東）
- The sun sets in the west.（太陽は西に沈みます）

□ 0778 *69.9%～60%*

air
[eər]
エア

图 空気

- ▶ in the air（空中に）

□ 0779 *69.9%～60%*

below
[bilóu]
ビロウ

前 ～の下に

- ▶ below the horizon（地平線の下に）
- ▶ below average（平均以下で）

STAGE 2 必修英単語 学習率 69.9%～60%

☐ 0780 *69.9%～60%*

cheap
[tʃiːp]
チープ

形 **安い**
↔ expensive 形（高価な）
• The bag is very cheap.（そのかばんはとても安い）

☐ 0781 *69.9%～60%*

energy
[énərdʒi] 🔊
エナヂィ

名 **エネルギー**
▶ alternative energy（代替エネルギー）

☐ 0782 *69.9%～60%*

impress
[imprés] 🔊
インプレス

動 **印象を与える**
➡ impression 名（印象）
• I was impressed.（私は感動した）

☐ 0783 *69.9%～60%*

performance
[pərfɔ́ːrməns]
パフォーマンス

名 **パフォーマンス, 演技**
▶ a music performance（音楽演奏）

☐ 0784 *69.9%～60%*

reduce
[ridjúːs]
リデュース

動 **減らす**
➡ reduction 名（削減）
▶ reduce waste（むだを減らす）

☐ 0785 *69.9%～60%*

reuse
[riːjúːz]
リーユーズ

動 **再利用する**　名 **再利用**
▶ reuse things（ものを再利用する）

☐ 0786 *69.9%～60%*

weak
[wiːk]
ウィーク

形 **弱い**
同音 week（週）
↔ strong 形（強い）
▶ a weak voice（力のない声）

| 1年 | 2年 | 3年 | 〈初出学年

☐ 0787 69.9%~60%

add

[æd]
アッド

☐ 0788 69.9%~60%

cause

[kɔːz] 🔊
コーズ

☐ 0789 69.9%~60%

discover

[diskʌ́vər]
ディスカヴァ

☐ 0790 69.9%~60%

equal

[íːkwəl]
イークウォル

☐ 0791 69.9%~60%

feeling

[fíːliŋ]
フィーリング

☐ 0792 69.9%~60%

solar

[sóulər]
ソウラァ

☐ 0793 69.9%~60%

support

[səpɔ́ːrt]
サポート

動 **加える, 足す**

→ addition 名（付け加えること, 足し算）
▶ add ~ to ... （~を…に加える）

動 **引き起こす**　名 **原因**

▶ cause global warming（地球温暖化を引き起こす）

動 **~を発見する**

→ discovery 名（発見）
▶ discover something new（何か新しいものを見つける）

形 **平等な**

→ equality 名（平等）
▶ be equal to ~（~と平等である）

名 **感情**

▶ a great feeling（いい気分）

形 **太陽の**

▶ solar power（太陽光発電）

名 **サポート**　動 **~を支える**

▶ support for a single mother（シングルマザーへのサポート）

STAGE 2 必修英単語

STAGE 2 必修英単語 学習率 69.9%～50%

□ 0794 *69.9%～60%*

wonder
[wʌ́ndər]
ワンダァ

動 不思議に思う 名 驚き

- It's a wonder.(それは驚きだ)
- ▶ I wonder why ~(~かしらと思う)

□ 0795 *69.9%～60%*

wood
[wud]
ウッド

名 木材

- ▶ made of wood(木でできている)

□ 0796 *59.9%～50%*

grandparent
[grǽn(d)pe(ə)rənt]
グラン(ドゥ)ペ(ァ)レント

名 祖父(または)祖母(祖父母〈複数形で〉)

- → grandfather 名 (祖父)
- → grandmother 名 (祖母)
- ▶ my grandparents(私の祖父母)

□ 0797 *59.9%～50%*

green
[gri:n]
グリーン

名 緑 形 緑色の

- ▶ a green sweater(緑色のセーター)
- ▶ green light(青信号)

□ 0798 *59.9%～50%*

pizza
[pí:tsə]
ピーツァ

名 ピザ

- I want another slice of pizza.(もう一切れピザがほしいです)

□ 0799 *59.9%～50%*

volleyball
[válibɔ:l]
ヴァリボール

名 バレーボール

- ▶ play volleyball(バレーボールをする)

□ 0800 *59.9%～50%*

gray
[grei]
グレイ

名 灰色〔グレー〕 形 灰色〔グレー〕の

- ▶ a gray coat(グレーのコート)

| 1年 | 2年 | 3年 |〈初出学年

□ 0801 59.9%〜50%

blanket
[blǽŋkit]
ブランケト

名 毛布

▶ wrap 〜 in a blanket (〜を毛布にくるむ)

□ 0802 59.9%〜50%

garden
[gáːrdn]
ガードゥン

名 庭

→ gardening 名 (ガーデニング, 庭づくり)
▶ Japanese garden (日本庭園)

□ 0803 59.9%〜50%

quietly
[kwáiətli]
クワイエトゥリィ

副 静かに

→ quiet 形 (静かな)
• That day started quietly. (あの日は静かに始まった)

□ 0804 59.9%〜50%

sunrise
[sʌ́nraiz]
サンライズ

名 日の出

⇔ sunset 名 (日没)
▶ wake up with the sunrise (日の出とともに起きる)

□ 0805 59.9%〜50%

doll
[dɑl]
ダル

名 人形

▶ a Japanese doll (日本人形)

□ 0806 59.9%〜50%

lesson
[lésn]
レスン

名 授業, レッスン

▶ a flying lesson (飛行訓練)

□ 0807 59.9%〜50%

tooth
[tuθ]
トゥース

名 歯

複 teeth [tiːθ]
ティース

STAGE 2 必修英単語 学習率 59.9%～50%

☐ 0808 *59.9%～50%*

earthquake
[ə́ːrθkweik]
アースクウェイク

名 地震

▶a big earthquake（大きな地震）

☐ 0809 *59.9%～50%*

pardon
[páːrdn]
パードゥン

動 ～を許す

●Pardon?（〈会話で〉もう一度お願いします）

☐ 0810 *59.9%～50%*

spaghetti
[spəgéti]
スパゲティ

名 スパゲッティ

▶cook spaghetti（スパゲッティを作る）

☐ 0811 *59.9%～50%*

vet
[vet]
ヴェト

名 獣医（veterinarian ヴェテリネアリアン の略）

●She became a vet.（彼女は獣医になった）

☐ 0812 *59.9%～50%*

bar
[bɑːr]
バー

名 バー, (カウンター式の)飲食店

▶sushi bar（すし店）

☐ 0813 *59.9%～50%*

bean
[biːn]
ビーン

名 豆

▶a cacao bean（カカオ豆）

☐ 0814 *59.9%～50%*

belt
[belt]
ベルト

名 ベルト

▶wear a belt（ベルトを締める）

| 0815 *59.9%～50%*

cheer
[tʃíər]
チア

| 0816 *59.9%～50%*

colorful
[kʌ́lərfəl]
カラフル

| 0817 *59.9%～50%*

detective
[ditéktiv]
ディテクティヴ

| 0818 *59.9%～50%*

DVD
[díːvíːdíː]
ディーヴィーディー

| 0819 *59.9%～50%*

huge
[hjuːdʒ]
ヒューヂ

| 0820 *59.9%～50%*

local
[lóukəl]
ロウカル

| 0821 *59.9%～50%*

meal
[miːl]
ミール

1年　2年　3年　〈初出学年〉

動 応援する

▶ cheer up（応援する）

形 色鮮やかな

➡ color 名（色）
▶ a colorful dress（色鮮やかなドレス）

名 探偵　形 探偵の

▶ a detective story（探偵小説, 推理小説）

名 DVD

● I bought some DVDs yesterday.（私はきのうDVDを数枚買いました）

形 巨大な

▶ a huge earthquake（巨大地震）

形 地元の

▶ local people（地元の人々）
▶ a local election（地方選挙）

名 食事

● We have a meal together on the weekend.（私たちは週末はいっしょに食事をします）

STAGE 2 必修英単語

STAGE 2 必修英単語 学習率 59.9%～50%

0822 59.9%～50%
meeting
[míːtiŋ]
ミーティング

名 会議
- a business meeting（仕事の会議）

0823 59.9%～50%
note
[nout]
ノウト

名 メモ，短い手紙　動 記す
- note of thanks（礼状）
- note down every word（言ったことをすべてメモする）

0824 59.9%～50%
peaceful
[píːsfəl]
ピースフル

形 平和な
→ peace 名（平和）
- a peaceful world（平和な世界）

0825 59.9%～50%
pot
[pɑt]
パット

名 ポット，深いなべ
- in a pot（ポットの中に）

0826 59.9%～50%
potato
[pətéitou]
ポテイトウ

名 ジャガイモ
複 potatoes
- a baked potato（ベークトポテト）

0827 59.9%～50%
promise
[prɑ́mis]
プラミス

動 約束する　名 約束
- keep ～'s promise（～の約束を守る）
- promise to ～（～する約束をする）

0828 59.9%～50%
shine
[ʃain]
シャイン

動 輝く
活 shine-shone-shone ; shining
ショウン
- The sun is shining.（太陽は輝いている）

| 1年 | 2年 | 3年 | 初出学年 |

☐ 0829 *59.9%〜50%*

speed
[spiːd]
スピード

名 スピード

▶ at a speed of 60 kilometers an hour
（時速60キロのスピードで）

☐ 0830 *59.9%〜50%*

tie
[tai]
タイ

動 結ぶ　名 ネクタイ, きずな

▶ tie a ~'s shoes（くつのひもを結ぶ）
▶ family ties（家族のきずな）

☐ 0831 *59.9%〜50%*

video game
[vídiou ɡeim]
ヴィディオウ ゲイム

名 ビデオゲーム, テレビゲーム

▶ play video games（テレビゲームをする）

☐ 0832 *59.9%〜50%*

violin
[vaiəlín]
ヴァイオリン

名 バイオリン

● He can play the violin well.（彼は, 上手にバイオリンをひくことができる）

☐ 0833 *59.9%〜50%*

farmer
[fάːrmər]
ファーマァ

名 農場経営者

➡ farm 名（農場, 農園）
▶ farmer's market（農家が集まった屋外市場）

☐ 0834 *59.9%〜50%*

island
[áilənd]
アイランド

名 島

▶ a floating island（浮島）

☐ 0835 *59.9%〜50%*

pie
[pai]
パイ

名 パイ

▶ an apple pie（アップルパイ）

STAGE 2 必修英単語 学習率 59.9%〜50%

☐ 0836 *59.9%〜50%*

horse
[hɔːrs]
ホース

名 馬

▶ ride a horse (馬に乗る)

☐ 0837 *59.9%〜50%*

artist
[áːrtist]
アーティスト

名 芸術家

➡ art 名 (芸術)
▶ a famous artist (有名な芸術家)

☐ 0838 *59.9%〜50%*

bake
[beik]
ベイク

動 (オーブンなどで)焼く

▶ bake potatoes (皮ごとじゃがいもを焼く)

☐ 0839 *59.9%〜50%*

convenient
[kənvíːnjənt]
コンヴィーニェント

形 便利な

➡ convenience 名 (便利)
▶ a convenient tool (便利な道具)

☐ 0840 *59.9%〜50%*

enemy
[énəmi]
エネミィ

名 敵

↔ friend 名 (味方)
▶ a natural enemy (天敵)

☐ 0841 *59.9%〜50%*

fluently
[flúːəntli]
フルーエントリィ

副 流ちょうに

➡ fluent 形 (流ちょうな)
● He speaks English fluently. (彼は流ちょうに英語を話す)

☐ 0842 *59.9%〜50%*

improve
[imprúːv]
インプルーヴ

動 改善する

➡ improvement 名 (改善)
▶ improve 〜's English (〜の英語力を向上する)

| 1年 | 2年 | 3年 | 〈初出学年

□ 0843 59.9%〜50%

motto
[mátou]
マトウ

名 **モットー, 標語**

▶ a class motto (クラスのモットー)

□ 0844 59.9%〜50%

perhaps
[pərhǽps]
パハップス

副 **おそらく, たぶん**

● Perhaps you should 〜. (おそらく〜した方がよいのではないでしょうか)

□ 0845 59.9%〜50%

pleasure
[pléʒər]
プレジャ

名 **喜び**

● With pleasure. (〈会話で〉どういたしまして)

□ 0846 59.9%〜50%

product
[prɑ́dəkt]
プラダクト

名 **製品**

➡ produce 動 (生産する)
▶ local products (土地の名産品)

□ 0847 59.9%〜50%

professional
[prəféʃ(ə)nəl]
プロフェシ(ョ)ナル

形 **プロの**

⇔ amateur 形 (素人の)
▶ professional soccer player (プロのサッカー選手)

□ 0848 59.9%〜50%

wine
[wain]
ワイン

名 **ワイン**

▶ a bottle of wine (ワイン1びん)

□ 0849 59.9%〜50%

wrestler
[réslər]
レスラァ

名 **レスラー**

▶ a foreign wrestler (外国人のレスラー)
▶ a sumo wrestler (力士)

STAGE 2 必修英単語 学習率 59.9%〜50%

0850
effort
[éfərt]
エフォト

名 努力

▶ make an effort（努力をする）

0851
electricity
[ilektrísəti] 🔊
イレクトゥリスィティ

名 電気

▶ make electricity（電気を作る）

0852
entrance
[éntrəns]
エントゥランス

名 入口

⇔ exit 名（出口）
▶ at the entrance（入口で）

0853
greeting
[gríːtiŋ]
グリーティング

名 あいさつ

➡ greet 動（あいさつする）
▶ a greeting card（グリーティングカード）

0854
order
[ɔ́ːrdər]
オーダァ

名 命令, 順序

▶ in order to 〜（〜するために〈目的〉）

0855
site
[sáit]
サイト

名 敷地, インターネットのホームページ

▶ World Heritage Sites（世界遺産地）

0856
soft
[sɔ(ː)ft]
ソ(ー)フト

形 やわらかい

⇔ hard 形（固い）
▶ soft hands（やわらかい手）

| 1年 | 2年 | 3年 | 〈初出学年〉

0857 59.9%〜50%
spread
[spred]
スプレッド

名 広がること，普及
動 広がる，〜を広げる
活 spread-spread-spread ; spreading
▶ spread the news（そのニュースを広める）

0858 59.9%〜50%
trick
[trik]
トゥリック

名 いたずら

▶ play a trick on 〜（〜にいたずらする）

0859 59.9%〜50%
clear
[klíər]
クリア

形 明確な，はっきりした

▶ a clear answer（明確な解答）

0860 59.9%〜50%
interview
[íntərvju:]
インタヴュー

名 インタビュー
➡ interviewer（インタビューをする人）
➡ interviewee（インタビューを受ける人）
▶ have an interview（インタビューする，面談する）

0861 59.9%〜50%
invite
[inváit]
インヴァイト

動 〜を招待する
➡ invitation 名（招待）
● I invited him to the party.（私は彼をパーティーに招待した）

0862 59.9%〜50%
report
[ripɔ́:rt]
リポート

名 報告　動 報告する

▶ report on 〜（〜について報告する）

0863 59.9%〜50%
set
[set]
セット

動 配置する　名 一組み
活 set-set-set ; setting
▶ set up（〈コンピュータなどを〉セットアップする）

STAGE 2 必修英単語　学習率 59.9%〜50%

□ 0864　*59.9%〜50%*

side

[said]
サイド

名 側

▶ on the other side of the road（道の反対側に）

□ 0865　*59.9%〜50%*

symbol

[símb(ə)l]
スィンボル

名 象徴, 文字

▶ symbol of love（愛の象徴）

□ 0866　*59.9%〜50%*

army

[á:rmi]
アーミィ

名 軍隊,（the をつけて）陸軍

▶ US Army（アメリカ合衆国陸軍）

□ 0867　*59.9%〜50%*

championship

[tʃæmpiənʃip]
チャンピオンシプ

名 決勝戦, 選手権

▶ win a championship（選手権をとる, 制覇する）

□ 0868　*59.9%〜50%*

copy

[kápi]
カピィ

動 コピーする, 写す
三単現 copies [-z ズ]
活 copy-copied [-d ド]-copied ; copying
▶ copy a key（合かぎを作る）

□ 0869　*59.9%〜50%*

depend

[dipénd]
ディペンド

動 頼る
▶ depend on 〜（〜に頼る）
● You can't depend on me.（あなたは私に頼ることができません）

□ 0870　*59.9%〜50%*

encourage

[inkə́:ridʒ]
エンカーレヂ

動 〜をはげます

▶ encourage ... to 〜（…が〜するのをはげます）

| 1年 | 2年 | 3年 ⟨初出学年

□ 0871 **59.9%〜50%**

freedom

[fríːdəm]
フリーダム

名 自由

→ free 形（自由な, 暇な）
▶ freedom of speech（言論の自由）

□ 0872 **59.9%〜50%**

meaningful

[míːniŋfəl]
ミーニングフル

形 意味のある

→ meaning 名（意味, 意義）
▶ meaningful activity（意味のある活動）

□ 0873 **59.9%〜50%**

refuse

[rifjúːz]
リフューズ

動 こばむ

▶ refuse to run（走ることをこばむ）

□ 0874 **59.9%〜50%**

spot

[spɑt]
スパット

名 場所, 点

▶ a sightseeing spot（名所観光地）

STAGE 2 必修英単語

まとめて覚える英単語 2

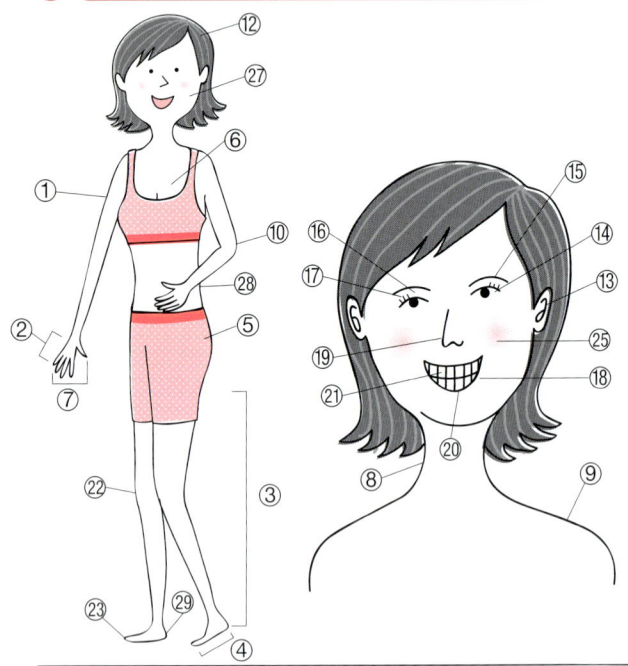

⑬ からだ（body）

① **arm**	[ɑːrm] アーム	腕
② **hand**	[hænd] ハンド	手
③ **leg**	[leg] レッグ	足, 脚
④ **foot**	[fut] フット	足
⑤ **hip**	[hip] ヒップ	腰

154

⑥ chest	[tʃest] チェスト	胸
⑦ finger	[fíŋɡər] フィンガァ	指
⑧ neck	[nek] ネック	首
⑨ shoulder	[ʃóuldər] ショウルダァ	肩
⑩ elbow	[élbou] エルボウ	ひじ
⑪ back	[bæk] バック	背中
⑫ head	[hed] ヘッド	頭
⑬ ear	[jər] イア	耳
⑭ eye	[ai] アイ	目
⑮ eyebrow	[áibrau] アイブラウ	まゆ毛
⑯ eyelid	[áilid] アイリド	まぶた
⑰ eyelash	[áilæʃ] アイラシュ	まつげ
⑱ mouth	[mauθ] マウス	口
⑲ nose	[nouz] ノウズ	鼻
⑳ lip	[lip] リップ	くちびる
㉑ tooth	[tu:θ] トゥース	歯（複 teeth）
㉒ knee	[ni:] ニー	ひざ
㉓ toe	[tou] トゥー	つま先
㉔ fist	[fist] フィスト	こぶし
㉕ cheek	[tʃi:k] チーク	ほお
㉖ heart	[hɑ:rt] ハート	心臓
㉗ face	[feis] フェイス	顔
㉘ waist	[weist] ウェイスト	ウエスト, 胴
㉙ heel	[hi:l] ヒール	かかと

⑭ スポーツ(sports)

①	**baseball**	[béisbɔːl] ベイスボール	野球
②	**basketball**	[bǽskitbɔːl] バスケトゥボール	バスケットボール
③	**volleyball**	[válibɔːl] ヴァリボール	バレーボール
④	**golf**	[gɑlf] ガルフ	ゴルフ
⑤	**soccer**	[sákər] サカァ	サッカー
⑥	**football**	[fútbɔːl] フトゥボール	[英]サッカー
⑦	**cricket**	[kríkit] クリケト	クリケット

⑮ 楽器 (musical instruments)

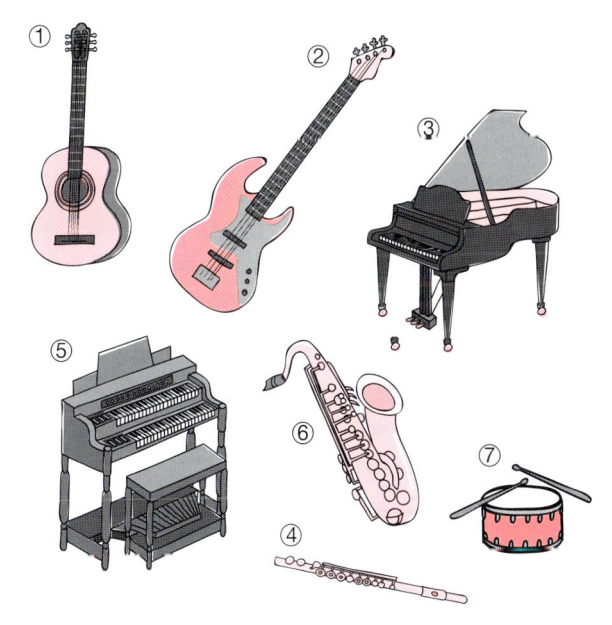

① **guitar**	[gitá:r] ギター	ギター
② **bass**	[beis] ベイス	ベース
③ **piano**	[piǽnou] ピアノウ	ピアノ
④ **flute**	[flu:t] フルート	フルート
⑤ **organ**	[ɔ́:rgən] オーガン	オルガン
⑥ **saxophone**	[sǽksəfoun] サクソフォウン	サックス
⑦ **drum**	[drʌm] ドゥラム	ドラム

16 職業(jobs)

①	doctor	[dάktər] ダクタァ	医師
②	nurse	[nə:rs] ナース	看護師
③	carpenter	[kά:rpəntər] カーペンタァ	大工
④	teacher	[tí:tʃər] ティーチャ	教師
⑤	musician	[mju:zíʃən] ミューズィシャン	音楽家
⑥	writer	[ráitər] ライタァ	筆者
⑦	novelist	[nάvəlist] ナヴァリスト	小説家
⑧	lawyer	[lɔ́:jər] ローヤァ	弁護士
⑨	office worker	[ɔ́(:)fis wə:rkər] オ(ー)フィス ワーカァ	事務員
⑩	taxi driver	[tǽksi draivər] タクスィ ドゥライヴァ	タクシー運転手
⑪	police officer	[pəlí:s o(:)fisər] ポリース オ(ー)フィサァ	警察官
⑫	clerk	[klə:rk] クラーク	店員

STAGE 3
標準英単語

学習率 *49.9%~25%*

単語 875~1384

STAGE 3 標準英単語 学習率 49.9%〜40%

☐ 0875 *49.9%〜40%*

eraser
[iréisər]
イレイサァ

名 消しゴム
↔ pencil 名（えんぴつ）
▶ a pencil with an eraser
（消しゴム付きえんぴつ）

☐ 0876 *49.9%〜40%*

koala
[kouá:lə] 🔊
コウアーラ

名 コアラ

▶ koala bear（コアラ）

☐ 0877 *49.9%〜40%*

octopus
[áktəpəs]
アクトパス

名 タコ
複 octopuses [-iz ィズ]
▶ boiled octopus（ゆでダコ）

☐ 0878 *49.9%〜40%*

pet
[pet]
ペット

名 ペット

▶ pet dogs（ペットの犬）

☐ 0879 *49.9%〜40%*

smart
[smɑ:rt]
スマート

形 かしこい

● She is a very smart girl.
（彼女はとてもかしこい女の子です）

☐ 0880 *49.9%〜40%*

toy
[tɔi]
トイ

名 おもちゃ
複 toys [-z ズ]（「母音字+y」で終わる単語にはsだけをつける）
▶ a robot toy（ロボットのおもちゃ）

☐ 0881 *49.9%〜40%*

amusement
[əmjú:zmənt]
アミューズメント

名 娯楽

→ amuse 動（楽しませる）
▶ amusement park（遊園地）

0882 49.9%〜40%

blind
[blaind]
ブラインド

形 **目の見えない**
- → deaf 形（耳の聞こえない）
- ▶ a guide dog for a blind person
（目の見えない人のための盲導犬）

0883 49.9%〜40%

Christmas
[krísməs]
クリスマス

名 **クリスマス**
- ▶ Christmas Day（クリスマスの日）

0884 49.9%〜40%

corner
[kɔ́ːrnər]
コーナァ

名 **角, すみ**
- ▶ around the corner
（角を曲がったところに）

0885 49.9%〜40%

finger
[fíŋɡər]
フィンガァ

名 **指**
- → thumb [θʌm] 名（親指），
forefinger 名（人さし指）
- ▶ point with your finger（あなたの指でさす）

0886 49.9%〜40%

key
[kiː]
キー

名 **かぎ**
- ● That is a key to your bright future.
（それが，明るい未来をつかむかぎです）

0887 49.9%〜40%

leg
[leɡ]
レッグ

名 **足**
- → arm 名（腕）
- ▶ a broken leg（骨折した足）

0888 49.9%〜40%

mirror
[mírər]
ミラァ

名 **鏡**
- ▶ look in the mirror（鏡を見る）

STAGE 3　標準英単語　学習率 49.9%〜40%

☐ 0889　49.9%〜40%

P.E.
[píː íː]
ピーイー

名 体育 (physical education の略)

▶ a P.E. teacher (体育の先生)

☐ 0890　49.9%〜40%

sausage
[sɔ́(ː)sidʒ]
ソ(ー)セヂ

名 ソーセージ

▶ fish sausage (魚肉ソーセージ)

☐ 0891　49.9%〜40%

straight
[streit]
ストゥレイト

形 まっすぐの

▶ a straight answer (正直な答え)

☐ 0892　49.9%〜40%

vase
[veis]
ヴェイス

名 花びん
base (土台, 基礎) と区別

▶ a broken vase (壊れた花びん)

☐ 0893　49.9%〜40%

everywhere
[évri(h)weər]
エヴリ(フ)ウェア

副 いたるところに

▶ everywhere in Japan (日本中いたるところで)

☐ 0894　49.9%〜40%

soup
[suːp] (つづり注意!)
スープ

名 スープ

▶ miso soup (みそ汁)

☐ 0895　49.9%〜40%

surprised
[sərpráizd]
サプライズド

形 (人が)驚いている
➡ surprising (〈物事〉などが驚かせるような)
▶ make 〜 surprised (〜を驚かせる)

| 1年 | 2年 | 3年 〈初出学年〉

☐ 0896 *49.9%〜40%*

carrot
[kǽrət]
キャロット

图 ニンジン

▶ carrot cake (ニンジンケーキ)

☐ 0897 *49.9%〜40%*

paint
[peint]
ペイント

動 絵を描く 图 ペンキ

▶ paint a picture (絵の具を使って絵を描く)

☐ 0898 *49.9%〜40%*

photo
[fóutou]
フォウトウ

图 写真

→ phótograph 图 (写真)
▶ take a photo (写真をとる)

☐ 0899 *49.9%〜40%*

adult
[ədʌ́lt]
アダルト

图 成人

↔ child 图 (子ども)
▶ adult size (大人用サイズ)

☐ 0900 *49.9%〜40%*

age
[eidʒ]
エイヂ

图 年齢, 時代

▶ at the age of 20 (20歳で)

☐ 0901 *49.9%〜40%*

amazing
[əméiziŋ]
アメイズィング

图 (ものごとが)驚かせるような

→ amazed 形 (〈人が〉驚いている)
▶ an amazing place (驚くべき場所)

☐ 0902 *49.9%〜40%*

cloth
[klɔ(:)θ]
クロ(ー)ス

图 布

→ clothes 图 (衣服)
▶ cotton cloth (木綿の布)

STAGE 3 標準英単語 学習率 49.9%〜40%

0903 49.9%〜40%
dot
[dɑt]
ダット

名 点, 小数点

▶ three dots（3つの点）

0904 49.9%〜40%
exchange
[ikstʃéindʒ]
イクスチェインヂ

動 交換する

▶ exchange student（交換留学生）
▶ exchange 〜 for ...（〜を…と交換する）

0905 49.9%〜40%
fridge
[fridʒ]
フリッヂ

名 冷蔵庫（refrigeratorの短縮形）

▶ leave the fridge open
（冷蔵庫を開けたままにする）

0906 49.9%〜40%
God
[gɑd]
ガッド

名 神（キリスト教・イスラム教などの一神教の神は大文字で始める）

▶ a gift from God（天の恵み, 天賦の才）

0907 49.9%〜40%
matter
[mǽtər]
マタァ

名 事がら

● What's the matter?（どうしたの）

0908 49.9%〜40%
medicine
[méd(ə)sən]
メディスン

名 薬

● Take this medicine three times a day.
（1日に3回この薬を飲みなさい）

0909 49.9%〜40%
passport
[pǽspɔːrt] 🅐
パスポート

名 パスポート

● Please show me your passport.
（あなたのパスポートを見せてください）

| | 1年 | 2年 | 3年 | 〈初出学年 |

☐ 0910 *49.9%〜40%*

priest
[priːst]
プリースト

名 (教会の)神父

▶ a Catholic priest (カトリックの司祭)

☐ 0911 *49.9%〜40%*

purpose
[pə́ːrpəs]
パーパス

名 目的

▶ for the purpose of ~ (〜の目的で)
● What is the purpose of your visit? (訪問の目的は何ですか)

☐ 0912 *49.9%〜40%*

rabbit
[rǽbit]
ラビト

名 ウサギ

▶ hunt rabbits (ウサギを狩る)

☐ 0913 *49.9%〜40%*

remain
[riméin]
リメイン

動 〜のままでいる

● You should remain calm.
(あなたは冷静でいるべきだ)

☐ 0914 *49.9%〜40%*

spirit
[spírit]
スピリト

名 精神, 霊

▶ fighting spirit
(ファイティングスピリット, 闘争心)

☐ 0915 *49.9%〜40%*

square
[skweər]
スクウェア

名 正方形, 平方〜 形 四角い

▶ draw a square (正方形を書く)
▶ square meter (平方メートル)

☐ 0916 *49.9%〜40%*

style
[stail]
スタイル

名 スタイル, 形式

▶ Japanese style (日本式)

STAGE 3 標準英単語 学習率 49.9%～40%

☐ 0917 *49.9%～40%*

unique
[juːníːk]
ユーニーク

形 **独特な**
▶ a unique culture（独特な文化）

☐ 0918 *49.9%～40%*

castle
[kǽsl]
キャスル

名 **城**
▶ a castle wall（城壁）

☐ 0919 *49.9%～40%*

finally
[fáinəli]
ファイナリィ

副 **最後に, とうとう**
→ final 形（最後の）
● Finally her dream became true.
（彼女の夢はとうとう実現した）

☐ 0920 *49.9%～40%*

international
[intərnǽʃ(ə)nəl]
インタナショナル

形 **国際的な**
▶ international understanding（国際理解）
▶ international agreement（国際協定）

☐ 0921 *49.9%～40%*

medium
[míːdiəm]
ミーディアム

名 **中間, (テレビなどの)マスメディア**
形 **中間の**
複 media
▶ medium size（Mサイズ, 中型）

☐ 0922 *49.9%～40%*

memory
[mém(ə)ri]
メモリィ

名 **記憶**
複 memories [-z ズ]
▶ happy memories（楽しい思い出）

☐ 0923 *49.9%～40%*

post
[poust]
ポウスト

名 **郵便**
→ postal 形（郵便の）
▶ a post office（郵便局）

| 1年 | 2年 | 3年 | 初出学年 |

□ 0924 **49.9%〜40%**

above

[əbʌ́v]
アバブ

前 **〜の上に**

⇔ below 前（〜より下に）
▶ above average（平均以上に）

□ 0925 **49.9%〜40%**

bridge

[brídʒ]
ブリッヂ

名 **橋**

build a bridge（橋をかける）
▶ on the bridge（橋の上で）

□ 0926 **49.9%〜40%**

hill

[híl]
ヒル

名 **丘**

▶ a small hill（小さな丘）

□ 0927 **49.9%〜40%**

journalist

[dʒə́ːrnəlist]
ヂャーナリスト

名 **ジャーナリスト**

▶ a famous journalist
（有名なジャーナリスト）

□ 0928 **49.9%〜40%**

joy

[dʒɔ́i]
ヂョイ

名 **喜び**

→ joyful 形（喜んでいる）
▶ for joy（喜んで）

□ 0929 **49.9%〜40%**

moon

[múːn]
ムーン

名 （the をつけて）**月**

→ the sun 名（太陽）
▶ full moon（満月）

□ 0930 **49.9%〜40%**

Olympics

[əlímpiks]
オリンピクス

名 **オリンピック**

▶ The Olympics are held every four years.（オリンピックは4年に1回開催されます）

STAGE 3 標準英単語 学習率 49.9%～40%

0931 49.9%～40%
website
[wébsait]
ウェブサイト

名 ウェブサイト（インターネット上の情報サイト）

▶ visit a website（ウェブサイトを見る）

0932 49.9%～40%
airport
[éərpɔːrt] 🔊
エアポート

名 空港

▶ an international airport（国際空港）

0933 49.9%～40%
calendar
[kǽləndər] 🔊 (つづり注意)
キャレンダァ

名 カレンダー

▶ western calendar（西暦）

0934 49.9%～40%
department
[dipɑ́ːrtmənt]
ディパートゥメント

名 （デパートの）売り場

▶ a department store（デパート）

0935 49.9%～40%
drugstore
[drʌ́gstɔːr]
ドゥラッグストー(ア)

名 薬局, ドラッグストア

● There was a drugstore there.（そこにドラッグストアがあった）

0936 49.9%～40%
elderly
[éldərli]
エルダリィ

形 年をとった

▶ an elderly man（年とった男性）

0937 49.9%～40%
fresh
[freʃ]
フレッシ

形 新鮮な

▶ fresh air（新鮮な空気）

| 1年 | 2年 | 3年 | 初出学年 |

☐ 0938 *49.9%～40%*

fry
[frái]
フライ

動 **いためる, あげる**　名 **揚げ物**
(fly「飛ぶ」と区別)
活 fry-fried [-d ド]-fried ; frying
▶ French fry（フライ・フライドポテト）

☐ 0939 *49.9%～40%*

gold
[góuld]
ゴウルド

名 **金**　形 **金色の**

a gold medal（金メダル）

☐ 0940 *49.9%～40%*

lawyer
[lɔ́:jər]
ローヤァ

名 **弁護士**

➡ law 名（法律）
▶ become a lawyer（弁護士になる）

☐ 0941 *49.9%～40%*

lifestyle
[láifstail]
ライフスタイル

名 **生活様式**

▶ change a lifestyle（生活様式を変える）

☐ 0942 *49.9%～40%*

nod
[nád]
ナッド

動 **うなずく**

活 nod-nodded [-id イド]-nodded ; nodding
▶ nod with a smile（笑顔でうなずく）

☐ 0943 *49.9%～40%*

official
[əfíʃəl] 🔊
オフィシャル

形 **公式の**

▶ an official language（公用語）

☐ 0944 *49.9%～40%*

rainbow
[réinbou]
レインボウ

名 **虹**

▶ an arch of rainbow（虹の橋）

STAGE 3 標準英単語 学習率 49.9%～40%

0945 49.9%～40%
solve
[sɑlv]
サルヴ

動 〜を解決する
→ solution 名（解決）
▶ solve the problem（問題を解決する）

0946 49.9%～40%
straw
[strɔː]
ストゥロー

名 わら, ストロー
形 わらでできた
▶ a straw hat（麦わら帽子）

0947 49.9%～40%
teamwork
[tíːmwəːrk]
ティームワーク

名 チームワーク
● Our teamwork is perfect.
（私たちのチームワークは完璧です）

0948 49.9%～40%
ancient
[éinʃənt]
エインシェント

形 古代の
⇔ modern 形（現代の）
▶ ancient Rome（古代のローマ）

0949 49.9%～40%
notice
[nóutis]
ノウティス

動 気づく
● I noticed him.（私は彼に気づいた）

0950 49.9%～40%
reporter
[ripɔ́ːrtər]
リポータァ

名 レポーター
▶ a news reporter（新聞記者, 取材記者）

0951 49.9%～40%
various
[vé(ə)riəs]
ヴェ(ア)リアス

形 さまざまな
▶ various ways of thinking
（さまざまな考え方）

| 1年 | 2年 | 3年 | 〈初出学年

☐ 0952 *49.9%〜40%*

lady
[léidi]
レイディ

名 **女性, 婦人**
- ↔ gentleman 名（紳士）
- ●〈あいさつで〉Ladies and gentlemen.（みなさん）

☐ 0953 *49.9%〜40%*

leader
[líːdɚ]
リーダァ

名 **指導者**
- → lead 動（導く）
- ▶ a world leader（世界的な指導者）

☐ 0954 *49.9%〜40%*

north
[nɔːrθ]
ノース

名 **北**
- ↔ south 名（南）
- → northern 形（北の）
- ▶ in the north（北部に）

☐ 0955 *49.9%〜40%*

power
[páuɚ]
パウア

名 **力, 権力, 電力**
- ▶ a power station（発電所）

☐ 0956 *49.9%〜40%*

remove
[rimúːv]
リムーヴ

動 **〜を取り除く**
- → removal 名（取り除くこと）
- ▶ remove snow（雪かきをする）

☐ 0957 *49.9%〜40%*

wind
[wind]
ウィンド

名 **風**
- → windy 形（風の強い）
- ▶ wind power（風力）

☐ 0958 *49.9%〜40%*

elementary
[eləméntəri]
エレメンタリィ

形 **初歩の**
- ▶ an elementary school（小学校）
- → junior high school（中学校）

STAGE 3 高標英単語

STAGE 3　標準英単語　学習率 *49.9%〜40%*

□ 0959　*49.9%〜40%*

express
[iksprés]
イクスプレス

動 表現する
→ expression 名（表現）
▶ express my feelings
（私の感情を表現する）

□ 0960　*49.9%〜40%*

flag
[flǽg]
フラッグ

名 旗
▶ raise a flag（旗を掲げる）
▶ a national flag（国旗）

□ 0961　*49.9%〜40%*

national
[nǽʃ(ə)nəl]
ナショナル

形 国の
→ nation 名（国, 国家）
▶ a national holiday（国の祝祭日）

□ 0962　*49.9%〜40%*

pamphlet
[pǽmflit]
パンフレト

名 パンフレット
▶ pass out pamphlets
（パンフレットを配る）

□ 0963　*49.9%〜40%*

prefecture
[príːfektʃər]
プリーフェクチャ

名 県
▶ Aomori Prefecture（青森県）

□ 0964　*49.9%〜40%*

project
[prɑ́dʒekt]
プラヂェクト

名 計画, 企画
▶ a big project（大型プロジェクト）

□ 0965　*49.9%〜40%*

quite
[kwait]
クワイト

副 かなり(の)
▶ quite a few（かなりの数の〜）

| 1年 | 2年 | 3年 | 〈初出学年 |

☐ 0966 *49.9%~40%*

runner
[rʌ́nər]
ラナァ

名 ランナー

▶ a good runner (速いランナー)

☐ 0967 *49.9%~40%*

skill
[skil]
スキル

名 技術

→ skillful 形 (技術のある)

☐ 0968 *49.9%~40%*

skin
[skin]
スキン

名 皮ふ, 皮

▶ fair skin (色白のはだ)

☐ 0969 *49.9%~40%*

smoke
[smouk]
スモウク

動 喫煙する　名 煙

→ smoker 名 (喫煙家)
▶ smoke in front of ~
 (~の前でたばこを吸う)

☐ 0970 *49.9%~40%*

tragedy
[trǽdʒədi]
トゥラチェディ

名 悲劇

⇔ comedy 名 (喜劇)
the tragedy of war (戦争の悲劇)

☐ 0971 *49.9%~40%*

wave
[weiv]
ウェイヴ

名 波

▶ wave power (波力エネルギー)
● I heard the sound of waves near the beach. (私はビーチのそばで波の音を聞きました)

STAGE 3 標準英単語 学習率 *39.9%〜30%*

☐ 0972 *39.9%〜30%*

ant

[ænt]
アント

名 アリ

同音 aunt（おば）
▶ an ant nest（アリの巣）

☐ 0973 *39.9%〜30%*

border

[bɔ́ːrdər]
ボーダァ

名 境界線

▶ national borders（国境線）

☐ 0974 *39.9%〜30%*

camp

[kæmp]
キャンプ

名 キャンプ 動 キャンプをする

▶ go camping（キャンプに行く）

☐ 0975 *39.9%〜30%*

charm

[tʃɑːrm]
チャーム

名 魅力, 魔力, お守り

▶ be full of charm（魅力にあふれている）
▶ a good-luck charm（幸運のお守り）

☐ 0976 *39.9%〜30%*

crowded

[kráudid]
クラウディド

形 混雑している

▶ a crowded train（混雑した電車）

☐ 0977 *39.9%〜30%*

eve

[iːv]
イーヴ

名 前夜

▶ New Year's Eve（大みそか）
▶ Christmas Eve（クリスマスイブ）

☐ 0978 *39.9%〜30%*

golden

[góuldn]
ゴウルドゥン

形 金(色)の

▶ a golden hair（金色の髪）
▶ Golden Gate Bridge（金門橋）

| 1年 | 2年 | 3年 | 〈初出学年〉 |

☐ 0979　*39.9%〜30%*

goldfish
[góuldfiʃ]
ゴウルドゥフィシ

名 金魚

▶ goldfish scooping（金魚すくい）

☐ 0980　*39.9%〜30%*

grandchild
[grǽn(d)tʃaild]
グラン(ドゥ)チャイルド

名 孫

複 grandchildren
▶ 〜 's grandchild in Tokyo
（東京にいる〜の孫）

☐ 0981　*39.9%〜30%*

horizon
[həráizn]
ホライズン

名 地平線

▶ on the horizon（地平線上に）

☐ 0982　*39.9%〜30%*

ice
[ais]
アイス

名 氷

▶ ice hockey（アイスホッケー）

☐ 0983　*39.9%〜30%*

ink
[iŋk]
インク

名 インク

▶ write in red ink（赤インクで書く）
▶ an ink bottle（インクびん，インクつぼ）

☐ 0984　*39.9%〜30%*

net
[net]
ネット

名 ネット

▶ on the net（ネット上で）

☐ 0985　*39.9%〜30%*

pocket
[pákit] 5
パケト

名 ポケット

▶ in a pocket（ポケットの中に）

STAGE 3 標準英単語

175

STAGE 3 標準英単語　学習率 39.9%〜30%

☐ 0986　*39.9%〜30%*

popcorn
[pápkɔːrn]
パプコーン

名 ポップコーン

▶ a bag of popcorn（ポップコーン1袋）

☐ 0987　*39.9%〜30%*

steep
[stiːp]
スティープ

形 けわしい

▶ climb a steep hill（けわしい丘を登る）

☐ 0988　*39.9%〜30%*

zebra
[zíːbrə]
ズィーブラ

名 シマウマ

➡ horse 名 馬
▶ zebra stripe（シマウマ模様）

☐ 0989　*39.9%〜30%*

banana
[bəbǽnə]
バナナ

名 バナナ

▶ a banana tree（バナナの木）

☐ 0990　*39.9%〜30%*

band
[bænd]
バンド

名 ベルト, 帯, 楽団

▶ a rock band（ロックバンド）

☐ 0991　*39.9%〜30%*

grandpa
[grǽn(d)pɑː]
グラン(ドゥ)パー

名 おじいちゃん

= grandfather
⇔ grandma 名（おばあちゃん）

☐ 0992　*39.9%〜30%*

gun
[gʌn]
ガン

名 銃, ピストル

▶ a water gun（水鉄砲）

| 1年 | 2年 | 3年 | 初出学年 |

☐ 0993 *39.9%～30%*

hobby
[hábi]
ハビィ

名 趣味
- 複 hobbies [-z ズ]
- My hobby is collecting stamps.
（私の趣味は切手を集めることです）

☐ 0994 *39.9%～30%*

ocean
[óuʃən]
オウシャン

名 大洋
- ▶the Pacific Ocean（太平洋）
- ▶the Atlantic Ocean（大西洋）

☐ 0995 *39.9%～30%*

sign
[sain]
サイン

名 サイン 動 署名する
- ▶sign language（手話）

☐ 0996 *39.9%～30%*

snack
[snæk]
スナック

名 軽い食事 動 軽食をとる
- ▶eat snacks（軽食を食べる）

☐ 0997 *39.9%～30%*

stair
[stɛər]
ステア

名 段, 階段　（stairs）
- ▶go up the stairs（階段を上る）

☐ 0998 *39.9%～30%*

wall
[wɔːl]
ウォール

名 かべ
- ▶on the wall（かべに）

☐ 0999 *39.9%～30%*

autumn
[ɔ́ːtəm]
オータム

名 秋
- = fall
- ➡ spring 名（春）
- ▶in autumn（秋に）

STAGE 3 標準英単語

STAGE 3 標準英単語 学習率 39.9%〜30%

☐ 1000 *39.9%〜30%*

behind
[biháind]
ビハインド

前 〜の後ろに

▶ behind schedule（スケジュールより遅れて）

☐ 1001 *39.9%〜30%*

gesture
[dʒéstʃər]
ヂェスチァ

名 ジェスチャー, 身ぶり

▶ by gesture（身ぶりで）

☐ 1002 *39.9%〜30%*

hate
[heit]
ヘイト

動 〜を憎む

⇔ love 動 愛する
▶ hate to 〜（〜するのをいやがる）

☐ 1003 *39.9%〜30%*

recycling
[riːsáikliŋ]
リーサイクリング

名 リサイクル(すること)

▶ a recycling bin（リサイクル用ごみ箱）

☐ 1004 *39.9%〜30%*

shampoo
[ʃæmpúː] 🔊
シャンプー

名 シャンプー

▶ liquid shampoo（液体シャンプー）

☐ 1005 *39.9%〜30%*

traffic
[træfik]
トゥラフィク

形 交通の

▶ traffic light（信号機）
▶ traffic jam（交通渋滞）

☐ 1006 *39.9%〜30%*

wheelchair
[(h)wíːltʃeər]
(フ)ウィールチェア

名 車いす

▶ in a wheelchair（車いすで）

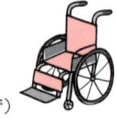

| 1年 | 2年 | 3年 ⟨初出学年⟩ |

□ 1007　*39.9%〜30%*

active
[ǽktiv]
アクティヴ

形 **活発な**

▶ active volcano（活火山）

□ 1008　*39.9%〜30%*

ahead
[əhéd]
アヘッド

副 **前方に**

↔ behind 副（〜の後ろに）
● Go ahead.
（〈会話で〉どうぞ先に行ってください）

□ 1009　*39.9%〜30%*

cooking
[kúkiŋ]
クキング

名 **料理**

→ cook 動（料理をする）
▶ enjoy cooking（料理を楽しむ）

□ 1010　*39.9%〜30%*

cousin
[kʌ́zn]
カズン

名 **いとこ**

→ nephew 名（甥）, niece 名（姪）
a second cousin（またいとこ）

□ 1011　*39.9%〜30%*

hamburger
[hǽmbəːrgər]
ハンバーガァ

名 **ハンバーガー**

▶ order a hamburger
（ハンバーガーを注文する）

□ 1012　*39.9%〜30%*

lamp
[lǽmp]
ランプ

名 **ランプ**

▶ an electric lamp（電灯, 電球）

□ 1013　*39.9%〜30%*

natural
[nǽtʃ(ə)rəl]
ナチュラル

形 **自然の, 当然の**

→ naturally 副（当然ながら, 自然に）
▶ natural energy（自然エネルギー）

STAGE 3 標準英単語 学習率 39.9%〜30%

☐ 1014 *39.9%〜30%*

pink
[piŋk]
ピンク

名 ピンク 形 ピンク色の

▶ a pink shirt (ピンク色のシャツ)

☐ 1015 *39.9%〜30%*

staff
[stǽf]
スタフ

名 スタッフ, 職員

= staff member
▶ a member of the staff (スタッフの1人)

☐ 1016 *39.9%〜30%*

accident
[ǽksədənd]
アクスィデント

名 事故

▶ a car accident (自動車事故)

☐ 1017 *39.9%〜30%*

adventure
[ədvéntʃər]
アドゥヴェンチァ

名 冒険(心)

▶ an exciting adventure
(ワクワクするような冒険)

☐ 1018 *39.9%〜30%*

advertise
[ǽdvərtaiz]
アドゥヴァタイズ

動 広告する

→ advertisement 名 (広告)
▶ advertise the new car
(新しい車を広告する)

☐ 1019 *39.9%〜30%*

advice
[ədváis]
アドゥヴァイス

名 アドバイス (数えられない名詞)

▶ much advice (たくさんのアドバイス)

☐ 1020 *39.9%〜30%*

alien
[éiliən]
エイリアン

名 外国人, 異星人 形 異質の

▶ alien customs (外国の習慣)

| 1年 | 2年 | 3年 | 〈初出学年〉 |

☐ 1021 *39.9%～30%*

apron

[éiprən] 🔊
エイプロン

名 エプロン

▶ put on an apron（エプロンをつける）

☐ 1022 *39.9%～30%*

attack

[ətǽk]
アタック

動 ～を攻撃する

▶ attack humans（人を攻撃する）

☐ 1023 *39.9%～30%*

bark

[bɑːrk]
バーク

動 ほえる

▶ a barking dog（ほえている犬）

☐ 1024 *39.9%～30%*

bathroom

[bǽθruː(ː)m]
バスル(ー)ム

名 浴室，（遠まわしに）トイレ

▶ clean the bathroom（風呂掃除をする）

☐ 1025 *39.9%～30%*

beside

[bisáid]
ビサイド

前 ～のとなりに

➡ besides ～ 前（～に加えて）
▶ beside the building
　（そのビルのとなりに）

☐ 1026 *39.9%～30%*

brave

[breiv]
ブレイヴ

形 勇敢な

比 braver-bravest
▶ a brave man（勇敢な男）

☐ 1027 *39.9%～30%*

brightness

[bráitnəs]
ブライトゥネス

名 明るさ

➡ bright 形（明るい）
▶ increase in brightness（明るさを増す）

STAGE 3 標準英単語　学習率 39.9%〜30%

□ 1028　39.9%〜30%

champion
[tʃǽmpiən]
チャンピオン

名 **チャンピオン, 選手権保持者**

▶ a tennis champion
（テニス選手権保持者）

□ 1029　39.9%〜30%

character
[kǽrəktər]
キャラクタァ

名 **性格, 特徴**

▶ national character（国民性）

□ 1030　39.9%〜30%

charity
[tʃǽrəti]
チャリティ

名 **慈善事業**

▶ charity work（慈善活動）

□ 1031　39.9%〜30%

cheerful
[tʃíərfəl]
チアフル

形 **陽気な, 元気な**

▶ cheerful people（陽気な人々）

□ 1032　39.9%〜30%

conditioner
[kəndíʃənər]
コンディショナァ

名 **コンディショナー**

▶ an hair conditioner
（ヘアーコンディショナー〈リンスなど〉）

□ 1033　39.9%〜30%

cushion
[kúʃən]
クション

名 **クッション, 座布団**

▶ sit on a cushion（クッションに座る）

□ 1034　39.9%〜30%

dentist
[déntist]
デンティスト

名 **歯科医**

→ dental 形（歯の, 歯医者の）
● She goes to the dentist once a month.
（彼女は月に1度その歯医者へ通っています）

| 1年 | 2年 | 3年 | 初出学年 |

☐ 1035 *39.9%～30%*

downstairs
[dáunstéərz]
ダウンステアズ

副 下の階に

⇔ upstairs 副（上の階に）
▶ go downstairs（下の階に降りる）

☐ 1036 *39.9%～30%*

driver
[dráivər]
ドゥライヴァ

名 運転手

→ drive 動（運転する）
● He is a bus driver.
（彼はバスの運転手です）

☐ 1037 *39.9%～30%*

dump
[dʌmp]
ダンプ

動 捨てる　名 ごみ捨て場

▶ dump ～ into the trash
（～をごみ箱に捨てる）

☐ 1038 *39.9%～30%*

echo
[ékou]
エコウ

名 (音の)エコー，反響

▶ hear the echo（反響を聞く）

☐ 1039 *39.9%～30%*

fade
[feid]
フェイド

動 消えていく

▶ fade away（〈光・音などが〉消えていく）

☐ 1040 *39.9%～30%*

fiction
[fíkʃən]
フィクション

名 物語，作り話

▶ science fiction（=SF）
（サイエンス・フィクション，空想科学小説）

☐ 1041 *39.9%～30%*

grass
[græs]
グラス

名 芝生，草

※ glass 名（ガラス，コップ）
▶ play on the grass（芝生で遊ぶ）

STAGE 3 標準英単語

STAGE 3　標準英単語　学習率 39.9%〜30%

1042　39.9%〜30%
hatred
[héitrid]
ヘイトゥレド

名 憎しみ

→ hate 動（憎む）
▶ hatred of 〜（〜への憎しみ）

1043　39.9%〜30%
healthy
[hélθi]（スペル注意）
ヘルスィ

形 健康的な
→ health 名（健康）
→ wealthy 形（裕福な、お金持ちの）
▶ healthy food（健康的な食べもの）

1044　39.9%〜30%
helpful
[hélpfəl]
ヘルプフル

形 役に立つ

= useful
▶ a helpful boy（役に立つ少年）

1045　39.9%〜30%
hockey
[háki]
ハキィ

名 ホッケー

▶ ice hockey（アイスホッケー）

1046　39.9%〜30%
housework
[háuswɔːrk]
ハウスワーク

名 家事

● My wife usually does the housework.
（私の妻はいつも家事をします）

1047　39.9%〜30%
kiwi
[kíːwi]
キーウィー

名 キウイ

▶ kiwi fruit（キウイフルーツ）

1048　39.9%〜30%
level
[lévəl]
レヴェル

名 レベル、階級

▶ sea level（海水面）

184

| 1年 | 2年 | 3年 | 初出学年 |

□ 1049 *39.9%〜30%*

lobby

[lάbi]
ラビィ

名 (ホテルなどの)**ロビー, 待合室**

▶ in the hotel lobby
(そのホテルのロビーで)

□ 1050 *39.9%〜30%*

lunchtime

[lʌ́ntʃtaɪm]
ランチタイム

名 **昼食時間**

▶ at lunchtime (昼食時間に)

□ 1051 *39.9%〜30%*

mat

[mæt]
マット

名 (床に敷く)**マット**

▶ straw mat (ござ, たたみ)

□ 1052 *39.9%〜30%*

minister

[mínistər]
ミニスタァ

名 **大臣**

▶ a prime minister (首相)

□ 1053 *39.9%〜30%*

nuclear

[n(j)úːkliər]
ニュークリア

形 **核の**

▶ nuclear accident (原発事故)
▶ nuclear weapon (核兵器)

□ 1054 *39.9%〜30%*

offer

[ɔ́(ː)fər]
オ(ー)ファ

動 **提供する, 申し出る** 名 **申し出**

▶ offer to ~ (〜しようと申し出る)
▶ offer soft drinks (清涼飲料を提供する)

□ 1055 *39.9%〜30%*

peak

[piːk]
ピーク

名 **頂上, 先端**

▶ a mountain peak (山頂)

STAGE 3 標準英単語

STAGE 3 標準英単語　学習率 39.9%〜30%

□ 1056　*39.9%〜30%*

postcard
[póus(t)ka:rd]
ポウス(トゥ)カード

名 はがき

- I received a postcard from him in New York.（私たちはニューヨークいる彼からはがきを受け取りました）

□ 1057　*39.9%〜30%*

programmer
[próugræmər]
プロウグラマァ

名 プログラマー

▶ a computer programmer（コンピューター・プログラマー）

□ 1058　*39.9%〜30%*

proud
[praud]
プラウド

形 誇りに思う

➡ pride 名（プライド, 誇り）
▶ be proud of 〜（〜を誇りに思っている）

□ 1059　*39.9%〜30%*

race
[reis]
レイス

名 競争, レース, 人種

▶ a final race（決勝レース）
▶ the human races（人類）

□ 1060　*39.9%〜30%*

safe
[seif]
セイフ

形 安全な

比 safer-safest
➡ safety 名（安全）, safely 副（安全に）
▶ safe driving（安全運転）

□ 1061　*39.9%〜30%*

series
[sí(ə)ri:z]
スィ(ァ)リーズ

名 一連, シリーズ

▶ a series of 〜（一連の〜）
▶ a series of accidents（一連の事故）

□ 1062　*39.9%〜30%*

service
[sə́:rvis]
サーヴィス

名 サービス, 奉仕

▶ social services（社会奉仕）

□ 1063 *39.9%〜30%*

someday
[sʌ́mdei]
サムデイ

副 (未来の)いつか

- Come and visit me someday.
  (いつか訪ねて来てください)

□ 1064 *39.9%〜30%*

sometime
[sʌ́mtaim]
サムタイム

副 いつか, あるとき

- We will go there sometime.
  (いつかそこに行くつもりです)

□ 1065 *39.9%〜30%*

south
[sauθ]
サウス

名 南
→ southern 形 (南方の)   サザン
↔ north 名 (北), northern 形 (北方の)
▶ to the south (南に, 南方に)

□ 1066 *39.9%〜30%*

spaceship
[spéiʃip]
スペイスシプ

名 宇宙船

▶ fly a spaceship (宇宙船を飛ばす)

□ 1067 *39.9%〜30%*

stick
[stik]
スティック

名 棒, 小枝   動 くっつく

▶ with a stick (棒で)
▶ stick to 〜 (〜にくっつく)

□ 1068 *39.9%〜30%*

stomachache
[stʌ́məkeik]
スタマクエイク

名 腹痛

- I have a severe stomachache.
  (お腹が激しく痛みます)

□ 1069 *39.9%〜30%*

stone
[stoun]
ストウン

名 石

▶ a falling stone (いん石)

STAGE 3　標準英単語　学習率 39.9%〜30%

1070　39.9%〜30%
storm
[stɔːrm]
ストーム

图 嵐
→ stormy 形（嵐の）
▶ a snowstorm（ふぶき）

1071　39.9%〜30%
suggestion
[sə(ɡ)dʒéstʃən]
サ(グ)チェスチョン

图 提案
→ suggest 動（提案する）
▶ a different suggestion（違った提案）

1072　39.9%〜30%
tool
[tuːl]
トゥール

图 道具
▶ a tool of communication（伝達手段）

1073　39.9%〜30%
tournament
[túərnəmənt]
トゥアナメント

图（競技の）トーナメント
▶ a professional tounament（プロのトーナメント）

1074　39.9%〜30%
trainer
[tréinər]
トゥレイナァ

图 トレーナー, 調教師
→ train 動（訓練する）
▶ a dog trainer（犬の調教師）

1075　39.9%〜30%
truck
[trʌk]
トゥラック

图 トラック, 貨物自動車
▶ a dump truck（ダンプカー）

1076　39.9%〜30%
user
[júːzər]
ユーザァ

图 利用者, ユーザー
▶ an Internet user（インターネット利用者）

| 1年 | 2年 | 3年 | 〈初出学年 |

☐ 1077 *39.9%〜30%*

waiter

[wéitər]
ウェイタァ

名 ウェイター

↔ waitress 名（ウェイトレス）
▶ call a waiter（ウェイターを呼ぶ）

☐ 1078 *39.9%〜30%*

wide

[waid]
ワイド

形 広い

↔ narrow 形（狭い）
● This street is very wide.
（この通りはとても広い）

☐ 1079 *39.9%〜30%*

case

[keis]
ケイス

名 場合, 事情

▶ in 〜 's case（〜の場合には）

☐ 1080 *39.9%〜30%*

contest

[kάntest] ⓐ
カンテスト

名 コンテスト

▶ win a contest（競争に勝つ）

☐ 1081 *39.9%〜30%*

fill

[fil]
フィル

動 満たす

→ be filled with 〜（〜で満たされている）
● Her eyes were filled with tears.
（彼女の目は涙で満たされていました）

☐ 1082 *39.9%〜30%*

flight

[flait]
フライト

名 飛ぶこと

→ fly 動（飛ぶ）
▶ flight schedule（フライトスケジュール）

☐ 1083 *39.9%〜30%*

imagine

[imǽdʒin]
イマヂン

動 想像する

→ imagination 名（想像），
  imaginary 形（想像上の）
● Just imagine!（考えてもみろよ）

STAGE 3 標準英単語　学習率 39.9%〜30%

□ 1084　39.9%〜30%

injury
[índʒəri]
インヂュリィ

名 けが

→ injure **動**（けがをさせる，傷つける）

□ 1085　39.9%〜30%

lay
[lei]
レイ

動 〜を置く，〜を横たえる

レイド
活 lay-laid-laid ; laying
- He laid the book on the table.
（彼はテーブルの上に本を置きました）

□ 1086　39.9%〜30%

planet
[plǽnit]
プラネト

名 惑星

→ planetary **形**（惑星の）
▶ blue planet（青い惑星，地球）

□ 1087　39.9%〜30%

powerful
[páuərfəl]
パウアフル

形 強力な

▶ a powerful machine（強力な機械）
▶ a powerful earthquake（強力な地震）

□ 1088　39.9%〜30%

prepare
[pripéər]
プリペア

動 準備する

▶ prepare for 〜（〜を準備する）

□ 1089　39.9%〜30%

real
[ríː(ə)l]
リー(ァ)ル

形 本当の

→ reality **名**（現実），really **副**（本当に）
▶ in real life（実生活では）

□ 1090　39.9%〜30%

ring
[riŋ]
リング

動 （ベルなどが）鳴る

ラング
活 ring-rang-rung ; ringing
- The phone is ringing.
（電話が鳴ってますよ）

| 1年 | 2年 | 3年 | 〈初出学年 |

□ 1091 *39.9%〜30%*

seal
[siːl]
スィール

名 アザラシ

▶ seal hunting（アザラシ狩り）

□ 1092 *39.9%〜30%*

serve
[səːrv]
サーヴ

動 仕える, 勤める

➡ service 名（仕事）
▶ serve as a cook（料理人として勤める）

□ 1093 *39.9%〜30%*

shake
[ʃeik]
シェイク

動 振る, ゆれる

活 shake-shook-shaken ; shaking
　　　シュック　シェイクン
▶ shake hands with ～（～と握手をする）

□ 1094 *39.9%〜30%*

spell
[spél]
スペル

動（文字）をつづる

活 spell-spelled,spelt[spelt]
　　　　　　　　スペルト
　-spelled,spelt ; spelling
▶ spell ～ 's name（～の名前をつづる）

□ 1095 *39.9%〜30%*

steak
[steik]
ステイク

名 ステーキ

▶ cut the steak（ステーキを切る）

□ 1096 *39.9%〜30%*

anyway
[éniwei]
エニウェイ

副 とにかく

● Thank you, anyway.
（何はともあれありがとう）

□ 1097 *39.9%〜30%*

apply
[əplái]
アプライ

動 申し込む, あてはめる

▶ apply for ～（～に申し込む）
▶ apply for the job（その仕事に申し込む）

STAGE 3　標準英単語　学習率 39.9%〜30%

□ 1098　*39.9%〜30%*

board
[bɔ́:rd]
ボード

名 板

▶ a notice board（掲示板）

□ 1099　*39.9%〜30%*

common
[kámən]
カモン

形 共通の

▶ have 〜 in common
（〜を共通として持つ）

□ 1100　*39.9%〜30%*

cough
[kɔ(:)f]
コ(ー)フ

名 せき　動 せきをする

▶ have a bad cough（悪いせきをする）

□ 1101　*39.9%〜30%*

create
[kriéit]
クリエイト

動 創造する

→ creativity 名（創造力），
　creative 形（創造力のある）
▶ create a program（番組を作る）

□ 1102　*39.9%〜30%*

dessert
[dizə́:rt]
ディザート

名 デザート

→ desert 名（砂漠〈つづり注意〉）
▶ serve a dessert（デザートを出す）

□ 1103　*39.9%〜30%*

farming
[fá:rmiŋ]
ファーミング

名 農業経営, 農業

▶ experience farming（農業を体験する）

□ 1104　*39.9%〜30%*

favor
[féivər]
フェイヴァ

名 親切心, 願い　動 〜に賛成する

● Can you do me a favor?
（お願いを聞いてもらえますか）

| 1年 | 2年 | 3年 | 〈初出学年〉 |

☐ 1105 39.9%〜30%

instead
[instéd]
インステッド

副 代わりに

▶ instead of ~（~の代わりに）

☐ 1106 39.9%〜30%

instructor
[instrʌ́ktər]
インストゥラクタァ

名 インストラクター, 指導者
→ instruct 動（指導する）
▶ a swimming instructor
（水泳のインストラクター）

☐ 1107 39.9%〜30%

lonely
[lóunli]
ロウンリィ

形 さびしい, ひとりの

比 lonelier-loneliest
▶ feel lonely（さびしい, 心細い）

☐ 1108 39.9%〜30%

manager
[mǽnidʒər] 🅐
マネヂァ

名 マネージャー, 管理者

▶ manager of the hotel（ホテルの支配人）

☐ 1109 39.9%〜30%

melt
[melt]
メルト

動 溶ける

● Ice melts into water.
（氷は溶けて水になる）

☐ 1110 39.9%〜30%

mix
[miks]
ミックス

動 混ぜる, 混同する

三単現 mixes [-iz イズ]
▶ mix ... with ~（…を~と混同する）

☐ 1111 39.9%〜30%

nun
[nʌn]
ナン

名 尼僧, 修道女

▶ become a nun（尼僧になる）

STAGE 3　標準英単語　学習率 39.9%～30%

☐ 1112　*39.9%～30%*

online
[ánláin]
アンライン

副 **オンラインで，ネット上に**

▶ buy online（ネットで買う）

☐ 1113　*39.9%～30%*

opinion
[əpínjən]
オピニョン

名 **意見**

▶ in my opinion（私の意見では）

☐ 1114　*39.9%～30%*

originally
[ərídʒ(ə)nəli]
オリヂナリィ

副 **もともとは，最初は**

➡ original 形（もともとの），originality 名（独創性）
▶ originally come from ～（～の原産である）

☐ 1115　*39.9%～30%*

pair
[peər]
ペア

名 **一組**

▶ a pair of shoes（一足の靴）
▶ a pair of glasses（メガネ）

☐ 1116　*39.9%～30%*

plenty
[plénti]
プレンティ

名 **たくさん**　形 **たくさんの**

▶ plenty of books（たくさんの本）

☐ 1117　*39.9%～30%*

polar
[póulər]
ポウラァ

形 **極の，極地の**

▶ a polar bear（ホッキョクグマ）

☐ 1118　*39.9%～30%*

pollution
[pəlúːʃən]
ポルーション

名 **汚染**

▶ air pollution（大気汚染）
▶ water pollution（水質汚染）

| 1年 | 2年 | 3年 | 初出学年 |

□ 1119 *39.9%〜30%*

praise
[preiz]
プレイズ

動 〜を賞賛する，〜をほめる

▶ praise ... for 〜
（…を〜のことで賞賛する）

□ 1120 *39.9%〜30%*

sadness
[sǽdnis]
サドゥネス

名 悲しみ

➡ sad 形（悲しい）
▶ full of sadness（悲哀に満ちた）

□ 1121 *39.9%〜30%*

stomach
[stʌ́mək]
スタマク

名 腹，胃

➡ stomachache 名（腹痛）
▶ have a weak stomach（胃が弱い）

□ 1122 *39.9%〜30%*

waterfall
[wɔ́:tərfɔ:l]
ウォータフォール

名 滝

▶ big waterfalls in Canada
（カナダの大きな滝）

□ 1123 *39.9%〜30%*

wild
[waild]
ワイルド

形 野生の

▶ wild birds（野生の鳥）

□ 1124 *39.9%〜30%*

address
[ədrés]
アドゥレス

名 住所

複 addresses [-iz ィズ]
▶ his e-mail address
（彼のメールアドレス）

□ 1125 *39.9%〜30%*

carpenter
[ká:rpəntər]
カーペンタァ

名 大工

● My father works as a carpenter.
（私の父は大工として働いています）

STAGE 3 標準英単語

STAGE 3 　標準英単語　学習率 39.9%～30%

☐ 1126　39.9%～30%

CO_2

[síː óu túː]
スィーオウトゥー

名 二酸化炭素
（co=carbon dioxide の略）

▶ CO_2 gas（二酸化炭素ガス）

☐ 1127　39.9%～30%

eastern

[íːstərn]
イースタン

形 東の
⇔ western 形（西の）
➡ east 名（東）
▶ Eastern Europe（東ヨーロッパ）

☐ 1128　39.9%～30%

fair

[feər]
フェア

形 公正な

▶ fair judgment（公正な判断）

☐ 1129　39.9%～30%

gentleman

[dʒéntlmən]
ヂェントゥルマン

名 男の人，紳士
複 gentlemen
⇔ lady [複 ladies]（婦人，淑女）
● Ladies and Gentlemen!（みなさん）

☐ 1130　39.9%～30%

introduce

[intrəd(j)úːs]
イントゥロデュース

動 ～を紹介する
➡ introduction 名（紹介）
● I would like to introduce myself.
（自己紹介をしたいと思います）

☐ 1131　39.9%～30%

luck

[lʌk]
ラック

名 運

➡ lucky 形 幸運な
● Good luck.（幸運を祈ります）

☐ 1132　39.9%～30%

record

名 [rékərd] 動 [rikɔ́ːrd]
レカド　　リコード

名 記録
動 ～を記録する，録音する
（名詞・動詞のアクセントとの違いに注意）
▶ record music（音楽を録音する）

| 1年 | 2年 | 3年 | 〈初出学年 |

☐ 1133 *39.9%〜30%*

respect
[rispékt]
リスペクト

動 尊敬する
→ respectable 形（尊敬できるような），respectful 形（尊敬している）
▶ respect for others（他人に対して尊敬する）

☐ 1134 *39.9%〜30%*

stage
[steidʒ]
ステイヂ

名 ステージ

▶ on the stage（ステージの上で）

☐ 1135 *39.9%〜30%*

technology
[teknálədʒi] **a**
テクナロヂィ

名 技術

▶ development in technology（技術の発達）

☐ 1136 *39.9%〜30%*

though
[ðou]
ゾウ

接 〜だけれども
= although
▶ though it is raining（雨が降っているにもかかわらず）

☐ 1137 *39.9%〜30%*

twice
[twais]
トゥワイス

副 2回, 2倍

● I've visited Tokyo twice.（私は東京を2度訪れたことがある）

☐ 1138 *39.9%〜30%*

addition
[ədíʃən]
アディション

名 足し算, 加えること
→ add 動（加える）
↔ subtraction 名（引き算, 引くこと）
▶ in addition（加えて）

☐ 1139 *39.9%〜30%*

aloha
[əlóu(h)ə]
アロウハ

名 アロハ（ハワイ語の歓迎・別れのあいさつ）

▶ aloha shirts（アロハシャツ）

STAGE 3　標準英単語　学習率 39.9%〜30%

☐ 1140　*39.9%〜30%*

amaze

[əméiz]
アメイズ

動 ～をびっくりさせる

→ amazing 形（〈物事が〉びっくりさせるような）
▶ be amazed to ～（～してびっくりする）

☐ 1141　*39.9%〜30%*

Arctic

[á:rktik]
アークティク

形 北極圏の

⇔ Antárctic 形（南極圏の）
▶ the Arctic Ocean（北極海）

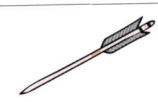

☐ 1142　*39.9%〜30%*

arrow

[ǽrou] 🅐
アロウ

名 矢

▶ shoot an arrow（矢を射る）

☐ 1143　*39.9%〜30%*

audience

[ɔ́:diəns]
オーディエンス

名 (集合的に)聴衆, 観客

▶ a large audience（大観衆）

☐ 1144　*39.9%〜30%*

award

[əwɔ́:rd]
アウォード

名 賞

▶ receive an award（受賞する）

☐ 1145　*39.9%〜30%*

bamboo

[bæmbú:] 🅐
バンブー

名 竹

▶ bamboo shoots（タケノコ）

☐ 1146　*39.9%〜30%*

ban

[bæn]
バン

動 ～を禁止する

▶ ban plastic bags
（ビニール袋を禁止する）

| 1年 | 2年 | 3年 | 〈初出学年〉

☐ 1147 *39.9%〜30%*

barrier

[bǽriər] 🔊
バリア

|名| 障害, 柵

▶ barrier-free（障害物のない）
▶ break the color barrier
（人種差別の壁を壊す）

☐ 1148 *39.9%〜30%*

battery

[bǽt(ə)ri]
バテリィ

|名| 電池

▶ charge a battery（電池を充電する）

☐ 1149 *39.9%〜30%*

beauty

[bjúːti]
ビューティ

|名| 美しさ

➡ beautiful |形| 美しい
▶ the beauty of nature（自然の美）

☐ 1150 *39.9%〜30%*

bone

[boun]
ボウン

|名| 骨

▶ break a bone（骨を折る）

☐ 1151 *39.9%〜30%*

brass band

[bræs bænd]
ブラス バンド

|名| ブラスバンド, 吹奏楽団

▶ a member of the brass band
（その吹奏楽団の一員）

☐ 1152 *39.9%〜30%*

celebrate

[séləbreit]
セレブレイト

|動| 祝福する

➡ celebration |名|（お祝い）
▶ celebrate a national holiday
（国民の祝日を祝う）

☐ 1153 *39.9%〜30%*

cell

[sel]
セル

|名| 細胞, 電池

▶ solar cell（太陽電池）

STAGE 3 標準英単語

199

STAGE 3　標準英単語　学習率 39.9%～30%

□ 1154　*39.9%～30%*

century
[séntʃəri]
センチュリィ

名 世紀

複 centuries [-z ズ]
▶ in the 21st century（21世紀に）

□ 1155　*39.9%～30%*

chess
[tʃes]
チェス

名 チェス

▶ play chess（チェスをする）

□ 1156　*39.9%～30%*

classical
[klǽsikəl]
クラスィカル

形 古典の, クラシックの

▶ classical music（クラシック音楽）
× classic music

□ 1157　*39.9%～30%*

combination
[kɑmbənéiʃən]
カンビネイション

名 組み合わせ

▶ combination of letters
（文字の組み合わせ）

□ 1158　*39.9%～30%*

comment
[kάment]
カメント

名 コメント

▶ make a comment（コメントする）

□ 1159　*39.9%～30%*

community
[kəmjú:nəti]
コミューニティ

名 生活共同体

▶ community center
（コミュニティセンター）

□ 1160　*39.9%～30%*

confuse
[kənfjú:z]
コンフューズ

動 ～を混同する

➡ confusion 名（混同）
▶ confuse A with B（AをBと混同する）

| 1年 | 2年 | 3年 | 初出学年 |

☐ 1161 *39.9%〜30%*

deaf
[déf]
デフ

形 **耳が聞こえない**

- ↔ blind 形 (目が見えない)
- ▶ deaf people (耳の不自由な人たち)

☐ 1162 *39.9%〜30%*

debut
[deibjúː]
デイビュー

名 **デビュー, 初公開**

- ▶ make 〜 's debut at ...
  (…に初登場する)

☐ 1163 *39.9%〜30%*

develop
[divéləp]
ディヴェロプ

動 **〜を開発する**

- → development 名 (開発)
- ▶ developed country (先進国)
- ▶ developing country (発展途上国)

☐ 1164 *39.9%〜30%*

diamond
[dái(ə)mənd]
ダイ(ア)モンド

名 **ダイヤモンド**

- ▶ a diamond ring (ダイヤモンドの指輪)

☐ 1165 *39.9%〜30%*

electronic
[ilektrάnik]
イレクトゥラニク

形 **電子の**

- → electricity 名 (電気)
- ▶ an electronic dictionary (電子辞書)

☐ 1166 *39.9%〜30%*

ethnic
[éθnik]
エスニク

形 **(文化を共有する)民族の**

- ▶ ethnic group (民族集団)

☐ 1167 *39.9%〜30%*

fare
[feər]
フェア

名 **運賃**

- The fare is $5 each way.
  (運賃は片道5ドルです)

STAGE 3 標準英単語 学習率 39.9%〜30%

□ 1168 *39.9%〜30%*

fossil fuel
[fás(ə)l fjúːəl]
ファス(ィ)ル フュ(ー)エル

名 (石油や石炭などの)化石燃料

▶ use fossil fuels (化石燃料を使う)

□ 1169 *39.9%〜30%*

glacier
[gléiʃər]
グレイシァ

名 氷河

▶ an Arctic glacier (北極氷河)

□ 1170 *39.9%〜30%*

glove
[glʌv]
グラヴ

名 手袋, グローブ

➡ globe 名(地球)と区別
▶ five-finger gloves (5本指手袋)

□ 1171 *39.9%〜30%*

greenhouse
[gríːnhaus]
グリーンハウス

名 温室

▶ greenhouse gases (温室効果ガス)

□ 1172 *39.9%〜30%*

habitat
[hǽbitæt]
ハビタト

名 (動植物の)生息環境

▶ wild habitats (野生動物の生息地)

□ 1173 *39.9%〜30%*

hammer
[hǽmər]
ハマァ

名 金づち, ハンマー

▶ hit 〜 with a hammer
(〜をハンマーで打つ)

□ 1174 *39.9%〜30%*

harvest
[háːrvist]
ハーヴェスト

名 収穫　動 収穫する

▶ a good harvest (豊作)

1175 39.9%~30%
hunt
[hʌnt]
ハント

動 狩る

→ hunter 名（りょう師）
▶ hunt foxes（キツネを狩る）

1176 39.9%~30%
illustrator
[íləstreitər] 🔊
イラストゥレイタァ

名 イラストレーター

▶ become an illustrator
（イラストレーターになる）

1177 39.9%~30%
impact
[ímpækt]
インパクト

名 影響(力), 衝撃

▶ social impact（社会的衝撃）

1178 39.9%~30%
increase
動 [inkríːs] 名 [ínkriːs] 🔊
インクリース　インクリース

動 増える, ～を増やす　**名** 増加

（アクセントは名詞は前, 動詞は後）
⇔ decrease 形（減少させる）名（減少）
▶ increase in number（数が増える）

1179 39.9%~30%
incredibly
[inkrédəbli]
インクレ・ディブリィ

副 信じられないほど

→ incredible 形（信じられない）
▶ incredibly lucky
（信じられないほど幸運で）

1180 39.9%~30%
indeed
[indíːd]
インディード

副 ほんとうに

● Yes, indeed.（まさにその通りです）

1181 39.9%~30%
injure
[índʒər] 🔊
インヂァ

動 ～を傷つける

→ injury 名（けが）
▶ be injured in that accident
（あの事故でけがをする）

STAGE 3　標準英単語　学習率 39.9%～30%

☐ 1182　*39.9%～30%*

instruct
[instrʌ́kt]
インストゥラクト

動 ～に指示する

→ instruction 名（説明書），
　instructor 名（インストラクター）
▶ instruct ... in ～（…に～を教える）

☐ 1183　*39.9%～30%*

instrument
[ínstrəmənt]
インストゥルメント

名 器具，道具

▶ musical instruments（楽器）

☐ 1184　*39.9%～30%*

kindergarten
[kíndərgɑːrtn]
キンダガートゥン

名 幼稚園

→ nursery school（保育園）
▶ a kindergarten teacher（幼稚園の先生）

☐ 1185　*39.9%～30%*

knock
[nak]
ナック

動 ノックする

▶ knock on the door（ドアをノックする）

☐ 1186　*39.9%～30%*

knowledge
[nɑ́lidʒ] 🔊
ナレヂ

名 知識

→ 動 know（知る）
▶ have knowledge of ～
（～を知っている）

☐ 1187　*39.9%～30%*

lie
[lai]
ライ

動 横になる，うそをつく　名 うそ

活 lie-lay-lain ; lying（横になる），
　lie-lied-lied ; lying（うそをつく）
▶ lie down（横たわる）

☐ 1188　*39.9%～30%*

majestic
[mədʒéstik]
マヂェスティク

形 壮大な

▶ majestic mountains（壮大な山々）

| 1年 | 2年 | 3年 | 初出学年 |

☐ 1189 *39.9%〜30%*

mark
[mɑːrk]
マーク

名 印, マーク

▶a question mark（疑問符）

☐ 1190 *39.9%〜30%*

mayor
[méiər]
メイア

名 市長

▶mayor of New York City
（ニューヨーク市長）

☐ 1191 *39.9%〜30%*

measure
[méʒər]
メジァ

動 測定する　名 大きさ, 量

▶measure 〜's waist
（〜のウエストを測る）

☐ 1192 *39.9%〜30%*

musical
[mjúːzikəl]
ミューズィカル

形 音楽の　名 ミュージカル

▶a musical teacher（音楽の先生）
▶a musical instrument（楽器）

☐ 1193 *39.9%〜30%*

nail
[neil]
ネイル

名 つめ

▶nail of the thumb（親指のつめ）

☐ 1194 *39.9%〜30%*

Nobel Prize
[nóubel práiz]
ノウベル プライズ

名 ノーベル賞

▶Nobel Prize awards ceremony
（ノーベル賞の授賞式）

☐ 1195 *39.9%〜30%*

oral
[ɔ́ːrəl]
オーラル

形 口頭の

▶oral communication（口頭伝達）

STAGE 3 標準英単語

STAGE 3　標準英単語　学習率 39.9%〜30%

☐ 1196　*39.9%〜30%*

original

[ərídʒnəl]
オリヂナル

形 最初の, もともとの

▶ an original idea（最初のアイデア）

☐ 1197　*39.9%〜30%*

panel

[pǽn(ə)l]
パネル

名 パネル,（会議などの）識者

▶ a large panel（大きなパネル）

☐ 1198　*39.9%〜30%*

passion

[pǽʃən]
パション

名 情熱

➡ passionate 形（情熱的な）
▶ have a passion for 〜
（〜が大好きである）

☐ 1199　*39.9%〜30%*

peanut

[píːnʌt]
ピーナト

名 ピーナツ

▶ eat peanuts（ピーナツを食べる）

☐ 1200　*39.9%〜30%*

period

[pí(ə)riəd]
ピ(ァ)リオド

名 期間

▶ for a long period（長い間）

☐ 1201　*39.9%〜30%*

photograph

[fóutəɡræf] 🔊
フォウトグラフ

名 写真

= photo
▶ take a photograph（写真をとる）

☐ 1202　*39.9%〜30%*

price

[prais]
プライス

名 価格（価格の高低は high や low で表す）

• The price of this product is very high.（この製品の価格はとても高い）

| 1年 | 2年 | 3年 | 〈初出学年

☐ 1203 *39.9%〜30%*

pride

[práid]
プライド

名 **プライド, 誇り**

→ proud 形（誇りのある）
▶ take pride in 〜（〜を誇りに思う）

☐ 1204 *39.9%〜30%*

print

[print]
プリント

動 **印刷する**

▶ printed matter（印刷物）

☐ 1205 *39.9%〜30%*

priority

[praiɔ́:rəti]
プライアリティ

名 **優先(順位)**

▶ a priority seat（優先席）

☐ 1206 *39.9%〜30%*

research

[rísə:rtʃ]
リサーチ

動 **研究する** 名 **研究**

→ researcher 名（研究者）
▶ research and develop 〜
（〜を研究開発する）

☐ 1207 *39.9%〜30%*

resource

[rí:sɔ:rs]
リーソース

名 **資源**

▶ a natural resource（天然資源）

☐ 1208 *39.9%〜30%*

retire

[ritáiər]
リタイア

動 **退職する**

→ retirement 名（退職）
▶ retire from 〜（〜を辞める）

☐ 1209 *39.9%〜30%*

robber

[rábər]
ラバァ

名 **強盗**

→ rob 動（奪う）
▶ a robber with a mask（覆面をした強盗）

STAGE 3 標準英単語 学習率 39.9%〜30%

1210　rookie
[rúki]
ルキ

名 新人選手, 初心者

▶ a rookie award（新人賞）

1211　scissors
[sízərz]
スィザズ

名 ハサミ（通例 複数形）

▶ cut with scissors（ハサミで切る）

1212　seem
[si:m]
スィーム

動 〜に見える

▶ seem like 〜（〜のように見える）

1213　sentence
[séntəns]
センテンス

名 文, 判決

▶ write a sentence（文章を書く）

1214　severe
[sivíər]
スィヴィア

形 激しい, 厳しい

● I had a severe headache last night.
（昨夜激しい頭痛がしました）

1215　shade
[ʃeid]
シェイド

名 (日の光がさえぎられてできる)陰

→ shadow 名 (物の形がはっきりしている)陰
▶ in the shade of the tree（その木の陰で）

1216　situation
[sitʃuéiʃən]
スィチュエイション

名 状況, 状態

● The situation is getting better.
（状況はよくなっている）

| 1年 | 2年 | 3年 | 〈初出学年

□ 1217 *39.9%〜30%*

smiley face
[smáili feis]
スマイリ フェイス

名 笑顔(の顔文字)，
スマイリーフェイス
→ smile 名(ほほえみ) 動(ほほえむ)
→ smiling face (ニコニコ顔)

□ 1218 *39.9%〜30%*

soloist
[sóulouist]
ソウロウイスト

名 独唱者

→ solo 名(独唱)
▶ a soprano soloist (ソプラノの独唱者)

□ 1219 *39.9%〜30%*

steal
[stíːl]
スティール

名 盗み 動 盗む

活 steal-stole-stolen
　　　ストウル　ストウルン
▶ steal second base (2塁に盗塁する)

□ 1220 *39.9%〜30%*

subway
[sʌ́bwei]
サブウェイ

名 地下鉄

= (英)the tube
▶ by subway (地下鉄で)

□ 1221 *39.9%〜30%*

surround
[səraund]
サラウンド

動 〜を囲む

▶ be surrounded by 〜(〜に囲まれている)

□ 1222 *39.9%〜30%*

survival
[sərváivəl]
サヴァイヴァル

名 生き残り

→ survive 動(生き残る)
▶ a survival skill (生き残るための技術)

□ 1223 *39.9%〜30%*

system
[sístəm]
スィステム

名 システム，体系

▶ the solar system (太陽系)

STAGE 3 　標準英単語　学習率 *39.9%〜30%*

□ 1224 *39.9%〜30%*

taxi
[tǽksi]
タクスィ

名 タクシー

複 taxis, taxies [-z ズ]
▶ by taxi（タクシーで）

□ 1225 *39.9%〜30%*

tightly
[táitli]
タイトゥリィ

副 きつく

➡ tight 形（きつい）
▶ hold tightly（しっかりつかむ）

□ 1226 *39.9%〜30%*

trade
[treid]
トゥレイド

名 貿易

▶ fair trade（公平な貿易, フェアトレード）

□ 1227 *39.9%〜30%*

truly
[trúːli]
トゥルーリィ

副 ほんとうに

➡ true 形（ほんとうの）
▶ truly happy（ほんとうに幸せな）

□ 1228 *39.9%〜30%*

upside
[ʌ́psaid]
アプサイド

名 上側, 上部

▶ upside down（逆さまに）

□ 1229 *39.9%〜30%*

value
[vǽlju(ː)]
ヴァリュ(ー)

名 価値

➡ valuable 形（価値のある）
▶ value of health（健康の価値）

□ 1230 *39.9%〜30%*

vast
[væst]
ヴァスト

形 広大な, 巨大な

▶ vast amount of money（巨額のお金）

| 1年 | 2年 | 3年 |〈初出学年〉

□ 1231 *39.9%〜30%*

wilderness

[wíldərnis] 🔊
ウィルダネス

名 荒野，荒れ地

▶save the wilderness（原野を守る）

□ 1232 *39.9%〜30%*

wolf

[wulf]
ウルフ

名 オオカミ

複 wolves
▶a lone wolf（一匹オオカミ）

□ 1233 *39.9%〜30%*

wool

[wul] 🔊
ウル

名 羊毛

▶be made of wool（羊毛製である）

□ 1234 *39.9%〜30%*

worker

[wə́:rkər]
ワーカァ

名 労働者

➡ work 動（働く）
▶an office worker（事務員）

□ 1235 *39.9%〜30%*

workshop

[wə́:rkʃɑp]
ワークシャプ

名 研修会，勉強会

● We attended a workshop yesterday.
（私たちはきのう研修会に参加しました）

STAGE 3 標準英単語

STAGE 3 標準英単語 学習率 29.9%～25%

□ 1236 *29.9%～25%*

chicken
[tʃíkin]
チキン

名 **とり肉, チキン**

• Chicken, please.（チキンをください）

□ 1237 *29.9%～25%*

skate
[skeit]
スケイト

動 **スケートをする**
→ ski 動（スキーをする）
▶ skate on the pond
（池の上でスケートをする）

□ 1238 *29.9%～25%*

trumpet
[trʌ́mpit]
トゥランペト

名 **トランペット**

▶ play the trumpet（トランペットを吹く）

□ 1239 *29.9%～25%*

climb
[klaim]
クライム

動 **登る**
→ climber 名（登山者）
▶ climb the mountain（その山に登る）

□ 1240 *29.9%～25%*

ear
[íər]
イア

名 **耳**
→ mouth 名（口）
▶ long ears（長い耳）

□ 1241 *29.9%～25%*

feet
[fi:t]
フィート

名 **足**(両足), **フィート**(footの複数形)

▶ five feet（5フィート）

□ 1242 *29.9%～25%*

foot
[fut]
フット

名 **足**(片足), **フィート**(長さの単位：1 foot ≒ 30センチ)
複 feet
▶ on foot（徒歩で）

| 1年 | 2年 | 3年 | 〈初出学年

☐ 1243 *29.9%〜25%*

rugby
[rʌ́gbi]
ラグビィ

名 ラグビー

▶ play rugby（ラグビーをする）

☐ 1244 *29.9%〜25%*

activity
[æktívəti]
アクティヴィティ

名 活動

▶ volunteer activity（ボランティア活動）
▶ club activities（クラブ活動）

☐ 1245 *29.9%〜25%*

chance
[tʃæns]
チャンス

名 機会

▶ take a chance（いちかばちかやってみる）
▶ by chance（偶然にも）

☐ 1246 *29.9%〜25%*

jungle
[dʒʌ́ŋgl]
ヂャングル

名 ジャングル

▶ jungle area（ジャングル地帯）

☐ 1247 *29.9%〜25%*

monkey
[mʌ́ŋki]
マンキィ

名 サル

複 monkeys [-z ズ]
▶ a boss monkey（ボスザル）

☐ 1248 *29.9%〜25%*

roll
[roʊl]
ロウル

動 回転する

▶ roll around（転げまわる）

☐ 1249 *29.9%〜25%*

shoulder
[ʃóʊldər]
ショウルダァ

名 肩

▶ right shoulder（右肩）

STAGE 3 標準英単語

213

STAGE 3 標準英単語　学習率 29.9%～25%

□ 1250　29.9%～25%

softly
[sɔ́(ː)ftli]
ソ(ー)フトゥリィ

副 **やわらかく**

→ soft 形（やわらかい）
▶ talk softly to ～（～にやさしく話しかける）

□ 1251　29.9%～25%

sweater
[swétər]
スウェタァ

名 **セーター**

▶ a green sweater（緑色のセーター）

□ 1252　29.9%～25%

tray
[trei]
トゥレイ

名 **トレイ, 受け皿**

▶ an iron tray（鉄製のトレイ）

□ 1253　29.9%～25%

turtle
[tə́ːrtl]
タートゥル

名 **カメ**（海ガメ）

= tortoise（陸ガメ）※トータス
▶ sea turtle（海ガメ）

□ 1254　29.9%～25%

jump
[dʒʌmp]
ヂャンプ

動 **ジャンプする**

● The cat jumped onto the chair.
（そのネコはいすの上に飛び乗った）

□ 1255　29.9%～25%

social studies
[sóuʃəl stʌ́diz]
ソウシャル スタディズ

名 (科目)**社会科**

▶ social studies classes（社会科の授業）

□ 1256　29.9%～25%

actor
[ǽktər]
アクタァ

名 **俳優**

→ actress 名（女優）
▶ a film actor（映画俳優）

| 1年 | 2年 | 3年 | 初出学年 |

□ 1257 *29.9%〜25%*

beat
[bíːt]
ビート

動 打つ

活 beat-beat-beat, beaten ; beating (ビートゥン)
▶ beat a drum（太鼓をたたく）

□ 1258 *29.9%〜25%*

beef
[bíːf]
ビーフ

名 牛肉

→ chicken **名**（とり肉）, pork **名**（ぶた肉）
▶ I don't eat beef.（私は牛肉を食べません）

□ 1259 *29.9%〜25%*

boring
[bɔ́ːriŋ]
ボーリング

形（ものごとが）退屈させるような

→ bored **形**（〈人が〉退屈している）
▶ a boring speech（退屈なスピーチ）

□ 1260 *29.9%〜25%*

candle
[kǽndl]
キャンドゥル

名 ろうそく

▶ blow out the candles
（ろうそくの火を消す）

□ 1261 *29.9%〜25%*

communicate
[kəmjúːnəkeit]
コミューニケイト

動 意思疎通をする

→ communication **名**（意思疎通）
▶ communicate with 〜
（〜と意思疎通をする）

□ 1262 *29.9%〜25%*

continent
[kántinənt]
カンティネント

名 大陸

→ continental **形**（大陸の）
▶ Australian continent（オーストラリア大陸）

□ 1263 *29.9%〜25%*

cycle
[sáikl]
サイクル

動 自転車に乗る　**名** 周期, 循環

▶ go cycling（サイクリングに行く）

STAGE 3 標準英単語

STAGE 3　標準英単語　学習率 29.9%～25%

□ 1264　29.9%～25%

dining

[dáiniŋ]
ダイニング

名 食事(をすること)

▶ dining room（ダイニングルーム, 食堂）

□ 1265　29.9%～25%

dress

[dres]
ドゥレス

名 ドレス　動 服を着る

▶ a beautiful dress（美しいドレス）
▶ dress in jeans（ジーンズをはく）

□ 1266　29.9%～25%

empty

[ém(p)ti]
エン(プ)ティ

形 空の,(部屋などが)空いている

➡ emptiness 名（空）
▶ an empty bottle（空のボトル）

□ 1267　29.9%～25%

factory

[fǽkt(ə)ri]
ファクト(ゥ)リィ

名 工場

複 factories [-z ズ]
▶ a car factory（自動車工場）

□ 1268　29.9%～25%

fantastic

[fæntǽstik]
ファンタスティク

形 すばらしい

▶ a fantastic view（すばらしい眺め）

□ 1269　29.9%～25%

frog

[frɔ(ː)g]
フロ(ー)グ

名 カエル

▶ a big frog（大きなカエル）

□ 1270　29.9%～25%

giant

[dʒáiənt]
ヂャイアント

形 巨大な

▶ a giant animal（巨大な動物）

216

| 1年 | 2年 | 3年 | 〈初出学年 |

□ 1271 *29.9%～25%*

global
[glóubəl]
グロウバル

形 **世界的な，地球規模の**
- → globally 副（世界的に）
- ▶ global society（国際社会）

□ 1272 *29.9%～25%*

heavy
[hévi]
ヘヴィ

形 **重い**
- 比 heavier-heaviest
- ⇔ light 形（軽い）
- ▶ a heavy bag（重いかばん）

□ 1273 *29.9%～25%*

ice cream
[áis kri:m]
アイス クリーム

名 **アイスクリーム**
- ▶ an ice cream stand
  （アイスクリーム売り場）

□ 1274 *29.9%～25%*

knife
[naif]
ナイフ

名 **ナイフ**
- 複 knives [naivz ナイヴズ]
- ▶ knife and fork（ナイフとフォーク）

□ 1275 *29.9%～25%*

loud
[laud]
ラウド

形 **大きな声の**
- → loudly 副（大声で）
- ▶ a loud voice（大声）

□ 1276 *29.9%～25%*

magazine
[mǽgəzi:n]
▼マガズィーン

名 **雑誌**
- → comic 名（漫画）
- ● My brother was reading the magazine.（私の弟はその雑誌を読んでいました）

□ 1277 *29.9%～25%*

midnight
[mídnait]
ミドゥナイト

名 **真夜中**
- ▶ the midnight sun（真夜中の太陽）

STAGE 3 標準英単語

STAGE 3 標準英単語 学習率 29.9%〜25%

□ 1278 *29.9%〜25%*

neighbor
[néibər]
ネイヴァ

名 隣人
→ neighborhood 名（近所）
▶ a next-door neighbor（隣の人）

□ 1279 *29.9%〜25%*

nervous
[nə́ːrvəs]
ナーヴァス

形 緊張している
● He looked very nervous before the interview.（面接の前、彼はとても緊張しているように見えた）

□ 1280 *29.9%〜25%*

nursery
[nə́ːrs(ə)ri]
ナーサリィ

名 保育園, 子ども部屋
複 nurseries [-z ズ]
= nursery school
▶ a nursery tale[story]（おとぎ話）

□ 1281 *29.9%〜25%*

owl
[aul]
アウル

名 フクロウ

▶ cries of owls（フクロウの鳴き声）

□ 1282 *29.9%〜25%*

owner
[óunər]
オウナァ

名 所有者
→ own 動（所有する）
▶ the owner of this shop
（この店の所有者）

□ 1283 *29.9%〜25%*

peach
[piːtʃ]
ピーチ

名 モモ
複 peaches [-z ズ]
▶ a white peach（白桃）

□ 1284 *29.9%〜25%*

pilot
[páilət]
パイロト

名 パイロット

● His dream is to be a pilot.
（彼の夢はパイロットになることです）

| 1年 | 2年 | 3年 | 初出学年 |

□ 1285 *29.9%〜25%*

sacred
[séikrid]
セイクレド

形 **神聖な**

▶ sacred areas（聖域）

□ 1286 *29.9%〜25%*

shell
[ʃel]
シェル

名 **貝がら**

▶ an old shell（古い貝がら）

□ 1287 *29.9%〜25%*

slow
[slóu]
スロウ

形 **遅い, ゆっくりの**
➡ slowly 副（ゆっくり）
● Slow and steady wins the race.（ゆっくりと着実なのがレースに勝つ＝急がば回れ）

□ 1288 *29.9%〜25%*

soldier
[sóuldʒər]
ソウルチャ

名 **戦士, 兵士**

▶ become a soldier（兵士になる）

□ 1289 *29.9%〜25%*

state
[steit]
ステイト

名 **州**

▶ the United States of America（アメリカ合衆国）

□ 1290 *29.9%〜25%*

surprise
[sərpráiz]
サプライズ

動 **驚かせる**　名 **驚き**

▶ be surprised at 〜（〜に驚く）
▶ to 〜 's surprise（〜が驚いたことに）

□ 1291 *29.9%〜25%*

tent
[tent]
テント

名 **テント**

▶ sleep in a tent（テントで眠る）

STAGE 3 標準英単語　学習率 *29.9%〜25%*

□ 1292 *29.9%〜25%*

tiger
[táigər]
タイガァ

名 トラ

→ lion 名 ライオン
▶ Asian tigers（アジアのトラ）

□ 1293 *29.9%〜25%*

tomato
[təméitou]
トメイトウ

名 トマト

複 tomatoes
▶ tomato ketchup（トマトケチャップ）

□ 1294 *29.9%〜25%*

tourist
[tú(ə)rist]
トゥ(ァ)リスト

名 旅行者

▶ a tourist office（旅行案内所）

□ 1295 *29.9%〜25%*

treat
[tri:t]
トゥリート

動 〜を扱う

▶ treat Tom like a child
（トムを子どものように扱う）

□ 1296 *29.9%〜25%*

villager
[vílidʒər]
ヴィレヂァ

名 村人

→ village 名（村）
▶ among the villagers（村人の中に）

□ 1297 *29.9%〜25%*

whale
[(h)weil]
(フ)ウェイル

名 クジラ

→ dolphin 名（いるか）
▶ a blue whale（シロナガスクジラ）

□ 1298 *29.9%〜25%*

wheel
[(h)wi:l]
(フ)ウィール

名 車輪

▶ a water wheel（水車）

| 1年 | 2年 | 3年 | 〈初出学年 |

□ 1299 *29.9%～25%*

reach

[ri:tʃ]
リーチ

動 **到着する**

= arrive at [in] ～ , get to ～
▶ reach the station（駅に到着する）

□ 1300 *29.9%～25%*

snake

[sneik]
スネイク

名 **ヘビ**

▶ sea snake（ウミヘビ）

□ 1301 *29.9%～25%*

bass

[beis]
ベイス

名 **バス**(楽器)**, ベース**　形 **低音の**

▶ a bass guitar（ベースギター）

□ 1302 *29.9%～25%*

cancer

[kǽnsər]
キャンサァ

名 **がん**

● My uncle died of cancer.
（私のおじはがんで亡くなりました）

□ 1303 *29.9%～25%*

certainly

[sə́:rtnli]
サートゥンリィ

副 **確かに, もちろん**

→ certain 形（確かな）
● I certainly think so.
（私は確かにそう思います）

□ 1304 *29.9%～25%*

chorus

[kɔ́:rəs]
コーラス

名 **コーラス, 合唱**

▶ sing in chorus（合唱する）

□ 1305 *29.9%～25%*

comedian

[kəmí:diən]
コミーディアン

名 **コメディアン**

→ comedy 名（喜劇, コメディ）
▶ a popular comedian（人気コメディアン）

STAGE 3　標準英単語　学習率 29.9%〜25%

□ 1306　29.9%〜25%

conclusion
[kənklúːʒən]
コンクルージョン

名 結論

→ conclude 動（結論を出す）
▶ come to a conclusion（結論を出す）

□ 1307　29.9%〜25%

costume
[kást(j)uːm]
カスチューム

名 コスチューム, 衣装

▶ native costume（民族衣装）

□ 1308　29.9%〜25%

courage
[kə́ːridʒ]
カーレヂ

名 勇気

→ courageous 形（勇気のある）
▶ a person of courage（勇気のある人）

□ 1309　29.9%〜25%

death
[deθ]
デス

名 死

→ die 動（死ぬ）, dead 形（死んでいる）
▶ traffic death（交通事故死）

□ 1310　29.9%〜25%

designer
[dizáinər]
ディザイナァ

名 デザイナー

→ design 動（デザインする）
▶ become a designer（デザイナーになる）

□ 1311　29.9%〜25%

destroy
[distrɔ́i]
ディストゥロイ

動 〜を破壊する

→ destruction 名（破壊）
⇔ construct 動（建築する）
▶ destroy the building（その建物を破壊する）

□ 1312　29.9%〜25%

drama
[drάːmə]
ドゥラーマ

名 演劇, ドラマ

▶ an English drama（英語のドラマ）

| 1年 | 2年 | 3年 | 〈初出学年〉

☐ 1313 *29.9%〜25%*

engineering
[endʒəní(ə)riŋ]
エンヂニ(ァ)リング

名 工学

▶ electrical engineering (電気工学)

☐ 1314 *29.9%〜25%*

exam
[ɪgzǽm]
イグザム

名 試験 (examination の短縮形)

▶ take exams (試験を受ける)

☐ 1315 *29.9%〜25%*

fat
[fæt]
ファット

形 太った
比 fatter-fattest
➡ thin 形 (やせた)
▶ get fat (太る)

☐ 1316 *29.9%〜25%*

fix
[fɪks]
フィックス

動 修理する, (時間や場所を) 決める

▶ fix a computer
（コンピューターを修理する）

☐ 1317 *29.9%〜25%*

greedy
[gríːdi]
グリーディ

形 欲深い
比 greedier-greediest
➡ greed 名 (強欲)
● He is so greedy. (彼はとても欲ばりだ)

☐ 1318 *29.9%〜25%*

guest
[gest]
ゲスト

名 (ホテルなどの) 客
➡ customer 名 (〈デパートなどお店の〉お客さん)
➡ passenger 名 (乗り物) 乗客
▶ a guest player (招待選手)

☐ 1319 *29.9%〜25%*

haircut
[héərkʌt]
ヘアカト

名 散髪

● You need a haircut.
（あなたは散髪する必要がありますね）

STAGE 3 標準英単語

STAGE 3 標準英単語 学習率 29.9%〜25%

□ 1320 29.9%〜25%

health
[helθ]
ヘルス

名 健康
→ healthy 形（健康な）
▶ in good health（健康状態がいい）

□ 1321 29.9%〜25%

heat
[hi:t]
ヒート

名 熱
▶ body heat（体温）

□ 1322 29.9%〜25%

hunger
[hʌ́ŋgər]
ハンガァ

名 空腹
→ hungry 形（空腹の）
▶ die of hunger（餓死する）

□ 1323 29.9%〜25%

impossible
[impásəbl]
インパスィブル

形 不可能な
↔ possible 形（可能な）
▶ almost impossible（ほとんど不可能な）

□ 1324 29.9%〜25%

keyboard
[kíːbɔːrd]
キーボード

名 キーボード
▶ play the keyboard（キーボードを演奏する）

□ 1325 29.9%〜25%

list
[list]
リスト

名 リスト、一覧表
動 〜をリスト化する
▶ shopping list（買い物リスト）

□ 1326 29.9%〜25%

living
[líviŋ]
リヴィング

名 生活
▶ living room（居間、リビングルーム）

	1年	2年	3年 〈初出学年

□ 1327 *29.9%〜25%*

major

[méidʒər] 🔊
メイヂァ

形 **主要な，大きい，多い**

↔ minor 形（少数の，少ない）
▶ the Major Leagues（大リーグ）

□ 1328 *29.9%〜25%*

memorial

[mimɔ́ːriəl]
メモーリアル

名 **記念碑，記念物**

▶ a memorial park（記念公園）

□ 1329 *29.9%〜25%*

monument

[mánjumənt]
マニュメント

名 **（人・出来事などの）記念碑**

▶ set up a monument（記念碑を建てる）

□ 1330 *29.9%〜25%*

plate

[pleit]
プレイト

名 **とり皿，（浅くても丸い）皿**

▶ a soup plate（スープ皿）

□ 1331 *29.9%〜25%*

polite

[pəláit]
ポライト

形 **礼儀正しい**

↔ impolite（無礼な）
▶ in a polite way（ていねいに）

□ 1332 *29.9%〜25%*

realize

[ríː(ː)əlaiz]
リ(ー)アライズ

動 **〜を実現する，〜に気がつく，〜を理解する**

▶ realize 〜's dream（〜の夢を実現する）

□ 1333 *29.9%〜25%*

shelter

[ʃéltər]
シェルタァ

名 **シェルター，避難所**

▶ a bus shelter（雨よけのあるバス停）

STAGE 3 標準英単語

STAGE 3 標準英単語 学習率 29.9%〜25%

1334 somehow
[sámhau] サムハウ

副 どういうわけか, どうにかして

- Somehow, I can't do that.（なぜだか私はそれができない）

1335 soybean
[sɔ́ibiːn] ソイビーン

名 大豆

▶ soybean market（大豆市場）

1336 statue
[stǽtʃuː] スタチュー

名 像

▶ the Statue of Liberty（自由の女神像）

1337 surprising
[sərpráiziŋ] サプライズィング

形 （物事などが）びっくりさせるような

→ surprised 形（〈人などが〉驚いている）
- The news was surprising to me.（そのニュースは私にとってびっくりするものでした）

1338 survive
[sərváiv] サヴァイヴ

動 生き残る

→ survival 名（生き残り）
▶ survive a war（戦争を生き残る）

1339 thick
[θik] スィック

形 厚い

↔ thin 形（薄い）
▶ a thick wall（厚いかべ）

1340 upset
[ʌpsét] アプセット

形 混乱した, ひっくり返った
動 〜をひっくり返す, 〜を動揺させる

▶ get upset（取り乱す, 怒る）

| 1年 | 2年 | 3年 | 初出学年 |

☐ 1341 *29.9%〜25%*

winner

[wínər]
ウィナァ

名 **勝利者**

→ loser 名（敗者）
▶ a winner of a prize（受賞者）

☐ 1342 *29.9%〜25%*

act

[ækt]
アクト

動 **行動する, 演じる**　名 **活動**

→ active 形（活動的な）, activity 名（活動）
▶ act as a global citizen
（地球市民として行動する）

☐ 1343 *29.9%〜25%*

bicycle

[báisikl]
バイスィクル

名 **自転車**

= bike
● Let's go by bicycle.
（自転車で行きましょう）

☐ 1344 *29.9%〜25%*

bury

[béri]
ベリィ

動 **〜を埋める**

活 bury-burried [-dド]-burried ; burying
▶ bury 〜 in the ground
（〜を地中に埋める）

☐ 1345 *29.9%〜25%*

connect

[kənékt]
コネクト

動 **接続する**

● I'll connect you to him.
（〈電話で〉彼におつなぎします）

☐ 1346 *29.9%〜25%*

land mine

[lænd main]
ランドマイン

名 **地雷**

▶ remove the land mine
（地雷を取りのぞく）

☐ 1347 *29.9%〜25%*

relax

[rilǽks]
リラックス

動 **リラックスする**

● Just relax.（リラックスしてください）

STAGE 3 標準英単語

STAGE 3 標準英単語　学習率 29.9%～25%

□ 1348 *29.9%～25%*

suit
[suːt]
スート

動 似合う

- This tie suits you.
（このネクタイはあなたに似合います）

□ 1349 *29.9%～25%*

announce
[ənáuns]
アナウンス

動 ～を告知する
→ announcement **名**（告知）
▶ announce plans to ～
（～する計画を発表する）

□ 1350 *29.9%～25%*

asleep
[əslíːp]
アスリープ

形 眠っている
→ sleepy **形**（眠たい）
▶ fall asleep（眠りに落ちる）

□ 1351 *29.9%～25%*

bell
[bel]
ベル

名 ベル, 鐘
▶ ring a bell（鐘を鳴らす）

□ 1352 *29.9%～25%*

cage
[keidʒ]
ケイヂ

名 かご, おり
- She keeps a bird in a cage.
（彼女はかごで鳥を飼っています）

□ 1353 *29.9%～25%*

cartoon
[kɑːrtúːn]
カートゥーン

名 漫画
▶ cartoon characters
（漫画のキャラクター）

□ 1354 *29.9%～25%*

cell phone
[sél foun]
セル フォウン

名 携帯電話
= mobile phone
- Please turn off your cell phone.
（携帯電話の電源を切ってください）

| | | 1年 | 2年 | 3年 | 初出学年 |

☐ 1355 *29.9%〜25%*

centimeter
[séntəmiːtər]
センティミータァ

名 センチメートル

▶ twenty centimeters long
（20センチの長さの）

☐ 1356 *29.9%〜25%*

citizen
[sítəzn]
スィティズン

名 国民, 市民

▶ a Japanese citizen（日本人）

☐ 1357 *29.9%〜25%*

conductor
[kəndʌ́ktər]
コンダクタァ

名 指揮者, 車掌

➡ condúct 動（導く）
▶ a famous conductor（有名な指揮者）

☐ 1358 *29.9%〜25%*

desert
[dézərt] 🔊
デザト

名 砂漠

➡ dessert 名（デザート）
▶ a desert area（砂漠地帯）

☐ 1359 *29.9%〜25%*

east
[iːst]
イースト

名 東

➡ west 名（西）
▶ the east of China（中国の東部）

☐ 1360 *29.9%〜25%*

endangered
[indéindʒərd]
エンデインヂャド

形 絶滅の危機にさらされた

▶ endangered animals
（絶滅の危機にある動物）

☐ 1361 *29.9%〜25%*

exercise
[éksərsaiz]
エクササイズ

動 運動する   名 運動

▶ exercise in water（水中で運動する）

STAGE 3 標準英単語

STAGE 3 標準英単語 学習率 29.9%～25%

□ 1362　29.9%～25%

fortune
[fɔ́ːrtʃən]
フォーチュン

名 運

→ fortunate 形（幸運な）
▶ by good fortune（運よく）

□ 1363　29.9%～25%

generation
[dʒènəréiʃən]
ヂェネレイシュン

名 世代

→ generate 動（生み出す）
▶ generation gap（世代間のギャップ）

□ 1364　29.9%～25%

goal
[goul]
ゴウル

名 目標

▶ low goal（低い目標）

□ 1365　29.9%～25%

graduate
[grǽdʒueit]
グラヂュエイト

動 卒業する

● He graduated from Tokyo University.
（彼は東大を卒業しました）

□ 1366　29.9%～25%

heritage
[hérətidʒ]
ヘリティヂ

名 遺産

▶ the World Heritage（世界遺産）

□ 1367　29.9%～25%

interviewer
[íntərvjùːər]
インタヴューア

名 面接者

→ interviewee 名（インタビューを受ける人）
→ interview 動（インタビューをする）
▶ see an interviewer（面接者に会う）

□ 1368　29.9%～25%

judge
[dʒʌdʒ]
ヂャッヂ

動 判断する　名 裁判官

→ judgment 名（判断, 意見）
▶ be judged by ～（～によって判断される）

| 1年 | 2年 | 3年 | 〈初出学年 |

☐ 1369 *29.9%〜25%*

keeper

[kíːpər]
キーパァ

名 飼育係, 管理人, 番人

▶ a lion keeper（ライオンの飼育係）

☐ 1370 *29.9%〜25%*

marry

[mǽri]
マリィ

動 結婚する

▶ be married to 〜（〜と結婚している）

☐ 1371 *29.9%〜25%*

movement

[múːvmənt]
ムーヴメント

名 動き, 運動

→ move 動（動く, 移動する）
▶ civil rights movement（公民権運動）

☐ 1372 *29.9%〜25%*

neighborhood

[néibərhud]
ネイバフド

名 近所

→ neighbor 名（隣人）
▶ live in my neighborhood
（私の近所に住む）

☐ 1373 *29.9%〜25%*

northern

[nɔ́ːrðərn]
ノーザン

形 北部の

→ north 名（北）
⇔ southern 形（南部の）, south 名（南）
▶ Northern Europe（北ヨーロッパ）

☐ 1374 *29.9%〜25%*

performer

[pərfɔ́ːrmər]
パフォーマァ

名 演じる人

→ performance 名（パフォーマンス）
▶ *rakugo* performer（落語家）

☐ 1375 *29.9%〜25%*

possible

[pásəbl]
パスィブル

形 可能性のある

→ possibility 名（可能性）
⇔ impossible 形（不可能な）
● It is possible to 〜.（〜することはありうる）

STAGE 3 標準英単語

STAGE 3 標準英単語 学習率 29.9%〜25%

1376 29.9%〜25%
pressure
[préʃər]
プレシャ

名 プレッシャー

▶ under pressure（プレッシャーがあって）

1377 29.9%〜25%
protect
[prətékt]
プロテクト

動 〜を保護する

▶ protect the environment
（環境を保護する）

1378 29.9%〜25%
sale
[seil]
セイル

名 販売

▶ on sale（販売中で）

1379 29.9%〜25%
select
[səlékt]
セレクト

動 選ぶ
= choose
➡ selection 名（選択）
▶ select books（本を選ぶ）

1380 29.9%〜25%
silence
[sáiləns]
サイレンス

名 静けさ

➡ silent 名（静かな），silently 副（静かに）
● Silence is golden.（沈黙は金）

1381 29.9%〜25%
suffer
[sʌ́fər]
サファ

動 苦しむ

▶ suffer from 〜（〜で苦しんでいる）

1382 29.9%〜25%
tear
[tíər]
ティア

名 涙

▶ with tears（涙をためて）

| 1年 | 2年 | 3年 | 初出学年 |

☐ 1383 29.9%～25%

whole
[houl]
ホウル

形 **全体の**

▶ the whole world（全世界）

☐ 1384 29.9%～25%

willing
[wíliŋ]
ウィリング

形 **喜んで～する**

▶ be willing to ～（喜んで～する）

まとめて覚える英単語 3

⑰ 前置詞

①	by	[bai] バイ	そばで, よって, までに
②	to	[tu:] トゥー	～に
③	on	[ɑn] アン	～の上に, 身に着けて
④	about	[əbáut] アバウト	～について
⑤	after	[ǽftər] アフタァ	～の後で
⑥	before	[bifɔ́:r] ビフォー(ア)	～の前に
⑦	at	[æt] アット	～で
⑧	from	[frɑm] フラム	～から
⑨	for	[fɔ:r] フォー(ア)	～のために
⑩	in	[in] イン	～の中に
⑪	into	[íntu:] イントゥー	～の中へ
⑫	like	[laik] ライク	～のような
⑬	of	[ɑv] アヴ	～の
⑭	since	[sins] スィンス	～以来
⑮	with	[wið] ウィズ	～をもって, ～といっしょに
⑯	across	[əkrɔ́(:)s] アクロ(ー)ス	横切って, 向かいに
⑰	against	[əgéinst] アゲンスト	反対して
⑱	among	[əmʎŋ] アマング	～の間で
⑲	around	[əráund] アラウンド	周りを
⑳	as	[æz] アズ	～として 接 ～のように

㉑ below	[bilóu] ビロウ	〜の下に
㉒ above	[əbʌ́v] アバヴ	〜の上に
㉓ during	[d(j)ú(ə)riŋ] デュ(ア)リング	〜の間に
㉔ near	[niər] ニア	〜の近くに
㉕ until	[əntíl] アンティル	〜まで
㉖ over	[óuvər] オウヴァ	〜を越えて
㉗ without	[wiðáut] ウィズアウト	〜なしで
㉘ down	[daun] ダウン	〜の下へ
㉙ up	[ʌp] アップ	〜の上へ
㉚ off	[ɔ(:)f] オ(ー)フ	離れて
㉛ out	[aut] アウト	外に

⑱ 副詞

① down	[daun] ダウン	下の方に
② up	[ʌp] アップ	上の方に
③ off	[ɔ(:)f] オ(ー)フ	離れて
④ out	[aut] アウト	外に
⑤ however	[hauévər] ハウエヴァ	しかしながら

⑲ 疑問詞・接続詞

疑問詞

① what	[(h)wɑt] (フ)ワット	何
② when	[(h)wen] (フ)ウェン	いつ
③ where	[(h)weər] (フ)ウェア	どこに
④ which	[(h)witʃ] (フ)ウィッチ	どちら
⑤ who	[huː] フー	誰が〔を〕
⑥ whose	[huːz] フーズ	誰の
⑦ why	[(h)wai] (フ)ワイ	なぜ
⑧ how	[hau] ハウ	どのように

接続詞

① because	[bikɔ́(ː)z] ビコ(ー)ズ	〜なので
② while	[(h)wail] (フ)ワイル	〜の一方で, 〜の間
③ or	[ɔːr] オー(ア)	または, それとも
④ and	[ænd] アンド	そして, 〜と
⑤ so	[sou] ソウ	だから〜
⑥ but	[bʌt] バット	しかし

STAGE 4

発展英単語①

学習率 *24.9%~10%*

単語 1385~1806

STAGE 4 発展英単語① 学習率 *24.9%〜20%*

□ 1385 *24.9%〜20%*

ancestor
[ǽnsestər]
アンセスタァ

名 祖先

⇔ offspring 名（子孫）
▶ ancestor of man（人類の祖先）

□ 1386 *24.9%〜20%*

blackboard
[blǽkbɔːrd]
ブラクボード

名 黒板

▶ on the blackboard（黒板に）

□ 1387 *24.9%〜20%*

brown
[braun]
ブラウン

名 茶　形 茶色の

▶ a brown jacket（茶色のジャケット）

□ 1388 *24.9%〜20%*

clap
[klæp]
クラップ

動 拍手する

▶ clap hands（手をぱちぱちたたく）

□ 1389 *24.9%〜20%*

dolphin
[dɑ́lfin]
ダルフィン

名 イルカ

▶ a dolphin trainer（イルカの調教師）

□ 1390 *24.9%〜20%*

fencing
[fénsiŋ]
フェンスィング

名 フェンシング

▶ a fencing match（フェンシングの試合）

□ 1391 *24.9%〜20%*

fine arts
[fáin ɑ́ːrts]
ファイン　アーツ

名 美術（絵画・彫刻など）

▶ a fine arts teacher（美術の先生）

| 1年 | 2年 | 3年 | 初出学年 |

□ 1392 *24.9%〜20%*

fox
[fɑks]
ファックス

图 キツネ

覆 foxes [-iz イズ]
▶ fox hunt（キツネ狩り）

□ 1393 *24.9%〜20%*

hawk
[hɔːk]
ホーク

图 タカ

→ eagle 图（ワシ）
▶ train a hawk（タカを訓練する）

□ 1394 *24.9%〜20%*

homemaking
[hóumeikiŋ]
ホウムメイキング

图 家事　形 家事の

▶ industrial arts and homemaking
（技術・家庭科）

□ 1395 *24.9%〜20%*

jazz
[dʒæz]
ヂャズ

图 ジャズ　動 ジャズを演奏する

▶ listen to jazz（ジャズを聞く）

□ 1396 *24.9%〜20%*

lap
[læp]
ラップ

图 ひざ

▶ on ~'s lap（~のひざの上に）

□ 1397 *24.9%〜20%*

lovely
[lʌ́vli]
ラヴリィ

形 素晴らしい, 愛らしい
（-lyで終わっているが, 副詞ではなく形容詞）
▶ a lovely day（素晴らしい日）

□ 1398 *24.9%〜20%*

neck
[nek]
ネック

图 首

▶ a long neck（長い首）

STAGE 4 発展英単語① 学習率 24.9%〜20%

□ 1399 24.9%〜20%

New Year
[n(j)úː jíər]
ニューイア

名 新年

▶ Happy New Year（謹賀新年）

□ 1400 24.9%〜20%

occur
[əkə́ːr]
オカー

動 起こる

= happen 活 occurred-occurred ; occurring
● A big earthquake occurred last year.
（昨年大地震が起こった）

□ 1401 24.9%〜20%

onion
[ʌ́njən]
アニョン

名 たまねぎ

▶ fried onions（油で揚げたたまねぎ）

□ 1402 24.9%〜20%

pool
[puːl]
プール

名 プール

= swimming pool
▶ in the pool（プールで）

□ 1403 24.9%〜20%

primary
[práiməri]
プライメリィ

形 主要な, 第一の, 初歩の

▶ a primary school（小学校）

□ 1404 24.9%〜20%

push
[puʃ]
プッシ

動 押す

⇔ pull 動（引く）
● Push this button.
（このボタンを押しなさい）

□ 1405 24.9%〜20%

raincoat
[réinkout]
レインコウト

名 レインコート

▶ wear a raincoat（レインコートを着る）

| 1年 | 2年 | 3年 | 初出学年 |

☐ 1406　*24.9%～20%*

relative
[rélətiv]
レラティヴ

名 親戚　形 関連した

→ relatively 副（比較的）
▶ a near relative（近い親類）

☐ 1407　*24.9%～20%*

sax
[sæks]
サクス

名 サックス（saxophoneの略）

▶ a sax player（サックス演奏者）

☐ 1408　*24.9%～20%*

schoolyard
[skúljɑːrd]
スクールヤード

名 校庭

▶ in the schoolyard（校庭で）

☐ 1409　*24.9%～20%*

section
[sékʃən]
セクション

名 区画

▶ a business section（商業地域）

☐ 1410　*24.9%～20%*

social
[sóuʃəl]
ソウシャル

形 社会の

→ society 名（社会）, socially 副（社会的に）
▶ social problem（社会問題）

☐ 1411　*24.9%～20%*

toilet
[tɔ́ilit]
トイレト

名 トイレ

▶ toilet paper（トイレットペーパー）

☐ 1412　*24.9%～20%*

tube
[t(j)uːb]
テューブ

名 管, ロンドンの地下鉄（the～）

▶ by tube（地下鉄で）

STAGE 4　発展英単語①

STAGE 4　発展英単語① 学習率 24.9%〜20%

□ 1413　24.9%〜20%

twin
[twin]
トゥウィン

名 **双子**

▶ have twins（双子を生む，双子がいる）

□ 1414　24.9%〜20%

warn
[wɔːrn]
ウォーン

動 **警告する**

→ warning 名（警告）
- He warned me of the danger.
（彼は私にその危険を警告した）

□ 1415　24.9%〜20%

wonderland
[wʌ́ndərlænd]
ワンダランド

名 **不思議の国**

▶ go to a wonderland（不思議の国に行く）

□ 1416　24.9%〜20%

amount
[əmáunt]
アマウント

名 **量**

▶ a large amount of 〜（大量の〜）〔（〜）には数えられない名詞が来る〕

□ 1417　24.9%〜20%

attend
[əténd]
アテンド

動 **〜に出席する**

- They attended the meeting yesterday.
（彼らは昨日会議に出席しました）

□ 1418　24.9%〜20%

bandanna
[bændǽnə]
バンダナ

名 **バンダナ**

▶ wear a bandanna（バンダナをする）

□ 1419　24.9%〜20%

bedroom
[bédru(ː)m]
ベドゥル(ー)ム

名 **寝室**

▶ in the bedroom（寝室で）

| 1年 | 2年 | 3年 | 〈初出学年 |

□ 1420 24.9%~20%

bookcase
[búkkeis]
ブクケイス

名 本だな

- Tom and I carried a bookcase.
（トムと私は本だなを運んだ）

□ 1421 24.9%~20%

boomerang
[búːməræŋ]
ブーメラング

名 ブーメラン

▶ throw a boomerang
（ブーメランを投げる）

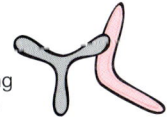

□ 1422 24.9%~20%

breathtaking
[bréθteikiŋ]
ブレステイキング

形 息を飲むような

▶ breathtaking race
（息を飲むようなレース）

□ 1423 24.9%~20%

chapter
[tʃǽptər]
チャプタァ

名 章

▶ Chapter 3（第3章）

□ 1424 24.9%~20%

chef
[ʃef]
シェフ

名 シェフ

▶ become a chef（シェフになる）

□ 1425 24.9%~20%

cola
[kóulə]
コウラ

名 コーラ

▶ cola drinks（コーラ飲料）

□ 1426 24.9%~20%

completely
[kəmplíːtli]
コンプリートゥリィ

副 完全に
→ complete 形（完全な）動（完成させる）
→ completion 名（完成）
▶ disappear completely（完全に消える）

STAGE 4 発展英単語①

243

STAGE 4　発展英単語① 学習率 24.9%～20%

□ 1427　24.9%～20%

conference
[kánf(ə)rəns]
カンフ(ェ)レンス

名 会議
= meeting
▶ business conference（仕事の会議）
▶ conference on ～（～についての会議）

□ 1428　24.9%～20%

cricket
[kríkit]
クリケト

名 クリケット

▶ a cricket match（クリケットの試合）

□ 1429　24.9%～20%

customer
[kʌ́stəmər]
カスタマァ

名 （お店などの）客

→ guest 名（ホテルなどに宿泊する）客
▶ customer list（顧客リスト）

□ 1430　24.9%～20%

deeply
[díːpli]
ディープリィ

副 深く

→ deep 形（深い）
▶ be deeply moved（感激する）

□ 1431　24.9%～20%

dinosaur
[dáinəsɔːr]
ダイナソー(ァ)

名 恐竜

▶ dinosaur fossil（恐竜の化石）

□ 1432　24.9%～20%

direct
[dirékt]
ディレクト

動 指示する　形 直接的な

● The film was directed by ～.
（その映画は～によって監督された）

□ 1433　24.9%～20%

ecotourism
[ikoutúərizm]
イコウトゥアリズム

名 エコツーリズム
（環境と観光の共生を図る運動）
▶ the goal of ecotourism
（エコツーリズムの目的）

1434 24.9%〜20%

effective
[iféktiv]
イフェクティヴ

形 効果的な
- → effectively **副**（効果的に）
- ▶ an effective way to 〜
  （〜するのに効果的な方法）

1435 24.9%〜20%

encouraging
[inkɔ́ːridʒiŋ]
エンカーレヂング

形 勇気づける
- ▶ encouraging news
  （勇気づけられるニュース）

1436 24.9%〜20%

endanger
[indéindʒər]
エンデインヂァ

動 危険にさらす
- → danger **名**（危険）
- ▶ endanger world peace
  （世界平和を脅かす）

1437 24.9%〜20%

engine
[éndʒin]
エンヂン

名 エンジン
- ▶ jet engine（ジェット・エンジン）

1438 24.9%〜20%

explode
[iksplóud]
イクスプロウド

動 爆発する
- → explosion **名**（爆発）
- ● A bomb exploded suddenly.
  （突然, 爆弾が爆発しました）

1439 24.9%〜20%

film
[film]
フィルム

名 フィルム, 映画
- ▶ an action film（アクション映画）

1440 24.9%〜20%

flavor
[fléivər]
フレイヴァ

名 味　**動** 風味を付ける
- ▶ a special flavor（独特の風味）

STAGE 4　発展英単語① 学習率 24.9%～20%

1441　24.9%～20%
force
[fɔːrs]
フォース

名 武力　動 ～を強制する

▶ the Japan Self-Defense Force（自衛隊）
▶ the air force（空軍）

1442　24.9%～20%
forecast
[fɔ́ːrkæst]
フォーキャスト

動 ～を予測する　名 予測

▶ weather forecast（天気予報）

1443　24.9%～20%
golfer
[gálfər]
ガルファ

名 ゴルファー
→ golf 名（ゴルフ）
● He is a famous golfer.
（彼は有名なゴルファーです）

1444　24.9%～20%
hallway
[hɔ́ːlwei]
ホールウェイ

名 廊下

▶ indoor hallway（屋内廊下）

1445　24.9%～20%
handmade
[hæn(d)meid]
ハン(ドゥ)メイド

形 手製の

▶ handmade cookies（手作りのクッキー）

1446　24.9%～20%
handout
[hændaut]
ハンダウト

名 資料, プリント

▶ make the handouts（資料を作る）

1447　24.9%～20%
homeless
[hóumləs]
ホウムレス

形 家のない, ホームレスの

▶ a homeless man（ホームレスの男性）
▶ a homeless cat（野良ネコ）

| 1年 | 2年 | 3年 | 初出学年 |

□ 1448 *24.9%〜20%*

hometown
[hóumtáun]
ホウムタウン

名 **故郷**

▶ in ~'s hometown (〜の故郷で)

□ 1449 *24.9%〜20%*

image
[ímidʒ] 🔊
イメヂ

名 **画像, 映像**

→ imagine 動 (想像する)
▶ a clear image (鮮明な画像)

□ 1450 *24.9%〜20%*

invention
[invénʃən]
インヴェンション

名 **発明**

→ invent 動 (発明する)
▶ a great invention (偉大な発明)

□ 1451 *24.9%〜20%*

Japanese-style
[dʒæpəníːzstail]
ヂャパニーズスタイル

形 **日本式の**

• Some foreign people like Japanese-style clothing. (外国の人々の中には和服が好きな人もいます)

□ 1452 *24.9%〜20%*

jet
[dʒet]
ヂェト

形 **ジェット機の**

▶ a jet engine (ジェット・エンジン)

□ 1453 *24.9%〜20%*

leaf
[liːf]
リーフ

名 **葉**

複 leaves [-z ズ]
▶ a maple leaf (カエデの葉)

□ 1454 *24.9%〜20%*

locate
[lóukeit] 🔊
ロウケイト

動 **位置を見つけ出す**

→ location 名 (場所)
▶ be located (位置する)

STAGE 4 発展英単語 ①

STAGE 4 発展英単語① 学習率 24.9%〜20%

□ 1455 *24.9%〜20%*

loss
[lɔ(ː)s]
ロ(ー)ス

名 失うこと
→ lose 動（失う）
- I'm very sorry to hear of your loss.（おくやみ申し上げます）

□ 1456 *24.9%〜20%*

loudly
[láudri]
ラウドゥリィ

副 大声で
→ loud 形（〈音が〉大きい）
- Don't speak loudly.（大声で話さないで）

□ 1457 *24.9%〜20%*

master
[mǽstər]
マスタァ

名 主人, 長, 名人
▶ master of the restaurant（レストランの店主）

□ 1458 *24.9%〜20%*

native
[néitiv]
ネイティヴ

形 故郷の
▶ native language（母国語）

□ 1459 *24.9%〜20%*

nearby
[níərbai]
ニアバイ

形 近くの
▶ a nearby town（近くの町）

□ 1460 *24.9%〜20%*

normal
[nɔ́ːrməl]
ノーマル

形 通常の
↔ abnormal 形（異常な）
▶ normal life（普通の生活）

□ 1461 *24.9%〜20%*

organic
[ɔːrgǽnik]
オーギャニク

形 有機栽培の
▶ organic food（無農薬食品）

| 1年 | 2年 | 3年 | 初出学年 |

□ 1462　24.9%〜20%

overseas
[óuvərsíːz]
オウヴァスィーズ

副 **海外へ**

▶ go overseas（外国へ行く）

□ 1463　24.9%〜20%

partner
[pɑ́ːrtnər]
パートゥナ

名 **パートナー**

▶ become a partner（相棒になる）

□ 1464　24.9%〜20%

pay
[péi]
ペイ

動 **支払う**

活 pay-paid-paid ; paying
　　　　ペイド
▶ pay attention to 〜（〜に注意を払う）

□ 1465　24.9%〜20%

personal
[pə́ːrs(ə)nəl]
パーソナル

形 **個人的な**

→ personally 副（個人的に），
　person 名（人）
▶ a personal computer（パソコン）

□ 1466　24.9%〜20%

pillow
[pílou]
ピロウ

名 **まくら**

▶ an ice pillow（氷まくら）

□ 1467　24.9%〜20%

poison
[pɔ́izn]
ポイズン

名 **毒**

● One man's meat is another man's poison.（〈ことわざ〉ある人の食べ物は他の人の毒になる→人によって好みは違う）

□ 1468　24.9%〜20%

policy
[pɑ́ləsi] 5
パリスィ

名 **方針**

▶ policy of free trade（自由貿易政策）

STAGE 4 発展英単語① 学習率 24.9%〜20%

□ 1469 *24.9%〜20%*

prefer
[prifə́:r] 🔊
プリファー

動 〜を好む

→ preference 名（好み）
▶ prefer ... to 〜（〜より…を好む）

□ 1470 *24.9%〜20%*

presentation
[prì:zentéiʃən]
プリ(ー)ゼンテイション

名 プレゼンテーション, 発表

▶ make a presentation
（プレゼンテーションを行う）

□ 1471 *24.9%〜20%*

probably
[prábəbli]
プラバブリィ

副 おそらく, 十中八九

● It will probably snow tomorrow.
（おそらく明日雪が降るでしょう）

□ 1472 *24.9%〜20%*

punish
[pʌ́niʃ]
パニシ

動 罰する, 〜をこらしめる

● He punished his son severely.
（彼は息子を厳しく叱った）

□ 1473 *24.9%〜20%*

purple
[pə́:rpl]
パープル

名 紫　形 紫色の

▶ turn purple（紫色になる）

□ 1474 *24.9%〜20%*

relation
[riléiʃən]
リレイション

名 関係

▶ in relation to 〜（〜に関して）

□ 1475 *24.9%〜20%*

relief
[rilí:f]
リリーフ

名 安心

→ relieve 動（〈苦痛など〉をやわらげる）
▶ to 〜's relief（〜が安心したことに）

| 1年 | 2年 | 3年 ⟨初出学年⟩

☐ 1476 *24.9%〜20%*

repair
[ripéər]
リペア

動 〜を修理する

= mend（⟨簡単なものを⟩直す）
▶ repair a road（道路を補修する）

☐ 1477 *24.9%〜20%*

replace
[rɪpleɪs]
リプレイス

動 〜を取り替える

▶ replace ... with 〜（…を〜と交換する）

☐ 1478 *24.9%〜20%*

scene
[siːn]
スィーン

名 光景，（演劇などの）**シーン**

同音 seen
▶ a beautiful scene（美しい光景）

☐ 1479 *24.9%〜20%*

search
[səːrtʃ]
サーチ

動 探す　名 調査

▶ search for 〜（〜を探す）

☐ 1480 *24.9%〜20%*

shape
[ʃeip]
シェイプ

名 姿，形

▶ shape of a star（星の形）

☐ 1481 *24.9%〜20%*

sight
[sait]
サイト

名 景色，見ること

同音 site（場所）
▶ at the sight of 〜（〜を見て）

☐ 1482 *24.9%〜20%*

silent
[sáilənt]
サイレンス

形 静かな

➡ silence 名（静けさ）
▶ silent reading（黙読）

STAGE 4 発展英単語①

STAGE 4 発展英単語① 学習率 *24.9%〜20%*

□ 1483 *24.9%〜20%*

speaker
[spíːkər]
スピーカァ

名 話す人, 演説家
→ speak 動（話す）
• He is a very good speaker.
（彼はとてもよい演説家です）

□ 1484 *24.9%〜20%*

stuffed
[stʌ́ft]
スタフト

形 詰め物をした

▶ a stuffed animal（動物のぬいぐるみ）

□ 1485 *24.9%〜20%*

sugar
[ʃúgər]
シュガァ

名 砂糖
↔ salt 名（塩）
▶ a spoonful of sugar
（スプーン一杯の砂糖）

□ 1486 *24.9%〜20%*

sunlight
[sʌ́nlait]
サンライト

名 日光

▶ warm sunlight（暖かな日差し）

□ 1487 *24.9%〜20%*

sunset
[sʌ́nset]
サンセット

名 夕日, 日没
↔ sunrise 名（日の出）
▶ at sunset（日没に）

□ 1488 *24.9%〜20%*

task
[tæsk]
タスク

名 仕事

▶ an important task（重要な仕事）

□ 1489 *24.9%〜20%*

tongue
[tʌŋ]
タング

名 舌

▶ mother tongue（母国語）

| 1年 | 2年 | 3年 | 初出学年 |

□ 1490 24.9%〜20%

topic
[tápik]
タピク

名 トピック, 話題

▶ topic for discussion（討論の題目）

□ 1491 24.9%〜20%

tourism
[tú(ə)rizm]
トゥ(ァ)リズム

名 観光旅行

▶ international tourism（国際観光）

□ 1492 24.9%〜20%

type
[taip]
タイプ

名 タイプ, 種類
動 文字を打ち込む

▶ a new type of drug（新しい薬の種類）
▶ type a letter（手紙をタイプ〔ワープロ〕で打つ）

□ 1493 24.9%〜20%

unhappy
[ʌnhǽpi]
アンハピィ

形 不幸せな

⇔ happy 形（幸せな）
▶ an unhappy ending（不幸な結末）

□ 1494 24.9%〜20%

vividly
[vívidli]
ヴィヴィドリィ

副 鮮やかに, はっきりと

→ vivid 形（鮮やかな）
▶ vividly remember（はっきりと思い出す）

□ 1495 24.9%〜20%

wallet
[wɑ́lit]
ワレト

名 財布（札入れ）

→ purse 名（財布〈小銭入れ〉）
▶ lose ~'s wallet（~の財布をなくす）

□ 1496 24.9%〜20%

western
[wéstərn]
ウェスタン

形 西部の

⇔ eastern 形（東部の）
▶ western countries（西洋諸国）

STAGE 4 発展英単語①

STAGE 4 発展英単語① 学習率 24.9%〜20%

□ 1497 24.9%〜20%

worth
[wə:rθ]
ワース

形 **価値がある**

▶ worth 〜 ing (〜する価値がある)

□ 1498 24.9%〜20%

wrestle
[résl]
レスル

動 **レスリングをする，(難しい問題) に立ち向かう**
→ wrestler 名 (レスリングの選手)
▶ wrestle with 〜 (〜と格闘する)

□ 1499 24.9%〜20%

accept
[əksépt]
アクセプト

動 **〜を受け入れる，〜を認める**
→ acceptance 名 (受け入れること，容認)
▶ accept 〜's advice (〜の助言を受け入れる)

□ 1500 24.9%〜20%

airline
[éərlain]
エアライン

名 **航空会社**

▶ American Airlines (アメリカン航空)

□ 1501 24.9%〜20%

alphabet
[ǽlfəbet]
アルファベト

名 **アルファベット**

• The English alphabet has only 26 letters. (英語のアルファベットはたった26文字しかない)

□ 1502 24.9%〜20%

approach
[əpróutʃ]
アプロウチ

動 **近づく** 名 **近づくこと，申し出**

▶ approach a target (目標に近づく)

□ 1503 24.9%〜20%

atomic
[ətámik]
アタミク

形 **原子の**

→ atom 名 (原子)
▶ an atomic bomb (原子爆弾)

| 1年 | 2年 | 3年 | 〈初出学年〉

☐ 1504 24.9%~20%

barber
[bá:rbər] (つづり注意)
バーバァ

图 理髪師

▶visit a barber（散髪に行く）

☐ 1505 24.9%~20%

base
[béis]
ベイス

图 基礎　動 ～に基礎を置く

▶be based on ～（～に基づいている）

☐ 1506 24.9%~20%

battlefield
[bǽtlfi:ld]
バトルフィールド

图 戦場

▶on the battlefield（戦場で）

☐ 1507 24.9%~20%

beer
[bíər]
ビァ

图 ビール

▶a glass of beer（一杯のビール）

☐ 1508 24.9%~20%

beetle
[bí:tl]
ビートゥル

图 カブト虫

▶a stag beetle（クワガタ虫）

☐ 1509 24.9%~20%

beg
[bég]
ベッグ

動 お願いする

活 beg-begged [-d ド]-begged ; begging
● I beg your pardon?
（もう一度言っていただけますか）

☐ 1510 24.9%~20%

beginner
[biginər]
ビギナァ

图 初心者

→ begin 動（始める）
▶a book for beginners（初心者向けの本）

STAGE 4 発展英単語① 学習率 24.9%～20%

☐ 1511 24.9%～20%

bite
[bait]
バイト

動 かみつく

活 bite-bit-bit, bitten ; biting (ビトゥン)
▶ bite someone（誰かをかむ）

☐ 1512 24.9%～20%

boarding
[bɔ́ːrdiŋ]
ボーディング

名 乗車, 乗船, 搭乗

▶ a boarding gate（搭乗ゲート）

☐ 1513 24.9%～20%

boycott
[bɔ́ikɑt]
ボイカト

名 ボイコット, 参加拒否
動 ～をボイコットする

▶ lead a boycott（ボイコットを指揮する）

☐ 1514 24.9%～20%

brick
[brik]
ブリック

名 レンガ

▶ be made of brick（レンガでできている）

☐ 1515 24.9%～20%

calculator
[kǽlkjuleitər]
キャルキュレイタァ

名 計算機

→ calculate 動（計算する）, calculation 名（計算）
▶ an electronic calculator（電卓）

☐ 1516 24.9%～20%

ceiling
[síːliŋ]
スィーリング

名 天井

• There is a fly on the ceiling.
（天井にハエがとまっています）

☐ 1517 24.9%～20%

chime
[tʃaim]
チャイム

名 鐘, チャイムの音

▶ hear the chime（チャイムが聞こえる）

| 1年 | 2年 | 3年 | 〈初出学年〉

□ 1518 *24.9%〜20%*

Christmas Eve
[krísməs íːv]
クリスマスイーヴ

名 **クリスマスイブ**

▶on Christmas Eve（クリスマスイブに）

□ 1519 *24.9%〜20%*

cleaner
[klíːnər]
クリーナァ

名 **クリーナー，洗浄剤**

▶an vacuum cleaner（電気掃除機）

□ 1520 *24.9%〜20%*

clearly
[klíərli]
クリアリィ

副 **明らかに**

➡ clear 形（明らかな）
▶speak clearly（はっきり話す）

□ 1521 *24.9%〜20%*

comedy
[kάmədi]
カメディ

名 **喜劇**

⬌ tragedy 名（悲劇）
➡ comedian 名（コメディアン）
▶play a comedy（コメディーを演じる）

□ 1522 *24.9%〜20%*

comfortable
[kʌ́mfərtəbl]
カンファタブル

形 **心地よい**

➡ comfort 名 心地よさ 動 安心させる
➡ comfortably 副（心地よく）
▶comfortable living（快適な生活）

□ 1523 *24.9%〜20%*

connection
[kənékʃən]
コネクション

名 **接続，関連**

▶bad connection（接続が悪い）

□ 1524 *24.9%〜20%*

content
[kάntent] 音
カンテント

名 **中身，内容**

▶the content of the box
（その箱の中身）

STAGE 4 発展英単語①

STAGE 4 発展英単語① 学習率 24.9%〜20%

□ 1525 24.9%〜20%

cooker
[kúkər]
クカァ

名 調理器具

▶ a rice cooker（炊飯器）

□ 1526 24.9%〜20%

cooperation
[kouɑpəréiʃən]
コウアペレイション

名 協力

● Thank you for your cooperation.
（ご協力ありがとうございます）

□ 1527 24.9%〜20%

creativity
[krìːeitívəti]
クリーエイティヴィティ

名 創造性

→ creative 形（想像力のある）
▶ scientific creativity（科学的創造性）

□ 1528 24.9%〜20%

crop
[krɑp]
クラップ

名 作物

▶ grow crops（作物を作る）

□ 1529 24.9%〜20%

daily
[déili]
デイリィ

形 毎日の

▶ daily news（毎日のニュース）

□ 1530 24.9%〜20%

darkness
[dɑ́ːrknis]
ダークネス

名 暗さ，暗やみ

→ dark 形（暗い）
▶ darkness of night（夜のやみ）

□ 1531 24.9%〜20%

deal
[diːl]
ディール

名 取引, 契約   動 扱う

● It's a deal.（いいとも。それで結構です）
▶ deal with 〜（〜を処理する）

☐ 1532 24.9%~20% **decorate** [dékəreit] 🔊 デコレイト	動 ~を飾る，~を装飾する ▶ decorate ... with ~（…を~で飾る）
☐ 1533 24.9%~20% **delight** [diláit] ディライト	名 楽しみ　動 ~を楽しませる ▶ to ~'s delight（~のうれしいことに）
☐ 1534 24.9%~20% **depart** [dipá:rt] ディパート	動 出発する ⇔ arrive 動（到着する） ▶ depart from ~（~から出発する）
☐ 1535 24.9%~20% **departure** [dipá:rtʃər] ディパーチァ	名 出発 ⇔ arrival 名（到着） ▶ departure time（出発時刻）
☐ 1536 24.9%~20% **developing** [divéləpiŋ] ディヴェロピング	形 発展途上の ⇔ developed country（先進国） ▶ a developing country（発展途上国）
☐ 1537 24.9%~20% **devil** [dév(ə)l] デヴル	名 悪魔，鬼 ▶ child of the Devil（悪魔の子ども）
☐ 1538 24.9%~20% **differently** [díf(ə)rəntli] ディフェレントリィ	副 異なって ➡ different 形（異なった）， 　 difference 名（違い，差） ▶ think differently（異なって考える）

STAGE 4　発展英単語① 学習率 24.9%～20%

☐ 1539　*24.9%～20%*

direction
[dirékʃən]
ディレクション

名 方向

▶ in the direction of ～（～の方向に）

☐ 1540　*24.9%～20%*

display
[displéi]
ディスプレイ

名 展示　**動** 展示する

複 displays [-z ズ]
▶ on display（展示して）

☐ 1541　*24.9%～20%*

distant
[dístənt]
ディスタント

形 遠い，離れた

➡ distance **名**（距離）
▶ distant place（遠い場所）

☐ 1542　*24.9%～20%*

dome
[doum]
ドウム

名 ドーム，半球体

▶ a dome of a church（教会のドーム）

☐ 1543　*24.9%～20%*

dressing
[drésiŋ]
ドゥレスィング

名 ドレッシング

▶ French dressing
（フレンチ・ドレッシング）

☐ 1544　*24.9%～20%*

earphone
[íərfoun]
イアフォウン

名 イヤホーン

▶ put on earphones
（イヤホーンをつける）

☐ 1545　*24.9%～20%*

elect
[ilékt]
イレクト

動 選ぶ

➡ election **名**（選挙）
● We elected him captain of our team.
（私たちは彼をチームのキャプテンに選びました）

| 1年 | 2年 | 3年 | 初出学年 |

□ 1546 *24.9%〜20%*

embarrass
[imbǽrəs]
エンバラス

動 〜を困惑させる

▶ be embarrassed
（きまりの悪い思いをする）

□ 1547 *24.9%〜20%*

equality
[i(:)kwάləti]
イ(ー)クワリティ

名 平等

→ equal 形（平等の）
▶ education equality（教育の平等）

□ 1548 *24.9%〜20%*

erupt
[irʌ́pt]
イラプト

動 噴火する

→ eruption 名（噴火）
● The volcano erupted a week ago.
（その火山は1週間前に噴火した）

□ 1549 *24.9%〜20%*

examine
[igzǽmin]
イグザミン

動 検査する, 調査する

→ examination 名 試験, 調査
● The doctor examined our child carefully.
（その医者は私たちの子供を注意深く検査しました）

□ 1550 *24.9%〜20%*

faithful
[féiθfəl]
フェイスフル

形 誠実な

→ faith 名（信頼, 信用）
▶ a faithful dog（忠犬）

□ 1551 *24.9%〜20%*

feature
[fíːtʃər]
フィーチャ

名 特徴　動 〜を特集する

▶ a feature of this city（この市の特徴）

□ 1552 *24.9%〜20%*

fellow
[félou]
フェロウ

名 仲間, 奴

▶ a fellow student（学友）

STAGE 4 発展英単語① 学習率 24.9%〜20%

☐ 1553 24.9%〜20%

flash
[flæʃ]
フラッシュ

名 ぱっと発する光, 懐中電灯
動 点滅する

▶ flash of lightning（稲光）

☐ 1554 24.9%〜20%

footprint
[fútprint]
フトゥプリント

名 足あと

➡ fingerprint 名（指紋）
▶ leave footprints（足あとを残す）

☐ 1555 24.9%〜20%

friendship
[fréndʃip]
フレンドゥシプ

名 友情

▶ feel friendship for ~（〜に親しみを感じる）
▶ friendship between men and women（男女間の友情）

☐ 1556 24.9%〜20%

fund
[fʌnd]
ファンド

名 基金

▶ an international fund（国際基金）

☐ 1557 24.9%〜20%

furniture
[fə́ːrnitʃər]
ファーニチァ

名 家具(数えられない名詞)

▶ a piece of furniture（ひとつの家具）

☐ 1558 24.9%〜20%

geography
[dʒiágrəfi]
チアグラフィ

名 地理学

▶ study geography（地理学を学ぶ）

☐ 1559 24.9%〜20%

globally
[glóub(ə)li]
グロウバリィ

副 地球規模で

➡ global 形（地球規模の）
▶ think globally（地球規模で考える）

| 1年 | 2年 | 3年 | 〈初出学年

□ 1560 24.9%～20%

grassland
[grǽslænd]
グラスランド

名 **牧草地**

▶ manage grasslands（草地を管理する）

□ 1561 24.9%～20%

harm
[hɑːrm]
ハーム

動 **害を与える**

→ harmful 形（有害な）
▶ do ～ harm（～に害を与える）

□ 1562 24.9%～20%

helmet
[hélmit]
ヘルメト

名 **ヘルメット**

▶ a bicycle helmet（自転車用のヘルメット）

□ 1563 24.9%～20%

honesty
[ánisti]
アネスティ

名 **正直さ**

→ honest 形（正直な）
● Honesty is the best policy.
（正直は最善の策）

□ 1564 24.9%～20%

hopeful
[hóupfəl]
ホウプフル

形 **希望に満ちた**

→ hopefully 副（希望をもって）
▶ hopeful words（希望に満ちた言葉）

□ 1565 24.9%～20%

humor
[hjúːmər]
ヒューマァ

名 **ユーモア**

● He has a sense of humor.
（彼はユーモアのセンスがあります）

□ 1566 24.9%～20%

identity
[aidéntəti]
アイデンティティ

名 **アイデンティティ, 独自性, 同一であること**

▶ social identity（社会的アイデンティティ）

STAGE 4 発展英単語①

263

STAGE 4　発展英単語 ① 学習率 24.9%～20%

1567　24.9%～20%
ill
[íl]
イル

形 病気の
- = sick
- → illness 名（病気）
- ▶ fall ill（病気になる）

1568　24.9%～20%
illness
[ílnis]
イルネス

名 病気
- → ill 形（病気の）
- ▶ suffer from illness（病気に苦しむ）

1569　24.9%～20%
individual
[ìndivídʒuəl]
インディヴィチュアル

名 個人　形 個人の
- ▶ individual right（個人の権利）

1570　24.9%～20%
injection
[indʒékʃən]
インヂェクション

名 注射
- The doctor gave me an injection against the flu.
（医者はインフルエンザの予防注射をしました）

1571　24.9%～20%
junior high school
[dʒúːnjər hái skuːl]
ヂューニャハイスクール

名 中学校
- → (senior) high school（高等学校）
- He is a junior high school student.
（彼は中学生です）

1572　24.9%～20%
kick
[kík]
キック

動 蹴る
- ▶ kick a ball（ボールを蹴る）

1573　24.9%～20%
laughter
[lǽftər]
ラフタァ

名 笑い
- → laugh 動（笑う）
- ▶ bring laughter to ~
（～に笑いをもたらす）

| 1年 | 2年 | 3年 | 〈初出学年 |

□ 1574 *24.9%〜20%*

law
[lɔː]
ロー

名 法律

low 形（低い）〈注意：発音とつづりが類似〉
▶ keep the law（法律を守る）
▶ break a law（法律を破る）

□ 1575 *24.9%〜20%*

league
[liːg]
リーグ

名 リーグ，連盟

▶ the Major Leagues（大リーグ）

□ 1576 *24.9%〜20%*

location
[loukéiʃən]
ロウケイション

名 位置

▶ location information（位置情報）

□ 1577 *24.9%〜20%*

lunchbox
[lʌ́ntʃbɑks]
ランチバックス

名 弁当箱

▶ carry[take] a lunchbox
（弁当を持って行く）

□ 1578 *24.9%〜20%*

mechanic
[mikǽnik]
メキャニク

名 機械工，整備士

● He works as a mechanic at the airport.
（彼は空港で整備士として働いています）

□ 1579 *24.9%〜20%*

melody
[mélədi]
メロディ

名 メロディ

▶ rock melody（ロックの旋律）

□ 1580 *24.9%〜20%*

method
[méθəd]
メソド

名 方法，手法

= means, way
▶ an original method（独創的な手法）

STAGE 4　発展英単語① 学習率 24.9%〜20%

□ 1581　24.9%〜20%

midway
[mídwei]
ミドウェイ

副 中途で

▶ midway through the trip（旅の途中で）

□ 1582　24.9%〜20%

model
[mádl]
マドゥル

名 モデル

● The company introduced a new model car.
（その会社は新型車を紹介しました）

□ 1583　24.9%〜20%

nation
[néiʃən]
ネイション

名 国

➡ national 形（国家の），nationality 名（国籍）
▶ Asian nations（アジアの国々）

□ 1584　24.9%〜20%

nearly
[níərli]
ニアリィ

副 ほぼ，大体で

▶ Nearly 1000 people attended the concerts.
（ほぼ1000人の人々がコンサートに参加した）

□ 1585　24.9%〜20%

needle
[níːdl]
ニードゥル

名 ぬい針，注射針

▶ a large needle（太い注射針）

□ 1586　24.9%〜20%

object
名[ábdʒikt] 動[əbdʒékt]
アブチェクト　オブチェクト

名 物体　動 反対する

▶ a strange object（奇妙な物体）
▶ object to 〜（〜に対して反対する）

□ 1587　24.9%〜20%

pants
[pænts]
パンツ

名 ズボン，パンツ（ふつう複数形）

▶ blue pants（青いズボン）

| 1年 | 2年 | 3年 | 初出学年 |

□ 1588 *24.9%〜20%*

particular
[pərtíkjulər] 🅐
パティキュラァ

形 **特別な**

- Nothing particular.
（〈会話で〉特に何も**特別な**ことはありません）

□ 1589 *24.9%〜20%*

passenger
[pǽs(ə)ndʒər]
パセンヂァ

名 **乗客**

▶ a passenger cabin（**客**室）

□ 1590 *24.9%〜20%*

pianist
[piǽnist]
ピアニスト

名 **ピアニスト**

- Her dream is to be a famous pianist.
（彼女の夢は有名な**ピアニスト**になることです）

□ 1591 *24.9%〜20%*

pin
[pin]
ピン

名 **ピン**

▶ a safety pin（安全**ピン**）

□ 1592 *24.9%〜20%*

pitcher
[pítʃər]
ピチァ

名 （野球の）**ピッチャー**

↔ catcher 名（キャッチャー）
▶ change pitchers（**投手**を交代する）

□ 1593 *24.9%〜20%*

poisoned
[pɔ́iznd]
ポイズンド

形 **毒の盛られた**

➡ poison 名（毒）
▶ a poisoned apple（**毒入り**リンゴ）

□ 1594 *24.9%〜20%*

poisonous
[pɔ́iz(ə)nəs]
ポイゾナス

形 **有毒な**

➡ poison 名（毒）
▶ poisonous gas（**毒**ガス）

STAGE 4 発展英単語① 学習率 24.9%～20%

1595 24.9%～20%
policeman
[pəlíːsmən]
ポリースマン

名 警察官
= police officer
▶ an airport policeman（航空警察官）

1596 24.9%～20%
politician
[pɑ̀lətíʃən]
パリティシャン

名 政治家
→ politics 名（政治）
● He is a famous politician.
（彼は有名な政治家です）

1597 24.9%～20%
pork
[pɔːrk]
ポーク

名 豚肉
▶ pork curry（ポークカレー）

1598 24.9%～20%
position
[pəzíʃən]
ポズィション

名 位置, 場所, 役職
▶ the position of the players
（選手の守備位置）

1599 24.9%～20%
proceed
[prəsíːd]
プロスィード

動 進む
→ process 名（過程）
▶ proceed to Gate 3（3番ゲートへ進む）

1600 24.9%～20%
profession
[prəféʃən]
プロフェション

名 職業
→ professional 形（プロの）
● What is your profession?
（あなたの職業は何ですか）

1601 24.9%～20%
promote
[prəmóut]
プロモウト

動 ～を促進する, ～を昇進させる
→ promotion 名（昇進）
▶ promote an understanding of ～
（～の理解を促進する）

| 1年 | 2年 | 3年 | 〈初出学年〉

□ 1602 *24.9%〜20%*

provide
[prəváid]
プロヴァイド

動 提供する

▶ provide 〜 for ... / provide ... with 〜
（〜を…に提供する）

□ 1603 *24.9%〜20%*

psychology
[saikálədʒi]
サイカロヂィ

名 心理学

→ psychological **形**（心理学の）
▶ child psychology（児童心理学）

□ 1604 *24.9%〜20%*

quick
[kwik]
クウィック

形 素早い　**副** 速く

→ quickly **副**（素早く）
比 quicker-quickest
● Come quick, Ken.（ケン，速く来なさい）

□ 1605 *24.9%〜20%*

quit
[kwit]
クウィット

動 やめる

活 quit-quit-quit ; quitting
▶ quit the job（仕事をやめる）

□ 1606 *24.9%〜20%*

ray
[rei]
レイ

名 光線

▶ a ray of sunshine（一筋の日差し）

□ 1607 *24.9%〜20%*

recording
[rikɔ́ːrdiŋ]
リコーディング

名 録音, 録画　**形** 録音〔録画〕する

▶ a recording studio（録音室）

□ 1608 *24.9%〜20%*

reindeer
[réindiər]
レインディア

名 トナカイ

▶ a reindeer farm（トナカイ牧場）

STAGE 4 発展英単語① 学習率 24.9%〜20%

1609 24.9%〜20%
relay
[ríːlei]
リーレイ

名 リレー　動 〜を伝える

▶ relay a message to 〜（〜にメッセージを伝える）

1610 24.9%〜20%
remind
[rimáind]
リマインド

動 思い出させる

▶ remind ... of 〜（…に〜を思い出させる）

1611 24.9%〜20%
right
[rait]
ライト

名 権利

➡ right 形（正しい）
▶ human rights（人権）

1612 24.9%〜20%
sadly
[sǽdli]
サドゥリィ

副 悲しんで

➡ sad 形（悲しい）
▶ smile sadly（悲しげに微笑む）

1613 24.9%〜20%
satellite
[sǽtəlait]
サテライト

名 衛星

▶ satellite broadcasting（衛星放送）

1614 24.9%〜20%
scramble
[skrǽmbl]
スクランブル

動 〜をごちゃまぜにする

▶ scrambled eggs（スクランブルエッグ）

1615 24.9%〜20%
scrap
[skrǽp]
スクラップ

名 廃棄物　動 〜を解体する，〜を廃棄する

▶ scrap metal（金属のくず）

| 1年 | 2年 | 3年 | 〈初出学年

□ 1616 24.9%~20%

several

[sév(ə)rəl]
セヴラル

形 いくつかの

- They traveled several thousand miles. (彼らは、数千マイル移動しました)

□ 1617 24.9%~20%

sickness

[síknis]
スィクネス

名 病気

→ sick 形 (病気の)
▶ mountain sickness (高山病)

□ 1618 24.9%~20%

signal

[sígnəl]
スィグナル

名 合図, シグナル

▶ signal for departure (出発の合図)

□ 1619 24.9%~20%

simply

[símpli]
スィンプリィ

副 単純に, 簡単に

→ simple 形 (単純な)
▶ speak simply (簡単に話す)

□ 1620 24.9%~20%

smoothly

[smúːðli]
スムーズリィ

副 なめらかに

→ smooth 形 (なめらかな)
▶ move smoothly (なめらかに動く)

□ 1621 24.9%~20%

soap

[soup]
ソウプ

名 石けん

▶ a cake of soap (石けん1個)

□ 1622 24.9%~20%

source

[sɔːrs]
ソース

名 源, 資源

▶ a source of money (資金源)

STAGE 4 発展英単語①

STAGE 4 発展英単語① 学習率 24.9%〜20%

□ 1623 24.9%〜20%

southeastern
[sauθíːstərn]
サウスイースタン

形 南東部の
- ⇔ northwestern（北西部の）
- ▶ southeastern area of 〜（〜の南東地域）

□ 1624 24.9%〜20%

steam
[stiːm]
スティーム

名 蒸気
- ▶ steam engine（蒸気エンジン）

□ 1625 24.9%〜20%

streamline
[stríːmlain]
ストゥリームライン

名 流線（型）
- ▶ a streamline shape（流線型）

□ 1626 24.9%〜20%

strike
[straik]
ストゥライク

動 打つ
- 活 strike-struck-struck：striking （ストゥラック）
- ▶ strike a match（マッチをする）

□ 1627 24.9%〜20%

successful
[səksésfəl]
サクセスフル

形 成功している
- → success 名（成功）, succeed 動（成功する）
- ▶ be successful in 〜（〜で成功している）

□ 1628 24.9%〜20%

suggest
[sə(g)dʒést]
サ(グ)チェスト

動 提案する
- → suggestion 名（提案）
- ▶ suggest a new plan（新しい計画を提案する）

□ 1629 24.9%〜20%

technique
[tekníːk] 🔊
テクニーク

名 技術, 方法
- ▶ technique used for 〜（〜に用いられる技術）

| 1年 | 2年 | 3年 | 初出学年 |

□ 1630 *24.9%〜20%*

tiny
[táini]
タイニィ

形 **とても小さな**

比 tinier-tiniest
▶tiny little 〜（ちっちゃい〜）

□ 1631 *24.9%〜20%*

tremble
[trémbl]
トゥレンブル

動 **震える**

▶tremble with 〜（〜で震える）

□ 1632 *24.9%〜20%*

united
[ju:náitid]
ユーナイティド

形 **統合された**

➡ unite 動（結合させる）
▶the United Nations（国際連合）

□ 1633 *24.9%〜20%*

vacuum
[vækju(ə)m]
ヴァキュ(ゥ)ム

形 **真空の**

▶vacuum cleaner（電気掃除機）

□ 1634 *24.9%〜20%*

volcano
[vɑlkéinou]
ヴァルケイノウ

名 **火山**

▶an active volcano（活火山）

□ 1635 *24.9%〜20%*

washing
[wɑ́ʃiŋ]
ワンンヅ

名 **洗うこと**（washの-ing形）

▶washing machine（洗濯機）

□ 1636 *24.9%〜20%*

wing
[wiŋ]
ウィング

名 **翼**

▶spread 〜's wings（〜の両翼を広げる）

STAGE 4 発展英単語①

273

STAGE 4　発展英単語① 学習率 *19.9%〜10%*

☐ 1637　*24.9%〜20%*

wisdom
[wízdəm]
ウィズダム

名 知恵, 見識

▶ wisdom of nature（自然の知恵）

☐ 1638　*24.9%〜20%*

wounded
[wúːndid]
ウーンディド

形 負傷した
名 (the 〜で)負傷者

▶ a wounded person（負傷者）

☐ 1639　*24.9%〜20%*

zookeeper
[zúːkiːpər]
ズーキーパ

名 動物園の飼育係

➡ zoo 名 動物園
▶ become a zookeeper
（動物園の飼育係になる）

☐ 1640　*19.9%〜10%*

balloon
[bəlúːn]
バルーン

名 気球, バルーン

▶ an air balloon（風船玉）

☐ 1641　*19.9%〜10%*

blush
[blʌʃ]
ブラッシ

動 顔を赤らめる

▶ blush with shape（恥ずかしくて顔を赤らめる）

☐ 1642　*19.9%〜10%*

bump
[bʌmp]
バンプ

動 ドンとぶつかる

● A taxi bumped his bicycle.
（タクシーが彼の自転車にぶつかった）

☐ 1643　*19.9%〜10%*

cycling
[sáikliŋ]
サイクリング

名 サイクリング, 循環

▶ a cycling trip（自転車旅行）

| 1年 | 2年 | 3年 | 〈初出学年〉

□ 1644 *19.9%～10%*

dressed
[drest]
ドゥレスト

形 **服を着た**

➡ dress 動（服を着せる）
▶ be dressed in ～（～を着ている）

□ 1645 *19.9%～10%*

grin
[gɪ́n]
グリン

動 **にっこり笑う**

活 grin-grinned [-d ド]-grinned ; grinning
▶ grin at ～（～に対してにやっと笑う）

□ 1646 *19.9%～10%*

handkerchief
[hǽŋkərtʃif] ⓐ
ハンカチフ

名 **ハンカチ**

▶ a cotton handkerchief（木綿のハンカチ）

□ 1647 *19.9%～10%*

iced
[áist]
アイスト

形 **凍った**

➡ ice 名（氷）
▶ iced tea（アイスティー）

□ 1648 *19.9%～10%*

lantern
[lǽntərn]
ランタン

名 **ランタン，ちょうちん**

▶ a Japanese lantern（ちょうちん）

□ 1649 *19.9%～10%*

locker
[lɑ́kər]
ラカァ

名 **ロッカー，箱**

▶ a shoe locker（下駄箱）

□ 1650 *19.9%～10%*

mammal
[mǽməl]
ママル

名 **哺乳類**

● Did you know whales are mammals?
（クジラは哺乳類であると知っていましたか）

STAGE 4 発展英単語①

STAGE 4 発展英単語① 学習率 *19.9%〜10%*

□ 1651 *19.9%〜10%*

minus
[máinəs]
マイナス

前 〜を引いた 形 マイナスの

↔ plus 前（〜を足した）
- 10 minus 4 is 6.（10−4＝6）

□ 1652 *19.9%〜10%*

painting
[péintiŋ]
ペインティング

名 絵画, 絵をかくこと

→ paint 動（絵をかく）
- I like painting.（私は絵をかくのが好きだ）

□ 1653 *19.9%〜10%*

plus
[plʌs]
プラス

形 プラスの

- 3 plus 4 is 7.（3＋4＝7）

□ 1654 *19.9%〜10%*

reading
[ríːdiŋ]
リーディング

名 読書, 本を読むこと

▶ enjoy reading（読書を楽しむ）

□ 1655 *19.9%〜10%*

scarf
[skɑːrf]
スカーフ

名 スカーフ

▶ a red scarf（赤いスカーフ）

□ 1656 *19.9%〜10%*

sigh
[sai]
サイ

名 ため息 動 ため息をつく

▶ sigh about 〜（〜のことでため息をつく）

□ 1657 *19.9%〜10%*

tuna
[t(j)úːnə]
トゥーナ

名〔魚〕マグロ, ツナ

▶ canned tuna（マグロのかんづめ）

| 1年 | 2年 | 3年 | 初出学年 |

☐ 1658 *19.9%～10%*

watermelon
[wɔ́:tərmelən]
ウォータメロン

名 スイカ

▶ eat a slice of watermelon
（スイカを一切れ食べる）

☐ 1659 *19.9%～10%*

dad
[dǽd]
ダッド

名 お父さん, パパ

→ mom 名（お母さん）
▶ old dad（年老いた父）

☐ 1660 *19.9%～10%*

kangaroo
[kæŋɡərú:] 🅐
キャンガルー

名 カンガルー

▶ mother kangaroo（母カンガルー）

☐ 1661 *19.9%～10%*

swimming
[swímiŋ]
スウィミング

名 スイミング, 水泳

▶ go swimming（水泳に行く）

☐ 1662 *19.9%～10%*

parade
[pəréid] 🅐
パレイド

名 パレード

▶ a big parade（大行進）

☐ 1663 *19.9%～10%*

aboard
[əbɔ́:rd]
ァボード

副 ～に乗って

▶ go aboard（乗船する）
● Welcome aboard ～ .
（～にご搭乗ありがとうございます）

☐ 1664 *19.9%～10%*

animation
[ænəméiʃən]
アニメイション

名 アニメーション

▶ an animation film festival（アニメ映画祭）

STAGE 4 発展英単語①

STAGE 4　発展英単語① 学習率 *19.9%〜10%*

□ 1665　*19.9%〜10%*

bank
[bæŋk]
バンク

名 銀行, 土手

▶ a bank cash card
（銀行のキャッシュカード）

□ 1666　*19.9%〜10%*

bowl
[boul]
ボウル

名 ボウル, 鉢

▶ a salad bowl（サラダボウル）

□ 1667　*19.9%〜10%*

career
[kəríər] 🅰
カリア

名 経歴, 職業

▶ career experience（職業体験）

□ 1668　*19.9%〜10%*

cent
[sent]
セント

名 セント（お金の単位）
→ dollar 名（ドル）100 cents = 1 dollar
▶ 5 dollars and 50 cents
（5ドル50セント）

□ 1669　*19.9%〜10%*

chest
[tʃest]
チェスト

名 胸

▶ left chest（左胸）

□ 1670　*19.9%〜10%*

childhood
[tʃáildhud]
チャイルドゥフド

名 子ども時代

▶ early childhood（幼少期）

□ 1671　*19.9%〜10%*

compartment
[kəmpá:rtmənt]
コンパートゥメント

名 (仕切られた)区画, 列車の個室

▶ in the compartment（個室の中に）

| 1年 | 2年 | 3年 ⟨初出学年

□ 1672 *19.9%〜10%*

confectioner
[kənfékʃənər]
コンフェクショナァ

名 菓子職人

▶ become a confectioner
（菓子職人になる）

□ 1673 *19.9%〜10%*

control
[kəntróul]
コントゥロウル

名 制御 動 制御する

▶ under control（支配下で）

□ 1674 *19.9%〜10%*

count
[kaunt]
カウント

動 数える

▶ count to ten（10まで数える）
▶ count on ~（~に頼る）

□ 1675 *19.9%〜10%*

cow
[kau]
カウ

名 (雌の)牛

⇔ ox（雄牛）
▶ a milk cow（乳牛）

□ 1676 *19.9%〜10%*

cracker
[krǽkər]
クラカァ

名 クラッカー

▶ a rice cracker（せんべい）

□ 1677 *19.9%〜10%*

donate
[dóuneit]
ドゥネイト

動 寄付する

● He donated much money to charity.
（彼はたくさんのお金を慈善団体に寄付した）

□ 1678 *19.9%〜10%*

fever
[fí:vər]
フィーヴァ

名 熱

● I have a slight fever.
（私は少し熱があります）

STAGE 4 発展英単語①

STAGE 4 発展英単語① 学習率 19.9%～10%

□ 1679 19.9%～10%

fitting
[fítiŋ]
フィティング

名 あわせること　形 ふさわしい

▶ a fitting room（試着室）

□ 1680 19.9%～10%

float
[flout]
フロウト

動 浮かぶ　名 浮くもの, 山車

▶ float in water（水に浮かぶ）

□ 1681 19.9%～10%

granddaughter
[græn(d)dɔːtər]
グラン(ドゥ)ドータァ

名 孫娘

→ grandson 名（孫息子）

□ 1682 19.9%～10%

grandson
[græn(d)sʌn]
グラン(ドゥ)サン

名 孫息子

→ grandchild 名（孫）

□ 1683 19.9%～10%

handle
[hændl]
ハンドゥル

名 取っ手, 柄　動 ～を扱う

▶ a plastic handle
（プラスチック製の取っ手）

□ 1684 19.9%～10%

hay fever
[héi fìːvər]
ヘイ フィーヴァ

名 花粉症

● I have hay fever.
（私は花粉症です）

□ 1685 19.9%～10%

homepage
[hóumpeidʒ]
ホウムペイヂ

名 ホームページ

● I built my own homepage.
（私は自分のホームページを作成しました）

| 1年 | 2年 | 3年 | 〈初出学年〉 |

☐ 1686 *19.9%〜10%*

humid
[hjúːmid]
ヒューミド

形 湿った

➡ humidity 名（湿気, 湿度）
▶ humid weather（湿った天気）

☐ 1687 *19.9%〜10%*

influence
[ínflu(ː)əns]
インフル(ー)エンス

名 影響　動 〜を影響を与える

▶ have a good influence on 〜
（〜によい影響を与える）

☐ 1688 *19.9%〜10%*

itchy
[ítʃi]
イチィ

形 かゆい

▶ have itchy eyes（目がかゆい）

☐ 1689 *19.9%〜10%*

lend
[lend]
レンド

動 貸す

活 lend-lent-lent ; lending　レント
● Could you lend me some money?
（私にお金を貸してくれませんか）

☐ 1690 *19.9%〜10%*

medal
[médl]
メドゥル

名 メダル

▶ a gold medal（金メダル）

☐ 1691 *19.9%〜10%*

mysterious
[místí(ə)riəs]
ミスティ(ァ)リアス

形 不可解な, 神秘的な

▶ a mysterious death（不可解な死）

☐ 1692 *19.9%〜10%*

mystery
[míst(ə)ri]
ミステリィ

名 不可解なこと, 謎

▶ solve a mystery（謎を解く）

STAGE 4 発展英単語 ①

STAGE 4 発展英単語① 学習率 19.9%〜10%

☐ 1693 *19.9%〜10%*

novel
[nάv(ə)l]
ナヴ(ェ)ル

名 **小説**　形 **今までにない, 新手の**

- His novel is very interesting.
（彼の小説はとても面白い）

☐ 1694 *19.9%〜10%*

opposite
[άpəzit]
アポズィト

名 **反対**　形 **逆の**

- I have the opposite problem.
（私は逆の問題があります）

☐ 1695 *19.9%〜10%*

pain
[pein]
ペイン

名 **痛み**

➡ painful 形（痛い）
▶ have a pain here（ここが痛い）

☐ 1696 *19.9%〜10%*

pharmacist
[fά:rməsist]
ファーマスィスト

名 **薬剤師**

➡ pharmacy 名（薬局）
▶ become a pharmacist（薬剤師になる）

☐ 1697 *19.9%〜10%*

public
[pΛ́blik]
パブリク

形 **公衆の, 公共の**

⟷ private 形（民間の, 私有の）
▶ a public library（公共図書館）

☐ 1698 *19.9%〜10%*

referee
[rèfərí:]
レフェリー

名 **(スポーツの)審判**

▶ a chief referee（主審）

☐ 1699 *19.9%〜10%*

robot
[róubɑt]
ロウバト

名 **ロボット**

▶ robot design（ロボット設計）

| 1年 | 2年 | 3年 | 初出学年 |

□ 1700 19.9%〜10%

sail
[seil]
セイル

動 航海する 名 帆

同音 sale（販売）
- sail for 〜（〜に向けて出航する）
- a white sail（白い帆）

□ 1701 19.9%〜10%

scare
[skéər]
スケア

名 恐怖 動 〜を怖がらせる

→ scary 形（恐ろしい）
- scare ... into 〜ing（…を脅して〜させる）

□ 1702 19.9%〜10%

shelf
[ʃelf]
シェルフ

名 棚

複 shelves [ʃelvz シェルヴズ]
- on the shelf（棚の上に）

□ 1703 19.9%〜10%

showroom
[ʃóuru(ː)m]
ショウルーム

名 ショールーム, 展示室

- a car showroom（自動車のショールーム）

□ 1704 19.9%〜10%

slum
[slʌm]
スラム

名 スラム街

- live in a slum（スラム街に住む）

□ 1705 19.9%〜10%

sore
[sɔːr]
ソー(ア)

形 痛い

- My muscles are sore.
（筋肉が痛んでいます）

□ 1706 19.9%〜10%

starvation
[stɑːrvéiʃən]
スターヴェイション

名 飢え

→ starve 動（飢える）
- at risk of starvation
（飢餓の危機にひんしている）

STAGE 4 発展英単語① 学習率 19.9%～10%

1707 19.9%～10%
stew
[st(j)uː]
ステュー

名 (料理) シチュー
動 とろとろ煮込む
▶ make a stew with ~
（~でシチューを作る）

1708 19.9%～10%
stormy
[stɔ́ːrmi]
ストーミィ

形 嵐の

→ storm 名 (嵐)
▶ stormy weather（嵐の天気）

1709 19.9%～10%
sword
[sɔːrd]
ソード

名 剣, 刀

● The pen is mightier than the sword.
（ペンは剣よりも強し）

1710 19.9%～10%
throat
[θrout]
スロウト

名 のど

▶ sore throat（痛いのど）

1711 19.9%～10%
toothache
[túːθeik]
トゥーセイク

名 歯痛
（-acheは「痛み」の意味）

● I have a toothache.（私は歯が痛みます）

1712 19.9%～10%
toothbrush
[túːθbrʌʃ]
トゥースブラシ

名 歯ブラシ

▶ a toothbrush handle（歯ブラシの柄）

1713 19.9%～10%
tower
[táuər]
タウァ

名 塔, やぐら

▶ a television tower（テレビ塔）

| 1年 | 2年 | 3年 | 初出学年 |

□ 1714 *19.9%~10%*

transportation
[trænspərtéiʃən]
トゥランスポテイション

名 輸送

➡ transport 動（輸送する）
▶ public transportation（公共交通機関）

□ 1715 *19.9%~10%*

universal
[juːnəvə́ːrsəl]
ユーニヴァーサル

形 世界中の，宇宙の，普遍的な

▶ universal design
（ユニバーサル・デザイン）

□ 1716 *19.9%~10%*

upon
[əpán]
アパン

前 ～の上に

▶ once upon a time（昔々）

□ 1717 *19.9%~10%*

volume
[váljum]
ヴァリュム

名 ボリューム，量

▶ turn down the volume
（ボリュームを下げる）

□ 1718 *19.9%~10%*

waitress
[wèitris]
ウェイトレス

名（女性）ウェイトレス

➡ waiter 名（（男性）ウェイター）
▶ an advertisement for a waitress
（ウェイトレスの求人広告）

□ 1719 *19.9%~10%*

whisper
[(h)wíspər]
(ウ)ウィスパァ

動 ささやく 名 ささやき声

▶ whisper to ～（～にささやく）

□ 1720 *19.9%~10%*

anime
[ǽnimei]
アニメイ

名 日本のアニメ

= Japanese animation
▶ the anime market（アニメ市場）

STAGE 4　発展英単語① 学習率 19.9%〜10%

□ 1721　*19.9%〜10%*

full

[fuĺ]
フル

形 **満たされた**

▶ be full of 〜（〜で満たされている）

□ 1722　*19.9%〜10%*

past

[pǽst]
パスト

名 **過去**
- ⇔ future 名（未来）
- → present 名（現在）
- ▶ in the past（過去は）

□ 1723　*19.9%〜10%*

sincerely

[sinsíərli]
スィンスィアリィ

副 **誠実に**

〈手紙などの最後に〉Sincerely,（敬具）
▶ Sincerely yours,（敬具，敬白）

□ 1724　*19.9%〜10%*

teammate

[tíːmmeit]
ティームメイト

名 **チームメート**

▶ one of my teammates
（私のチームメートの1人）

□ 1725　*19.9%〜10%*

bloom

[blúːm]
ブルーム

名 **花**　動 **花が咲く**

▶ in full bloom（満開で，花の盛りで）

□ 1726　*19.9%〜10%*

diary

[dái(ə)ri]
ダイ(ァ)リィ

名 **日記**

▶ keep a diary（日記をつける）

□ 1727　*19.9%〜10%*

director

[diréktər]
ディレクタァ

名 **ディレクター**
- → direct 動（指揮する）
- ▶ a movie director（映画監督）

| 1年 | 2年 | 3年 | 〈初出学年

☐ 1728 19.9%〜10%

dying
[dáiiŋ]
ダイイング

形 死にかけの
名 (the 〜)死にかけている人々
➡ die 動(死ぬ)
▶ a dying fire (消えかけている火)

☐ 1729 19.9%〜10%

latest
[léitist]
レイテスト

形 最新の
比 later-latest
レイタァ レイテスト
▶ the latest news (最新のニュース)

☐ 1730 19.9%〜10%

painter
[péintər]
ペインタァ

名 画家
➡ paint 動(描く)
▶ the famous painter (その有名な画家)

☐ 1731 19.9%〜10%

percent
[pərsént] 発
パセント

名 パーセント
▶ 50% off (50％引きで)

☐ 1732 19.9%〜10%

pound
[paund]
パウンド

形 ポンド(イギリスの貨幣の単位。£と表示する)
▶ 12£ = twelve pounds (12ポンド)

☐ 1733 19.9%〜10%

serious
[síəriəs]
スィ(ァ)リアス

形 深刻な
▶ a serious problem (深刻な問題)

☐ 1734 19.9%〜10%

skillful
[skílfəl]
スキルフル

形 熟練した, 腕のいい
➡ skill 名(技)
▶ a skillful driver (熟練した運転手)

STAGE 4 発展英単語① 学習率 19.9%〜10%

□ 1735 19.9%〜10%

theater
[θíətər]
スィアタァ

名 劇場

= theatre〈イギリス英語〉
▶ a movie theater（映画館）

□ 1736 19.9%〜10%

variety
[vəráiəti]
ヴァライエティ

名 多様性

➡ various 形（様々な）
▶ a variety of animals（動物の多様性）

□ 1737 19.9%〜10%

yogurt
[jóugərt]
ヨウグルト

名 ヨーグルト

▶ strawberry yogurt（いちごヨーグルト）

□ 1738 19.9%〜10%

business
[bíznis]
ビズネス

名 ビジネス

▶ business hours（営業時間）

□ 1739 19.9%〜10%

half
[hæf]
ハフ

名 半分

▶ a year and a half（1年半）
▶ the first half（前半）

□ 1740 19.9%〜10%

toward
[tɔːrd]
トード

前 〜の方へ，〜に向けて

▶ toward the north（北に向けて）

□ 1741 19.9%〜10%

acid
[ǽsid]
アスィド

形 酸性の，すっぱい

▶ acid rain（酸性雨）

| 1年 | 2年 | 3年 | 〈初出学年

□ 1742 *19.9%〜10%*

advantage
[ədvǽntidʒ] 🔊
アドゥヴァンテヂ

名 長所，利点

→ disadvantage 名（短所）
▶ take advantage of 〜（〜を利用する）

□ 1743 *19.9%〜10%*

allow
[əláu] 🔊
アラウ

動 許す

▶ allow ... to 〜（…が〜することを許す）

□ 1744 *19.9%〜10%*

amazed
[əméizd]
アメイズ

形 驚いた

▶ be amazed to 〜（〜して驚いた）

□ 1745 *19.9%〜10%*

apartheid
[əpá:rt(h)eit]
アパートゥヘイト

名 アパルトヘイト（人種隔離政策）

▶ protest against apartheid
（アパルトヘイトへの抗議）

□ 1746 *19.9%〜10%*

apartment
[əpá:rtment]
アパートゥメント

名 アパート（一世帯分の区画）

▶ apartment house（アパート，共同住宅）

□ 1747 *19.9%〜10%*

barbecue
[bá:rbikju:] 🔊
バーベキュー

名 バーベキュー
動 バーベキューをする

▶ barbecue meat（肉を直火で焼く）

□ 1748 *19.9%〜10%*

branch
[bræntʃ]
ブランチ

名 枝，支店

▶ many branches（たくさんの枝）

STAGE 4 発展英単語①

STAGE 4　発展英単語① 学習率 *19.9%～10%*

☐ 1749　*19.9%～10%*

buzzer
[bÁzər]
バザァ

名 ブザー

▶ press a buzzer（ブザーを押す）

☐ 1750　*19.9%～10%*

capital
[kǽpətl]
キャピトゥル

名 首都　形 主要な

● Kyoto was the capital of Japan.
（京都は日本の首都でした）

☐ 1751　*19.9%～10%*

coal
[koul]
コウル

名 石炭

➡ oil 名（石油）
▶ coal energy（石炭エネルギー）

☐ 1752　*19.9%～10%*

complain
[kəmpléin]
コンプレイン

動 不平を言う

● He is always complaining about something.
（彼はいつも何かに不平を言っている）

☐ 1753　*19.9%～10%*

condominium
[kɑndəmíniəm]
カンドミニアム

名 コンドミニアム（分譲のマンション）

▶ a high-rise condominium
（高層マンション）

☐ 1754　*19.9%～10%*

cooperate
[kouɑ́pəreit]
コウアペレイト

動 協力する

➡ cooperate on projects
（プロジェクトで協力する）

☐ 1755　*19.9%～10%*

cotton
[kɑ́tn]
カトゥン

名 綿

➡ silk 名（絹）
▶ a cotton shirt（木綿のシャツ）

| 1年 | 2年 | 3年 | 初出学年 |

□ 1756 *19.9%〜10%*

demonstration
[dèmənstréiʃən]
デモンストゥレイション

名 実演, デモンストレーション

▶ a demonstration against 〜
（〜に反対するデモ）

□ 1757 *19.9%〜10%*

despair
[dispéər]
ディスペア

名 絶望

▶ in despair（絶望して）

□ 1758 *19.9%〜10%*

difficulty
[dífikəlti]
ディフィカルティ

名 困難
➡ difficult 形（難しい）
▶ have difficulty (〜ing)（〈〜するのが〉困難である）

□ 1759 *19.9%〜10%*

entertainment
[èntərtéinmənt]
エンタテインメント

名 エンタテーメント

▶ entertainment business（娯楽産業）

□ 1760 *19.9%〜10%*

era
[í(ə)rə]
イ(ァ)ラ

名 時代

▶ the Meiji Era（明治時代）

□ 1761 *19.9%〜10%*

excellent
[éks(ə)lənt]
エクセレント

形 素晴らしい
➡ excellence 名（素晴らしさ）
▶ an excellent player（優秀な選手）

□ 1762 *19.9%〜10%*

expression
[ikspréʃən]
イクスプレション

名 表現
➡ express 動（表現する）
▶ English expression（英語の表現）

STAGE 4 発展英単語① 学習率 *19.9%〜10%*

☐ 1763 *19.9%〜10%*

eyesight
[áisait]
アイサイト

名 視力

▶ eyesight check（視力検査）

☐ 1764 *19.9%〜10%*

final
[fáinl]
ファイヌル

形 最後の

➡ finally 副（最後に，ついに）
▶ the final game（決勝戦）

☐ 1765 *19.9%〜10%*

fit
[fit]
フィット

動（大きさが）合う

活 fit-fitted [-id ィド]-fitted ; fitting
● These pants fit me.
（これらのズボンはサイズがぴったりだ）

☐ 1766 *19.9%〜10%*

former
[fɔ́:rmər]
フォーマァ

形 以前の

➡ the former（〈2つのうちの〉前者）
⇔ the latter 名（後者）
▶ a former capital（以前の都）

☐ 1767 *19.9%〜10%*

gas
[gæs]
ギャス

名 ガス

➡ oil 名（石油），coal 名（石炭）
▶ natural gas（天然ガス）

☐ 1768 *19.9%〜10%*

goodness
[gúdnis]
グドゥネス

名 良いこと，善良

➡ good 形（良い）
▶ have the goodness to 〜
（親切にも〜する）

☐ 1769 *19.9%〜10%*

goose
[gu:s]
グース

名 ガチョウ，(鳥の)ガン

複 geese [gi:s] ギース
▶ a wild goose（野生のガン）

1770 *19.9%〜10%*

government
[gÁvər(n)mənt]
ガヴァ(ン)メント

名 政府, 政治

→ govern 動 (支配する)
▶ a democratic government (民主政治)

1771 *19.9%〜10%*

greet
[gríːt]
グリート

動 〜にあいさつする

▶ greet me (私をむかえる)
▶ a greeting card (グリーティングカード)

1772 *19.9%〜10%*

happiness
[hǽpinis]
ハピネス

名 幸せ

→ happy 形 (幸せな)
▶ full of happiness (幸せいっぱいで)

1773 *19.9%〜10%*

heater
[híːtər]
ヒータァ

名 ヒーター, 暖房機

▶ an electric heater (電気ストーブ, 電熱器)

1774 *19.9%〜10%*

including
[inklúːdiŋ]
インクルーディング

前 〜を含めて

→ include 動 (含む)
▶ including tax (税込みの)

1775 *19.9%〜10%*

industry
[índəstri]
インダストゥリィ

名 産業

→ industrial 形 (産業の), industrious 形 (勤勉な)
▶ a high-tech industry (ハイテク産業)

1776 *19.9%〜10%*

interestingly
[íntə(ə)ristiŋli]
インタレスティングリィ

副 興味深く

→ interesting 形 (興味深い)
▶ Interestingly, ... (おもしろいことに…)

STAGE 4 発展英単語① 学習率 19.9%～10%

□ 1777 *19.9%～10%*

laboratory
[lǽb(ə)rətɔːri]
ラボラトーリィ

名 研究所

▶ a laboratory mouse (実験用マウス)

□ 1778 *19.9%～10%*

nest
[nest]
ネスト

名 巣

▶ build a nest (巣を作る)

□ 1779 *19.9%～10%*

ordinary
[ɔ́ːrdəneri]
オーディネリィ

形 通常の

⇔ extraordinary 形 (並はずれた)
▶ ordinary people (一般の人々)

□ 1780 *19.9%～10%*

paralyzed
[pǽrəlaizd]
パラライズド

形 まひした

▶ become paralyzed (まひする)

□ 1781 *19.9%～10%*

perfectly
[pə́ːrfiktli]
パーフェクトゥリィ

副 完全に

→ perfect 形 (完全な)
▶ fit perfectly (ものがぴったり合う)

□ 1782 *19.9%～10%*

phrase
[freiz]
フレイズ

名 句, 言い回し, フレーズ

▶ a Japanese phrase (日本語の言い回し)

□ 1783 *19.9%～10%*

poem
[póuim]
ポウエム

名 詩

→ poet 名 (詩人)
▶ write a poem (詩を作る, 歌を詠む)

| 1年 | 2年 | 3年 | 〈初出学年 |

☐ 1784 *19.9%〜10%*

prince
[prins]
プリンス

名 王子

→ princess 名（王妃）
▶ the Crown Prince（皇太子）

☐ 1785 *19.9%〜10%*

release
[rilíːs]
リリース

動 （CDなどを）発売する，〜を解放する

▶ release a new album
（新しいアルバムを発売する）
▶ release a balloon（風船を放つ）

☐ 1786 *19.9%〜10%*

responsible
[rispánsəbl]
リスパンスィブル

形 責任のある

▶ be responsible for 〜（〜に責任のある）

☐ 1787 *19.9%〜10%*

rhythm
[ríðm]
リズム

名 リズム

▶ keep rhythm（リズムを保つ）

☐ 1788 *19.9%〜10%*

sanctuary
[sǽŋ(k)tʃueri]
サン(ク)チュエリィ

名 教会，神聖な場所，保護区域

▶ a sanctuary for birds（鳥の保護区）

☐ 1789 *19.9%〜10%*

scenery
[síːn(ə)ri]
スィーナリィ

名 景色，風景

▶ beautiful scenery（美しい景色）

☐ 1790 *19.9%〜10%*

score
[skɔːr]
スコー(ァ)

動 得点する　名 スコア，得点

▶ score 90 on the test（テストで90点を取る）
▶ my test score（私のテストの点数）

STAGE 4　発展英単語①

STAGE 4　発展英単語① 学習率 *19.9%〜10%*

□ 1791　*19.9%〜10%*

seed
[siːd]
スィード

名 種

▶ plant seeds（種をまく）

□ 1792　*19.9%〜10%*

senior
[síːnjər]
スィーニャ

形 年上の

⇔ junior 形（年下の）
▶ senior citizen（高齢者）

□ 1793　*19.9%〜10%*

ship
[ʃip]
シップ

名 船

▶ by ship（船を使って）

□ 1794　*19.9%〜10%*

shut
[ʃʌt]
シャット

動 閉じる，閉める
= close
活 shut-shut-shut ; shutting
▶ shut up 〜（〜を閉鎖する）

□ 1795　*19.9%〜10%*

smog
[smɑg]
スマッグ

名 煙

▶ smog and acid rain（スモッグと酸性雨）

□ 1796　*19.9%〜10%*

sneaker
[sníːkər]
スニーカァ

名 スニーカー，運動靴

▶ a pair of sneakers（スニーカー1足）

□ 1797　*19.9%〜10%*

spacecraft
[spéiskræft]
スペイスクラフト

名 宇宙船

▶ fly a spacecraft（宇宙船を飛ばす）

| 1年 | 2年 | 3年 | 初出学年 |

☐ 1798 *19.9%〜10%*

spoon
[spuːn]
スプーン

名 スプーン

▶ a silver spoon（銀のスプーン）

☐ 1799 *19.9%〜10%*

suburb
[sÁbəːrb]
サバーブ

名 郊外

▶ suburbs of 〜（〜の郊外）

☐ 1800 *19.9%〜10%*

surprisingly
[sərpráizi ŋli]
サプライズィングリィ

副 驚くべきことに

→ surprising 形（〈物事などが〉驚かせるような）
▶ surprisingly difficult（驚くほど難しい）

☐ 1801 *19.9%〜10%*

timing
[táimi ŋ]
タイミング

名 タイミング

▶ good timing（よいタイミング）

☐ 1802 *19.9%〜10%*

trust
[trʌst]
トゥラスト

動 信頼する

• Don't trust him.（彼を信じてはならない）

☐ 1803 *19.9%〜10%*

unclean
[ʌnklíːn]
アンクリーン

形 汚い, 不潔な

→ clean 形（きれいな）
▶ unclean water（汚れた水）

☐ 1804 *19.9%〜10%*

unicycle
[júːnəsaikl]
ユーニサイクル

名 一輪車

→ bicycle 名（二輪車）
▶ a unicycle race（一輪車競走）

STAGE 4 発展英単語 ①

STAGE 4 発展英単語① 学習率 *19.9%〜10%*

☐ 1805 *19.9%〜10%*

unplug

[ʌnplʌ́g]
アンプラグ

動 (コンセントなど)を引き抜く

▶ unplug the cable (ケーブルを引き抜く)

☐ 1806 *19.9%〜10%*

wooden

[wúdn]
ウドゥン

形 木製の

➡ wood 名 (木)
▶ a wooden bed (木製のベッド)

STAGE 5

発展英単語②

学習率 *9.9%~0.1%*

単 語 1807~2193

STAGE 5　発展英単語② 学習率 9.9%〜5%

□ 1807　9.9%〜5%
menu [mén(j)uː] メニュー

名 メニュー

□ 1808　9.9%〜5%
athlete [ǽθliːt] 🔊 アスリート

名 アスリート, 運動選手

□ 1809　9.9%〜5%
cheese [tʃiːz] チーズ

名 チーズ

□ 1810　9.9%〜5%
everybody [évribɑdi] エヴリバディ

代 すべての人

= everyone

□ 1811　9.9%〜5%
fishing [fíʃiŋ] フィシング

名 釣り

□ 1812　9.9%〜5%
let [let] レット

動 〜させる

▶ let +人 +動詞の原形（人に〜させる）

□ 1813　9.9%〜5%
skiing [skíːiŋ] スキーイング

名 スキー

□ 1814　9.9%〜5%
average [ǽv(ə)ridʒ] アヴ(ェ)レチ

名 平均

▶ on average（平均して）

□ 1815　9.9%〜5%
dancer [dǽnsər] ダンサァ

名 ダンサー

→ dance 動（踊る）

□ 1816　9.9%〜5%
middle [mídl] ミドゥル

名 真ん中

▶ in the middle of 〜（〜の真ん中に）

□ 1817　9.9%〜5%
mouse [maus] マウス

名 ネズミ

複 mice

| 1年 | 2年 | 3年 | 初出学年 |

□ 1818 9.9%〜5%

strict [strikt] ストゥリクト

形 厳しい

□ 1819 9.9%〜5%

thin [θin] スィン

形 細い, やせている

比 thinner-thinnest

□ 1820 9.9%〜5%

top [tɒp] タップ

名 トップ, 頂上

▶ at the top of 〜（〜の頂上に）

□ 1821 9.9%〜5%

training [tréiniŋ] トゥレイニング

名 トレーニング, 訓練

□ 1822 9.9%〜5%

windy [wíndi] ウィンディ

形 風の強い

➡ wind 名（風）

□ 1823 9.9%〜5%

yen [jen] イェン

名（お金の単位）円
（yensにしない）

□ 1824 9.9%〜5%

bored [bɔːrd] ボード

形（人が）退屈している

➡ boring 形（〈物事が〉退屈させるような）

□ 1825 9.9%〜5%

decision [disíʒən] ディスィジョン

名 決定

➡ decide 動（決定する）
▶ make a decision（決定する）

□ 1826 9.9%〜5%

kilogram [kíləɡræm] キログラム

名 キログラム

□ 1827 9.9%〜5%

per [pər] パァ

前 〜につき

▶ per gram（1グラムあたり）

□ 1828 9.9%〜5%

picnic [píknik] ピクニック

名 ピクニック

▶ go on a picnic
（ピクニックにでかける）

STAGE 5 発展英単語 ②

301

STAGE 5　発展英単語② 学習率 9.9%〜0.1%

1829　9.9%〜5%
prize [praiz] プライズ
名 賞
▶ win the prize（受賞する）

1830　9.9%〜5%
relationship [riléiʃənʃip] リレイションシプ
名 関係, 関連

1831　9.9%〜5%
blog [blɑːg] ブラーグ
名 ブログ（日記形式のホームページ）

1832　9.9%〜5%
salmon [sǽmən] サモン
名 サケ

1833　9.9%〜5%
total [tóutl] トウトゥル
名 合計　形 合計の
▶ total number（総数）

1834　4.9%〜0.1%
badge [bædʒ] バッチ
名 バッジ

1835　4.9%〜0.1%
bitter [bítər] ビタァ
形 苦い
⇔ sweet 形（甘い）

1836　4.9%〜0.1%
blow [blou] ブロウ
動（風が）吹く
活 blow-blew-blown; blowing（ブルー ブロウン）

1837　4.9%〜0.1%
captain [kǽptin] キャプテン
名 キャプテン, 指導者

1838　4.9%〜0.1%
chew [tʃuː] チュー
動 かむ

1839　4.9%〜0.1%
clinic [klínik] クリニック
名 診療所

☐ 1840 4.9%〜0.1% **compass** [kʌ́mpəs] カンパス	名 コンパス，方位磁石
☐ 1841 4.9%〜0.1% **confusing** [kənfjúːziŋ] コンフュージング	形 (物事が)混乱させるような ➡ confused 形 (〈人などが〉混乱している)
☐ 1842 4.9%〜0.1% **crazy** [kréizi] クレイズィ	形 気の狂った 比 crazier-craziest ▶ go crazy (気が狂う)
☐ 1843 4.9%〜0.1% **cucumber** [kjúːkʌmbər] キューカンバァ	名 キュウリ
☐ 1844 4.9%〜0.1% **girlfriend** [gə́ːrlfrend] ガールフレンド	名 女友達，女性の恋人 ↔ boyfriend 名 (男友達,男性の恋人)
☐ 1845 4.9%〜0.1% **glasses** [glǽsiz] グラスィズ	名 めがね(複数形で) ▶ a pair of glasses (めがね1つ)
☐ 1846 4.9%〜0.1% **hamster** [hǽmstər] ハムスタァ	名 ハムスター
☐ 1847 4.9%〜0.1% **hiking** [háikiŋ] ハイキング	名 ハイキング ▶ go hiking (ハイキングに出かける)
☐ 1848 4.9%〜0.1% **homeroom** [hóumru(ː)m] ホウムル(ー)ム	名 ホームルーム
☐ 1849 4.9%〜0.1% **hot spring** [hát spríŋ] ハットスプリング	名 温泉
☐ 1850 4.9%〜0.1% **hunter** [hʌ́ntər] ハンタァ	名 狩人，ハンター ➡ hunt 動 (〈動物などを〉狩る) 名 (狩り)

STAGE 5　発展英単語② 学習率 *4.9%〜0.1%*

□ 1851　*4.9%〜0.1%*
jeans [dʒiːnz] ヂーンズ

名 ジーンズ
▶ a pair of jeans（ジーンズ1本）

□ 1852　*4.9%〜0.1%*
motorcycle [móutərsaikl] モウタサイクル

名 原動機付自転車, オートバイ

□ 1853　*4.9%〜0.1%*
noisy [nɔ́izi] ノイズィ

形 うるさい
比 noisier-noisiest
→ noise 名（音）

□ 1854　*4.9%〜0.1%*
onto [ɑ́(ː)ntə] ア(ー)ントゥ

前 〜の上に
jump onto the train
（列車に飛び乗る）

□ 1855　*4.9%〜0.1%*
overnight [ouvərnáit] オウヴァナイト

副 一晩中

□ 1856　*4.9%〜0.1%*
pancake [pǽnkeik] パンケイク

名 パンケーキ

□ 1857　*4.9%〜0.1%*
pitch [pitʃ] ピッチ

動 投げる
→ pither 名（ピッチャー）

□ 1858　*4.9%〜0.1%*
pull [pul] プル

動 引く
↔ push 動（押す）

□ 1859　*4.9%〜0.1%*
refrigerator [rifrídʒəreitər] リフリヂェレイタァ

名 冷蔵庫
〈短縮形〉fridge

□ 1860　*4.9%〜0.1%*
repeat [ripíːt] リピート

動 くり返す

□ 1861　*4.9%〜0.1%*
result [rizʌ́lt] リザルト

名 結果
▶ as a result (of 〜)（（〜の）結果として）

| 1年 | 2年 | 3年 | 初出学年 |

□ 1862 4.9%〜0.1%

roar [rɔːr] ロー(ァ)

名（ライオンなどの）ほえ声

□ 1863 4.9%〜0.1%

salon [səlɑ́n] サラン

名 大広間

□ 1864 4.9%〜0.1%

secret [síːkrit] スィークレト

名 秘密
- Can you keep a secret?
（秘密を守れる？）

□ 1865 4.9%〜0.1%

sleeping bag [slíːpiŋ bæɡ] スリーピング バッグ

名 寝袋

□ 1866 4.9%〜0.1%

slip [slip] スリップ

動 滑る
活 slip-slipped [-t ト]-slipped; slipping

□ 1867 4.9%〜0.1%

splash [splæʃ] スプラッシ

動（水などが）はねる

□ 1868 4.9%〜0.1%

survey 名[sə́ːrvei] 動[sərvéi] サーヴェイ　サヴェイ

名 調査　動 〜を調査する

□ 1869 4.9%〜0.1%

tap [tæp] タップ

名 軽く打つこと
動 〜を軽くたたく

□ 1870 4.9%〜0.1%

traveling [trǽv(ə)liŋ] トゥラヴ(ェ)リング

名 旅行すること

→ travel 動（旅行する）

□ 1871 4.9%〜0.1%

unlucky [ʌnlʌ́ki] アンラキィ

形 不幸な

→ lucky 形（幸運な）

□ 1872 4.9%〜0.1%

wake [weik] ウェイク

動 目が覚める

▶ wake up（目が覚める）

STAGE 5　発展英単語② 学習率 *4.9%〜0.1%*

☐ 1873　*4.9%〜0.1%*
wet [wet] ウェット
形 ぬれた, 湿った
↔ dry 形（かわいた）

☐ 1874　*4.9%〜0.1%*
actress [ǽktris] アクトゥレス
名 女優
→ actor 名（俳優）

☐ 1875　*4.9%〜0.1%*
admire [ədmáiər] アドゥマイア
動 賞賛する
→ admiration 名（賞賛）

☐ 1876　*4.9%〜0.1%*
although [ɔːlðóu] オールゾウ
接 〜であるけれども

☐ 1877　*4.9%〜0.1%*
animated [ǽnimeitid] アニメイティド
形 アニメ化された

☐ 1878　*4.9%〜0.1%*
attendant [əténdənt] アテンダント
名 接客係
▶ flight attendant（〈飛行機の〉客室乗務員）

☐ 1879　*4.9%〜0.1%*
bandage [bǽndidʒ] バンディチ
名 包帯

☐ 1880　*4.9%〜0.1%*
beautician [bjuːtíʃən] ビューティシャン
名 美容師
→ beautiful 形（美しい）, beauty 名（美しさ）

☐ 1881　*4.9%〜0.1%*
beginning [bigíniŋ] ビギニング
名 始まり
▶ at the beginning of 〜（〜のはじめに）

☐ 1882　*4.9%〜0.1%*
behave [bihéiv] ビヘイヴ
動 振る舞う
→ behavior 名（行動）

☐ 1883　*4.9%〜0.1%*
besides [bisáiz] ビサイヅ
前 〜に加えて
→ beside 〜（〜の隣に）と区別

| | | | 1年 | 2年 | 3年 | 〈初出学年 |

□ 1884 *4.9%〜0.1%*
birth [bə:rθ] バース

名 誕生
▶ birth rate（出生率）

□ 1885 *4.9%〜0.1%*
blame [bleim] ブレイム

動 〜を非難する
▶ blame 〜 for ...（〜を…のことで非難する）

□ 1886 *4.9%〜0.1%*
blindfold [bláindfould] ブラインドフォウルド

動 目隠しをする

□ 1887 *4.9%〜0.1%*
bomber [bámər] バマァ

名 爆弾犯人
➡ bomb 名（爆弾）

□ 1888 *4.9%〜0.1%*
bowling [bóuliŋ] ボウリング

名 ボーリング

□ 1889 *4.9%〜0.1%*
breath [breθ] ブレス

名 息

□ 1890 *4.9%〜0.1%*
breathe [bri:ð] ブリーズ

動 呼吸する

□ 1891 *4.9%〜0.1%*
butter [bátər] バタァ

名 バター

□ 1892 *4.9%〜0.1%*
cabbage [kǽbidʒ] キャベヂ

名 キャベツ

□ 1893 *4.9%〜0.1%*
calm [ka:m] カーム

形 静かな　名 静けさ

□ 1894 *4.9%〜0.1%*
cartoonist [ka:rtú:nist] カートゥーニスト

名 漫画家
➡ cartoon 名（〈ひとコマの〉漫画）

STAGE 5 発展英単語② 学習率 *4.9%〜0.1%*

1895 *4.9%〜0.1%*
certain [sə́ːrtn] サートゥン
形 ある, 確信をしている
▶ a certain amount (ある一定の量)

1896 *4.9%〜0.1%*
challenge [tʃǽlindʒ] チャレンヂ
動 挑戦する

1897 *4.9%〜0.1%*
chase [tʃeis] チェイス
動 追いかける 名 追跡, 追撃

1898 *4.9%〜0.1%*
civil [sívəl] スィヴィル
形 市民の
▶ civil war (市民戦争)

1899 *4.9%〜0.1%*
click [klik] クリック
動 クリックする

1900 *4.9%〜0.1%*
coin [kɔin] コイン
名 コイン

1901 *4.9%〜0.1%*
collection [kəlékʃən] コレクション
名 収集
→ collect 動 (集める)

1902 *4.9%〜0.1%*
comfort [kʌ́mfərt] カンファト
名 心地よさ, 快適さ
→ comfortable 形 (快適な)

1903 *4.9%〜0.1%*
corn [kɔːrn] コーン
名 とうもろこし

1904 *4.9%〜0.1%*
craze [kreiz] クレイズ
名 流行, はやり

1905 *4.9%〜0.1%*
cure [kjuər] キュア
名 治療 動 (病気を)治療する

| | | 1年 | 2年 | 3年 | 〈初出学年 |

□ 1906 *4.9%〜0.1%*
curtain [ká:rtn] カートゥン
图 カーテン

□ 1907 *4.9%〜0.1%*
damage [dǽmidʒ] ダメチ
動 〜に損害を与える
图 損害

□ 1908 *4.9%〜0.1%*
disabled [diséibld] ディスエイブルド
形 障害のある
▶ disabled people（身体障害者）

□ 1909 *4.9%〜0.1%*
disaster [dizǽstər] ディザスタァ
图 大災害
▶ natural disaster（自然災害）

□ 1910 *4.9%〜0.1%*
disease [dizí:z] ディズィーズ
图 病気
▶ heart disease（心臓病）

□ 1911 *4.9%〜0.1%*
dive [daiv] ダイヴ
動 飛び込む

□ 1912 *4.9%〜0.1%*
doghouse [dɔ́(:)ghaus] ド(ー)グハウス
图 犬小屋

□ 1913 *4.9%〜0.1%*
doorbell [dɔ́:rbel] ドーベル
图 ドアのベル

□ 1914 *4.9%〜0.1%*
effect [ifékt] イフェクト
图 効果

□ 1915 *4.9%〜0.1%*
electric [iléktrik] イレクトゥリク
形 電気の

□ 1916 *4.9%〜0.1%*
elm [elm] エルム
图 にれの木

STAGE 5 発展英単語②

309

STAGE 5 発展英単語② 学習率 4.9%〜0.1%

1917 4.9%〜0.1%
episode [épəsoud] エピソウド
名 エピソード

1918 4.9%〜0.1%
florist [flɔ́(:)rist] フロ(ー)リスト
名 花屋(の経営者)
→ flower 名(花)

1919 4.9%〜0.1%
folk song [fóuk sɔ(:)ŋ] フォウク ソ(ー)ング
名 フォークソング

1920 4.9%〜0.1%
genre [ʒá:nrə] ジャーンル
名 ジャンル, 分野

1921 4.9%〜0.1%
grape [greip] グレイプ
名 ブドウ

1922 4.9%〜0.1%
guitarist [gitá:rist] ギターリスト
名 ギターリスト
→ drummer 名(ドラム奏者)

1923 4.9%〜0.1%
guy [gai] ガイ
名 奴(男性をさす)

1924 4.9%〜0.1%
heartbeat [há:rtbi:t] ハートゥビート
名 心臓の鼓動

1925 4.9%〜0.1%
hero [hí:rou] ヒーロウ
名 英雄
↔ heroine(〈女性の〉主人公, ヒロイン) ヘロウィン

1926 4.9%〜0.1%
hide [háid] ハイド
動 〜を隠す, 隠れる
活 hide-hid-hidden; hiding ヒッド ヒドゥン

1927 4.9%〜0.1%
highlight [háilait] ハイライト
名 ハイライト, 見どころ

| | | | 1年 | 2年 | 3年 | 初出学年 |

□ 1928 *4.9%〜0.1%*

highway [háiwei] ハイウェイ

名 高速道路

□ 1929 *4.9%〜0.1%*

historical [histó(:)rikəl] ヒスト(ー)リカル

形 歴史的な
- history 名 (歴史), historically 副 (歴史的に)

□ 1930 *4.9%〜0.1%*

insect [ínsekt] インセクト

名 昆虫

□ 1931 *4.9%〜0.1%*

internship [íntə:rnʃip] インターンシプ

名 インターンシップ, 就業体験

□ 1932 *4.9%〜0.1%*

introduction [intrədʌ́kʃən] イントゥロダクション

名 紹介
→ introduce 動 (紹介する)

□ 1933 *4.9%〜0.1%*

invent [invént] インヴェント

動 〜を発明する
→ invention 名 (発明)

□ 1934 *4.9%〜0.1%*

inventor [invéntər] インヴェンタァ

名 発明家
→ invent 動 (発明する)

□ 1935 *4.9%〜0.1%*

jogger [dʒágər] チャガァ

名 ジョギングをする人
→ jog 動 (ジョギングをする)

□ 1936 *4.9%〜0.1%*

jogging [dʒágiŋ] チャギング

名 ジョギング
→ jog 動 (ジョギングする)

□ 1937 *4.9%〜0.1%*

killer [kílər] キラァ

名 殺人者
→ kill 動 (殺す)

□ 1938 *4.9%〜0.1%*

knee [ni:] ニー

名 ひざ

STAGE 5 発展英単語 ②

STAGE 5 発展英単語② 学習率 *4.9%～0.1%*

□ 1939 *4.9%～0.1%*
lawn [lɔːn] ローン
名 芝生

□ 1940 *4.9%～0.1%*
lemon [lémən] レモン
名 レモン

□ 1941 *4.9%～0.1%*
medical [médikəl] メディカル
形 医学の, 医療の
▶ medical school (医学学校)

□ 1942 *4.9%～0.1%*
mess [mes] メス
名 寄せ集め, ごちゃ混ぜ
→ messy 形 (乱雑な, 散らかった)

□ 1943 *4.9%～0.1%*
metal [métl] メトゥル
名 金属

□ 1944 *4.9%～0.1%*
military [mílətèri] ミリテリィ
形 軍の
▶ military training (軍隊のトレーニング)

□ 1945 *4.9%～0.1%*
naturally [nætʃ(ə)rəli] ナチュラリィ
副 自然に
→ natural 形 (自然な, 当然の)

□ 1946 *4.9%～0.1%*
necklace [néklis] ネクレス
名 ネックレス

□ 1947 *4.9%～0.1%*
occupation [àkjupéiʃən] アキュペイション
名 職業

□ 1948 *4.9%～0.1%*
omelet [ám(ə)lit] アムレト
名 オムレツ

□ 1949 *4.9%～0.1%*
patient [péiʃənt] ペイシェント
名 患者 形 忍耐強い
→ patience 名 (忍耐)

| 1年 | 2年 | 3年 〈初出学年

☐ 1950 *4.9%〜0.1%*

pepper [pépər] ペパァ

名 コショウ

☐ 1951 *4.9%〜0.1%*

photography [fətágrəfi] フォ**タ**グラフィ

名 写真撮影

→ photograph 名（写真）

☐ 1952 *4.9%〜0.1%*

pineapple [páɪnæpl] **パ**イナプル

名 パイナップル

☐ 1953 *4.9%〜0.1%*

pond [pɑnd] パンド

名 池

☐ 1954 *4.9%〜0.1%*

pour [pɔːr] ポー(ァ)

動 〜を注ぐ

活 pour-poured [-d ド]-poured; pouring [pɔ́ːrɪŋ ポーリング]

☐ 1955 *4.9%〜0.1%*

precious [préʃəs] プレシャス

形 高価な, 貴重な

☐ 1956 *4.9%〜0.1%*

prescribe [prɪskráɪb] プリスク**ラ**イブ

動 処方する

→ prescription 名（処方薬）

☐ 1957 *4.9%〜0.1%*

prohibit [prouhíbət] プロウ**ヒ**ビト

動 〜を禁止する

☐ 1958 *4.9%〜0.1%*

pumpkin [pʌ́m(p)kɪn] **パ**ン(プ)キン

名 かぼちゃ

☐ 1959 *4.9%〜0.1%*

rate [reɪt] レイト

名 割合, 比率

▶ at the rate of 〜（〜の割合で）

☐ 1960 *4.9%〜0.1%*

rather [rǽðər] **ラ**ザァ

副 むしろ

STAGE 5　発展英単語② 学習率 *4.9%～0.1%*

1961 *4.9%～0.1%*
reader [ríːdər] リーダァ

名 読者
→ read 動（読む）

1962 *4.9%～0.1%*
rehearse [rihə́ːrs] リハース

動 リハーサルを行う

1963 *4.9%～0.1%*
reply [riplái] リプライ

動 返答する

1964 *4.9%～0.1%*
rescue [réskjuː] レスキュー

動 ～を救う　名 救助

1965 *4.9%～0.1%*
rival [ráivəl] ライヴァル

名 ライバル, 競争相手

1966 *4.9%～0.1%*
safely [séifli] セイフリィ

副 安全に
→ safe 形（安全な）

1967 *4.9%～0.1%*
salty [sɔ́ːlti] ソールティ

形 塩辛い
→ salt 名（塩）

1968 *4.9%～0.1%*
sauna [sɔ́ːnə] ソーナ

名 サウナ

1969 *4.9%～0.1%*
scared [skéərd] スケアド

形 (人が)怖がって

1970 *4.9%～0.1%*
scary [skéəri] スケアリィ

形 (話などが)怖い

1971 *4.9%～0.1%*
scuba diving [sk(j)úːbə daiviŋ] スキューバダイヴィング

名 スキューバダイビング

| 1年 | 2年 | 3年 | 初出学年 |

□ 1972 *4.9%〜0.1%*

setting
[sétiŋ]
セティング

名 周囲, 環境

□ 1973 *4.9%〜0.1%*

shark
[ʃɑːrk]
シャーク

名 サメ

□ 1974 *4.9%〜0.1%*

shocked
[ʃɑ́kt]
シャックト

形 (人が)ショックを受けた
➡ shocking 形 (〈物事などが〉衝撃的な)

□ 1975 *4.9%〜0.1%*

shower
[ʃáuər]
シャウア

名 シャワー
▶ take a shower
（シャワーを浴びる）

□ 1976 *4.9%〜0.1%*

shy
[ʃai]
シャイ

形 恥ずかしがりの

□ 1977 *4.9%〜0.1%*

single
[síŋɡl]
スィングル

形 たった一つの, 独身の
● He is still single.
（彼はまだ独身だ）

□ 1978 *4.9%〜0.1%*

sketch
[sketʃ]
スケッチ

名 スケッチ, 素描

□ 1979 *4.9%〜0.1%*

slipper
[slípər]
スリパァ

名 スリッパ, 室内ばき

□ 1980 *4.9%〜0.1%*

snorkeling
[snɔ́ːrkəliŋ]
スノーケリング

名 スノーケリング

□ 1981 *4.9%〜0.1%*

somebody
[sʌ́mbɑdi]
サムバディ

代 誰か

= someone

□ 1982 *4.9%〜0.1%*

sour
[sáuər]
サウア

形 酸っぱい

STAGE 5 発展英単語②

STAGE 5 発展英単語② 学習率 *4.9%〜0.1%*

□ 1983 *4.9%〜0.1%*
span [spæn] スパン

名 長さ，距離

▶ life span（寿命）

□ 1984 *4.9%〜0.1%*
spicy [spáisi] スパイスィ

形 香ばしい，香辛料の入った

比 spicier-spiciest

□ 1985 *4.9%〜0.1%*
stranger [stréindʒər] ストゥレインヂァ

名 見知らぬ人

➡ strange 形（奇妙な）

□ 1986 *4.9%〜0.1%*
strawberry [strɔ́:beri] ストゥローベリィ

名 イチゴ

□ 1987 *4.9%〜0.1%*
studio [st(j)ú:diou] ステューディオウ

名 スタジオ

□ 1988 *4.9%〜0.1%*
surfing [sə́:rfiŋ] サーフィング

名 サーフィン

➡ netsurfing 名（ネットサーフィン）

□ 1989 *4.9%〜0.1%*
survivor [sərváivər] サヴァイヴァ

名 生存者

➡ survive 動（生き残る）

□ 1990 *4.9%〜0.1%*
sweep [swi:p] スウィープ

動 掃く

□ 1991 *4.9%〜0.1%*
swimmer [swímər] スウィマァ

名 泳ぐ人

➡ swim 動（泳ぐ）

□ 1992 *4.9%〜0.1%*
talent [tǽlənt] タレント

名 才能
（「芸能人」を表す日本語の「タレント」は和製英語）

□ 1993 *4.9%〜0.1%*
terror [térər] テラァ

名 恐怖

➡ terrorism 名（テロ行為）テロリズム

| 1年 | 2年 | 3年 | 〈初出学年

□ 1994 *4.9%〜0.1%*

therapy [θérəpi] セラピィ

名 (病気やケガの)治療

□ 1995 *4.9%〜0.1%*

trekking [trékiŋ] トゥレッキング

名 トレッキング

□ 1996 *4.9%〜0.1%*

unfair [ʌnféər] アンフェア

形 不公平な

➡ fair 形 (公平な)

□ 1997 *4.9%〜0.1%*

usual [júːʒuəl] ユージュアル

形 通常の

↔ unusual 形 (通常ではない)

□ 1998 *4.9%〜0.1%*

victim [víktəm] ヴィクテイム

名 被害者

□ 1999 *4.9%〜0.1%*

wastebasket [wéistbæskit] ウェイストバスケト

名 ごみ箱

□ 2000 *4.9%〜0.1%*

World War II [wéːrld wɔːr túː] ワールド ウォー(ァ) トゥー

名 第2次世界大戦
➡ the Second World War(第2次世界大戦)

□ 2001 *4.9%〜0.1%*

worried [wə́ːrid] ワーリィド

形 心配して
▶ be worried about 〜
(〜について心配している)

□ 2002 *4.9%〜0.1%*

absorb [əbsɔ́ːrb] アブゾーブ

動 吸収する

□ 2003 *4.9%〜0.1%*

ad [æd] アッド

名 広告(advertisementの略)

□ 2004 *4.9%〜0.1%*

adjust [ədʒʌ́st] アヂャスト

動 〜を適応させる
▶ adjust 〜 to ...
(〜を...に合わせる)

STAGE 5 発展英単語② 学習率 4.9%～0.1%

□ 2005 *4.9%～0.1%*
affect [əfékt] アフェクト
動 影響を与える

□ 2006 *4.9%～0.1%*
affection [əfékʃən] アフェクション
名 愛情

□ 2007 *4.9%～0.1%*
ambition [æmbíʃən] アンビション
名 野心
→ ambitious 形（野心のある）

□ 2008 *4.9%～0.1%*
anchor [æŋkər] アンカァ
名（テレビやラジオのニュース番組の）キャスター

□ 2009 *4.9%～0.1%*
anger [æŋgər] アンガァ
名 怒り
→ angry 形（怒っている）

□ 2010 *4.9%～0.1%*
announcer [ənáunsər] アナウンサァ
名 アナウンサー

□ 2011 *4.9%～0.1%*
anybody [énibɑdi] エニバディ
代（通例 疑問文で）誰か,（否定文で）誰も（～ない）

□ 2012 *4.9%～0.1%*
anymore [enimɔ́:r] エニモー
副（否定文で）これ以上（～しない）

□ 2013 *4.9%～0.1%*
anytime [énitaim] エニタイム
副 いつでも

□ 2014 *4.9%～0.1%*
argument [á:rgjumənt] アーギュメント
名 議論
→ argue 動（議論する）

□ 2015 *4.9%～0.1%*
article [á:rtikl] アーティクル
名（新聞などの）記事

| 1年 | 2年 | 3年 | 〈初出学年

□ 2016 4.9%〜0.1%
assistant [əsístənt]
アスィスタント

名 アシスタント, 助手

□ 2017 4.9%〜0.1%
atmosphere [ǽtməsfìər]
アトゥモスフィア

名 環境

□ 2018 4.9%〜0.1%
automatically [ɔ̀:təmǽtik(ə)li]
オートマティカリィ

副 自動的に
➡ automatic 形（自動的な）

□ 2019 4.9%〜0.1%
awake [əwéik]
アウェイク

形 目を覚ましている

□ 2020 4.9%〜0.1%
ballerina [bælərínə]
バレリーナ

名 バレリーナ

□ 2021 4.9%〜0.1%
ballet [bǽlei]
バレイ

名 バレエ曲, バレエ団

□ 2022 4.9%〜0.1%
bay [bei]
ベイ

名 湾
▶ Tokyo Bay（東京湾）

□ 2023 4.9%〜0.1%
beep [bi:p]
ビープ

名 ビープ音

□ 2024 4.9%〜0.1%
biscuit [bískit]
ビスケット

名 ビスケット

□ 2025 4.9%〜0.1%
blood [blʌd]
ブラッド

名 血液
▶ blood type（血液型）

□ 2026 4.9%〜0.1%
brain [brein]
ブレイン

名 脳

STAGE 5 発展英単語② 学習率 *4.9%〜0.1%*

□ 2027 *4.9%〜0.1%* **breathing** [bríːðiŋ] ブリーズィング	名 息をすること，呼吸
□ 2028 *4.9%〜0.1%* **bucket** [bʌ́kit] バケト	名 バケツ
□ 2029 *4.9%〜0.1%* **bulb** [bʌlb] バルブ	名 電球 = light bulb
□ 2030 *4.9%〜0.1%* **campaign** [kæmpéin] キャンペイン	名 キャンペーン
□ 2031 *4.9%〜0.1%* **candy** [kǽndi] キャンディ	名 キャンディ，あめ
□ 2032 *4.9%〜0.1%* **cast** [kæst] キャスト	動 投じる　名 配役，出演者
□ 2033 *4.9%〜0.1%* **center** [séntər] センタァ	名 中心 ▶ at the center of 〜（〜の中心に）
□ 2034 *4.9%〜0.1%* **ceremony** [sérəmouni] セレモウニィ	名 儀式 ▶ wedding ceremony（結婚式）
□ 2035 *4.9%〜0.1%* **channel** [tʃǽnl] チャヌル	名 （テレビやラジオの）チャンネル
□ 2036 *4.9%〜0.1%* **chemical** [kémikəl] ケミカル	名 化学物質
□ 2037 *4.9%〜0.1%* **concentrate** [kánsəntreit] カンセントゥレイト	動 集中する ▶ concentrate on 〜（〜に集中する）

| 1年 | 2年 | 3年 | 〈初出学年〉

□ 2038 4.9%～0.1%
condition [kəndíʃən]
コンディション

名 状況

□ 2039 4.9%～0.1%
confident [kάnfədənt]
カンフィデント

形 自信がある

→ confidence 名（自信）

□ 2040 4.9%～0.1%
congratulation [kəngrætʃəléiʃən]
コングラチュレイション

名 お祝い

・Congratulations!（おめでとう！）

□ 2041 4.9%～0.1%
construction [kənstrʌ́kʃən]
コンストゥラクション

名 建設

▶ under construction（建設中の）

□ 2042 4.9%～0.1%
cost [kɔ(:)st]
コ(ー)スト

動 費用がかかる 名 費用

□ 2043 4.9%～0.1%
creature [kríːtʃər]
クリーチャ

名 生き物

→ create 動（創造する）

□ 2044 4.9%～0.1%
crowd [kráud]
クラウド

動 ～に群がる 名 群衆

□ 2045 4.9%～0.1%
dam [dæm]
ダム

名 ダム

□ 2046 4.9%～0.1%
data [déitə]
デイタ

名 データ

□ 2047 4.9%～0.1%
debate [dibéit]
ディベイト

名 ディベート 動 ディベートをする

□ 2048 4.9%～0.1%
decrease 名[díːkriːs] ディクリース
動[dikríːs] ディクリース

名 減少 動 ～を減少させる

↔ increase 名（増加），動（～を増加させる）

STAGE 5 発展英単語②

STAGE 5　発展英単語② 学習率 4.9%～0.1%

2049　4.9%～0.1%
deer [díər] ディア

名 シカ（単複同形）

2050　4.9%～0.1%
devotion [divóuʃən] ディヴォウション

名 専念，没頭

2051　4.9%～0.1%
diet [dáiət] ダイエト

名 食事，食生活

▶ on a diet（ダイエット中で）

2052　4.9%～0.1%
dietician [daiətíʃən] ダイエティシャン

名 栄養学者

2053　4.9%～0.1%
diplomat [dípləmæt] ディプロマト

名 外交官

→ diplomatic 形（外交上の）

2054　4.9%～0.1%
disappointed [disəpóintəd] ディサポインティド

形（人が）がっかりしている
→ disappointing 形（〈物事などが〉がっかりさせるような）

2055　4.9%～0.1%
discovery [diskʌ́v(ə)ri] ディスカヴ(ァ)リィ

名 発見

→ discover 動（発見する）

2056　4.9%～0.1%
disturb [distə́ːrb] ディスターブ

動 邪魔する
● Don't disturb me.（邪魔しないでください）

2057　4.9%～0.1%
divide [diváid] ディヴァイド

動 分割する

2058　4.9%～0.1%
dust [dʌst] ダスト

名 ほこり

2059　4.9%～0.1%
eco-bag [ekóubæg] エコウバグ

名 エコバッグ

| 1年 | 2年 | 3年 | 〈初出学年〉

☐ 2060 4.9%～0.1%

economic [iːkənámik]
イーコナミク

形 経済の

→ economy 名 (経済)

☐ 2061 4.9%～0.1%

embassy [émbəsi]
エンバスィ

名 大使館
▶ American Embassy
(アメリカ大使館)

☐ 2062 4.9%～0.1%

emerald [ém(ə)rəld]
エメラルド

名 エメラルド

☐ 2063 4.9%～0.1%

emission [imíʃən]
イミッション

名 放出, 放射

☐ 2064 4.9%～0.1%

employee [implɔiíː]
エンプロイイー

名 従業員

→ employer 名 (雇用主)

☐ 2065 4.9%～0.1%

environmental [invai(ə)rənméntl]
エンヴァイ(ァ)ロンメントゥル

形 環境の
▶ environmental problem
(環境問題)

☐ 2066 4.9%～0.1%

equipment [ikwípmənt]
イクウィップメントゥ

名 機器

☐ 2067 4.9%～0.1%

escape [eskéip]
エスケイプ

動 逃げる 名 逃亡

☐ 2068 4.9%～0.1%

evaluation [ivæljuéiʃən]
イヴァリュエイション

名 評価

→ evaluate 動 (評価する)

☐ 2069 4.9%～0.1%

experiment [ikspérəmənt]
イクスペリメントゥ

名 実験

☐ 2070 4.9%～0.1%

extinct [ikstíŋkt]
イクスティンクトゥ

形 絶滅した

→ extinction 名 (絶滅)

STAGE 5 発展英単語② 学習率 4.9%〜0.1%

2071　4.9%〜0.1%
extra [ékstrə] エクストゥラ
形 余分な，追加の
▶ an extra charge（追加料金）

2072　4.9%〜0.1%
factor [fǽktər] ファクタァ
名 要素

2073　4.9%〜0.1%
fashionable [fǽʃ(ə)nəbl] ファショナブル
形 おしゃれな

2074　4.9%〜0.1%
feed [fiːd] フィード
動 〜に食べ物を与える
活 feed-fed-fed; feeding （フェド）

2075　4.9%〜0.1%
female [fíːmeil] フィーメイル
名 女性　形 女性の
→ male 名（男性，男性の）

2076　4.9%〜0.1%
focus [fóukəs] フォウカス
名 焦点　動 焦点をあてる
▶ focus on 〜（〜に焦点をあてる）

2077　4.9%〜0.1%
fool [fuːl] フール
名 ばか者
→ foolish 形（愚かな）

2078　4.9%〜0.1%
forgive [fərgív] フォギヴ
動 許す
▶ forgive 〜 for ...（...に関して〜を許す）

2079　4.9%〜0.1%
fried [fraid] フライド
形 揚げた
▶ fried chicken（フライドチキン）

2080　4.9%〜0.1%
gain [gein] ゲイン
動 手に入れる

2081　4.9%〜0.1%
generous [dʒénərəs] ヂェネラス
形 気前のよい
→ generosity 名（気前の良さ）

| 1年 | 2年 | 3年 〈初出学年〉

□ 2082 4.9%〜0.1%
gentle [dʒéntl] ヂェントゥル

形 紳士的な

□ 2083 4.9%〜0.1%
gram [græm] グラム

名 グラム(重さの単位)

1000 grams =1 kilogram

□ 2084 4.9%〜0.1%
grocer [gróusər] グロウサァ

名 食料雑貨店主

→ grocery 名(食料雑貨店)

□ 2085 4.9%〜0.1%
grown-up [gróunʌp] グロウナプ

形 成長した

□ 2086 4.9%〜0.1%
growth [grouθ] グロウス

名 成長

→ grow 動(成長する)

□ 2087 4.9%〜0.1%
guidebook [gáidbuk] ガイドゥブク

名 ガイドブック

□ 2088 4.9%〜0.1%
hectare [hékteər] ヘクテア

名 (面積単位)ヘクタール

□ 2089 4.9%〜0.1%
height [hait] ハイト

名 高さ

→ high 形(高い)

□ 2090 4.9%〜0.1%
helping [hélpiŋ] ヘルピング

名 手助け

□ 2091 4.9%〜0.1%
home run [hóum rʌ́n] ホウム ラン

名 ホームラン

□ 2092 4.9%〜0.1%
honest [ánist] アネスト

形 正直な

↔ dishonest 形(不正直な)

STAGE 5 発展英単語②

STAGE 5　発展英単語② 学習率 *4.9%〜0.1%*

2093　*4.9%〜0.1%* **horn**　[hɔːrn]　ホーン	名（ウシやヒツジなどの）角
2094　*4.9%〜0.1%* **hug**　[hʌg]　ハッグ	動 〜を抱きしめる
2095　*4.9%〜0.1%* **import**　動 [impɔ́ːrt] インポート 名 [ímpɔːrt] インポート	動 〜を輸入する　名 輸入 ⇔ export 動（輸出する）, 名（輸出）
2096　*4.9%〜0.1%* **insist**　[insíst]　インスィスト	動 主張する ▶ insist on 〜（〜を主張する）
2097　*4.9%〜0.1%* **inspiration**　[ìnspəréiʃən]　インスピレイション	名 インスピレーション
2098　*4.9%〜0.1%* **inspire**　[inspáiər]　インスパイア	動 元気を与える, 刺激を与える
2099　*4.9%〜0.1%* **irregular**　[irégjulər]　イレギュラァ	形 不規則な → regular 形（規則的な）
2100　*4.9%〜0.1%* **issue**　[íʃuː]　イシュー	名 問題点　動 発行する
2101　*4.9%〜0.1%* **judgment**　[dʒʌ́dʒmənt]　ヂャヂメント	名 判断 → judge 動（判断する）
2102　*4.9%〜0.1%* **lastly**　[lǽstli]　ラストゥリィ	副 最後に
2103　*4.9%〜0.1%* **lately**　[léitli]　レイトゥリィ	副 最近は = recently

□ 2104 4.9%〜0.1%		
learning	[lɚ́ːrnɪŋ] ラーニング	名 学習, 学ぶこと
		→ learn 動 (習う)
□ 2105 4.9%〜0.1%		
life-span	[láɪfspæn] ライフスパン	名 寿命
		▶ average life-span (平均寿命)
□ 2106 4.9%〜0.1%		
limited	[límɪtəd] リミテド	形 制限された
		→ unlimited 形 (制限されない)
□ 2107 4.9%〜0.1%		
luckily	[lʌ́kɪli] ラキリィ	副 幸運にも
		→ lucky 形 (幸運な)
□ 2108 4.9%〜0.1%		
machinery	[məʃíːn(ə)ri] マシーナリィ	名 機械類 (数えられない名詞)
		→ machine 名 (機械)
□ 2109 4.9%〜0.1%		
male	[meɪl] メイル	名 男性　形 男性の
		→ female 名 (女性), 形 (女性の)
□ 2110 4.9%〜0.1%		
media	[míːdiə] ミーディア	名 メディア
□ 2111 4.9%〜0.1%		
melon	[mélən] メロン	名 メロン
		→ watermelon 名 (スイカ)
□ 2112 4.9%〜0.1%		
meteor	[míːtiər] ミーティァ	名 いん石
□ 2113 4.9%〜0.1%		
ministry	[mínɪstri] ミニストゥリィ	名 省, 庁
		▶ the Ministry of Finance (財務省)
□ 2114 4.9%〜0.1%		
mission	[míʃən] ミション	名 任務, 使命

STAGE 5　発展英単語② 学習率 *4.9%〜0.1%*

| 2115 *4.9%〜0.1%* **nap** [næp] ナップ | 動 居眠りをする　名 居眠り
▶ take a nap（居眠りをする） |

| 2116 *4.9%〜0.1%* **needy** [níːdi] ニーディ | 名 貧困者　形 貧しい |

| 2117 *4.9%〜0.1%* **northwestern** [nɔːrθwéstərn] ノースウェスタン | 形 北西部の
→ southeastern 形（南東部の） |

| 2118 *4.9%〜0.1%* **nutritious** [n(j)uːtríʃəs] ニュートゥリシャス | 形 栄養の
→ nutrition 名（栄養） |

| 2119 *4.9%〜0.1%* **opening** [óup(ə)niŋ] オウプニング | 名 オープニング |

| 2120 *4.9%〜0.1%* **origin** [ɔ́(ː)rədʒin] オ(ー)リヂン | 名 起源
→ original 形（最初の, オリジナルの） |

| 2121 *4.9%〜0.1%* **ozone** [óuzoun] オウゾウン | 名 オゾン
▶ ozone layer（オゾン層） |

| 2122 *4.9%〜0.1%* **package** [pǽkidʒ] パケヂ | 名 パッケージ |

| 2123 *4.9%〜0.1%* **paperback** [péipərbæk] ペイパバク | 名 ペーパーバック |

| 2124 *4.9%〜0.1%* **path** [pæθ] パス | 名 小道 |

| 2125 *4.9%〜0.1%* **penguin** [péŋgwin] ペングウィン | 名 ペンギン |

| 1年 | 2年 | 3年 | 〈初出学年

□ 2126 *4.9%〜0.1%*
permission [pərmíʃən] パミション
图 許可
➡ permit 動（許可する）

□ 2127 *4.9%〜0.1%*
pity [píti] ピティ
图 哀れみ, かわいそうなこと
• That's a pity.
（それはかわいそうに）

□ 2128 *4.9%〜0.1%*
platform [plǽtfɔːrm] プラトゥンオーム
图 プラットフォーム, 台

□ 2129 *4.9%〜0.1%*
plentiful [pléntifəl] プレンティフル
形 大量の, あり余るほどの
➡ plenty 图（大量, 多数）

□ 2130 *4.9%〜0.1%*
positive [pázətiv] パズィティヴ
形 積極的な
↔ negative 形（消極的な）

□ 2131 *4.9%〜0.1%*
pray [prei] プレイ
動 祈る
（playと区別）

□ 2132 *4.9%〜0.1%*
preserve [prizə́ːrv] プリザーヴ
動 保護する, 保存する
➡ preservation 图（保護, 保存）

□ 2133 *4.9%〜0.1%*
princess [prínsis] プリンセス
图 王女
➡ prince 图（王子）

□ 2134 *4.9%〜0.1%*
rapid [rǽpid] ラピド
形 急速な, 素早い
➡ rapidly 副（速く）

□ 2135 *4.9%〜0.1%*
rat [ræt] ラット
图 ネズミ
（mouseより大型のネズミ）

□ 2136 *4.9%〜0.1%*
reaction [ri(ː)ǽkʃən] リ(ー)アクション
图 反応, 応答

STAGE 5 発展英単語② 学習率 *4.9%〜0.1%*

2137 *4.9%〜0.1%*
recently [ríːsntli] リースントゥリィ

副 最近は
= lately

2138 *4.9%〜0.1%*
recommend [rekəménd] レコメンド

動 薦める

2139 *4.9%〜0.1%*
reflect [riflékt] リフレクト

動 反映する, 反射する

2140 *4.9%〜0.1%*
regard [rigáːrd] リガード

動 見なす
▶ regard 〜 as ... (〜を…と見なす)

2141 *4.9%〜0.1%*
regular [régjulər] レギュラァ

形 規則的な
➡ irregular 形 (不規則な)

2142 *4.9%〜0.1%*
relate [riléit] リレイト

動 関連づける
▶ be related to 〜 (〜と関係している)

2143 *4.9%〜0.1%*
removal [rimúːvəl] リムーヴァル

名 取り除くこと
➡ remove 動 (取り除く)

2144 *4.9%〜0.1%*
rental [réntl] レントゥル

形 レンタルの
➡ rent 動 (〈お金を出して〉貸し借りをする)

2145 *4.9%〜0.1%*
reset [riːsét] リーセト

動 リセットする
名 リセット, 初期化

2146 *4.9%〜0.1%*
risk [risk] リスク

名 危険性
▶ at the risk of 〜 (〜を犠牲にして)

2147 *4.9%〜0.1%*
role [roul] ロウル

名 役割 (rule 規則と区別)
▶ play a role in 〜 (〜の役割を果たす)

| 1年 | 2年 | 3年 | 〈初出学年 |

□ 2148　*4.9%～0.1%*
safety [séifti] セイフティ
名 安全性
▶ safety box（貴重品保管金庫）

□ 2149　*4.9%～0.1%*
saying [séiiŋ] セイイング
名 ことわざ
▶ as the saying goes,（ことわざにあるように）

□ 2150　*4.9%～0.1%*
schedule [skédʒuːl] スケデュール
名 スケジュール

□ 2151　*4.9%～0.1%*
scheme [skiːm] スキーム
名 計画

□ 2152　*4.9%～0.1%*
scout [skaut] スカウト
名 偵察, スカウト　動 スカウトする

□ 2153　*4.9%～0.1%*
separately [sépərèitli] セパレイトリィ
副 離れて
→ separate 形（離れた）

□ 2154　*4.9%～0.1%*
sheet [ʃiːt] シート
名 シート,（紙などの）1枚
▶ a sheet of paper（1枚の紙）

□ 2155　*4.9%～0.1%*
shooting star [ʃuːtiŋ stáːr] シューティング スター
名 流れ星

□ 2156　*4.9%～0.1%*
shuttle [ʃʌtl] シャトゥル
名 往復便, シャトルバス
▶ take a shuttle bus（シャトルバスに乗る）

□ 2157　*4.9%～0.1%*
skip [skip] スキップ
動 軽く跳ぶ, 飛ばして読み進む

□ 2158　*4.9%～0.1%*
solution [səlúːʃən] ソルーション
名 解決
→ solve 動（解決する）

STAGE 5 発展英単語② 学習率 *4.9%～0.1%*

□ 2159 *4.9%～0.1%*
species [spí:ʃi:z] スピーシーズ
名（生物学の）種
▶ human species（人類）

□ 2160 *4.9%～0.1%*
stamp [stæmp] スタンプ
名 切手, スタンプ

□ 2161 *4.9%～0.1%*
stapler [stéiplər] ステイプラァ
名 ホッチキス
（「ホッチキス」は商標名）

□ 2162 *4.9%～0.1%*
starve [stɑːrv] スターヴ
動 餓死する
➡ starvation 名（餓死, 飢餓）

□ 2163 *4.9%～0.1%*
sticker [stíkər] スティカァ
名 ステッカー

□ 2164 *4.9%～0.1%*
stream [stri:m] ストゥリーム
名 小川, 水路

□ 2165 *4.9%～0.1%*
stress [stres] ストゥレス
名 ストレス, 緊張

□ 2166 *4.9%～0.1%*
stupid [st(j)úːpid] ステュービド
形 おろかな

□ 2167 *4.9%～0.1%*
succeed [səksí:d] サクスィード
動 成功する
➡ success 名（成功）
succeed in ～（～に成功する）

□ 2168 *4.9%～0.1%*
success [səksés] サクセス
名 成功
↔ failure 名（失敗）

□ 2169 *4.9%～0.1%*
surface [sə́ːrfis] サーフェス
名 表面, 水面

| 2170 4.9%～0.1%

telegram [téləgræm]
テレグラム

名 電報

| 2171 4.9%～0.1%

telephone [téləfoun]
テレフォン

名 電話
▶ over [on] the telephone（電話で）

| 2172 4.9%～0.1%

temper [témpər]
テンパァ

名 機嫌
▶ lose ~'s temper（激怒する）

| 2173 4.9%～0.1%

temperature [témp(ə)rətʃər]
テンプラチャ

名 気温
▶ high-temperature（高温の）

| 2174 4.9%～0.1%

therefore [ðéərfɔːr]
ゼアフォー(ァ)

副 それ故に，従って

| 2175 4.9%～0.1%

till [till]
ティル

前 ～まで(ずっと) 接 ～まで(ずっと)
▶ till noon（正午まで），= until

| 2176 4.9%～0.1%

tip [tip]
ティップ

名 (有益な)助言,(お店などに渡す)チップ

| 2177 4.9%～0.1%

torch [tɔːrtʃ]
トーチ

名 たいまつ

| 2178 4.9%～0.1%

tornado [tɔːrnéidou]
トーネイドゥ

名 竜巻

| 2179 4.9%～0.1%

tough [tʌf]
タフ

形 困難な

| 2180 4.9%～0.1%

trader [tréidər]
トレイダァ

名 貿易業者
→ trade 動（取引する）

STAGE 5　発展英単語② 学習率 *4.9%〜0.1%*

□ 2181　*4.9%〜0.1%*
tulip　[t(j)úːlip]　テューリップ
名 チューリップ

□ 2182　*4.9%〜0.1%*
unfortunately　[ʌnfɔ́ːrtʃ(ə)nətli]　アンフォーチュネトゥリィ
副 不幸にも
↔ fortunately 副 (幸運にも)

□ 2183　*4.9%〜0.1%*
vending machine　[véndiŋ məʃìːn]　ヴェンディング マシーン
名 自動販売機

□ 2184　*4.9%〜0.1%*
viewer　[vjúːər]　ヴューア
名 視聴者
→ view 名 (見ること), 動 (〜を見なす)

□ 2185　*4.9%〜0.1%*
visa　[víːzə]　ヴィーザ
名 査証, ビザ

□ 2186　*4.9%〜0.1%*
wealth　[welθ]　ウェルス (つづり注意)
名 (膨大な)富, 財産
→ wealthy 形 (裕福な, お金持ちの)

□ 2187　*4.9%〜0.1%*
weekday　[wíːkdei]　ウィークデイ
名 平日
→ weekend 名 (週末)

□ 2188　*4.9%〜0.1%*
weigh　[wei]　ウェイ
動 重さがある
→ weight 名 (重さ)

□ 2189　*4.9%〜0.1%*
weight　[weit]　ウェイト
名 重さ
▶ lose weight (やせる)

□ 2190　*4.9%〜0.1%*
well-balanced　[welbǽlənst]　ウェルバランスト
形 よくバランスのとれた
▶ well-balanced diet (バランスのとれた食事)

□ 2191　*4.9%〜0.1%*
wetland　[wétlænd]　ウェトゥランド
名 湿地帯

| 1年 | 2年 | 3年 | 〈初出学年 |

□ 2192 4.9%〜0.1%

wise [waiz] ワイズ

形 賢い

➡ wisdom 名（賢さ）

□ 2193 4.9%〜0.1%

zone [zoun] ゾウン

名 地帯, 区域

▶ a danger zone（危険地帯）

まとめて覚える英単語 4

⑳ 代名詞

①	here	[hiər] ヒア	ここ
②	this	[ðis] ズィス	これ
③	that	[ðæt] ザット	それ
④	these	[ði:z] ズィーズ	これら
⑤	those	[ðouz] ゾウズ	それら, あれら
⑥	another	[ənʌ́ðər] アナザァ	もう1つの
⑦	all	[ɔ:l] オール	全て
⑧	everyone	[évriwʌn] エヴリワン	全ての人
⑨	everything	[évriθiŋ] エヴリスィング	全てのこと
⑩	something	[sʌ́mθiŋ] サムスィング	何か
⑪	nothing	[nʌ́θiŋ] ナスィング	何も〜ない
⑫	nobody	[nóubadi] ノウバディ	誰も〜ない
⑬	no one	[nóu wʌn] ノウ ワン	誰も〜ない

336

STAGE 6

英熟語

STAGE 6 英熟語 学習率 100%〜70%

0001 *100%〜70%*
a few [a little] — わずかな〜

0002 *100%〜70%*
after school — 放課後

0003 *100%〜70%*
all day — 一日中

0004 *100%〜70%*
as ... as 〜 can — できるだけ… = as ... as possible

0005 *100%〜70%*
at first — 最初は

0006 *100%〜70%*
be going to 〜 — 〜するつもりだ

0007 *100%〜70%*
be interested in 〜 — 〜に興味がある

0008 *100%〜70%*
come true — （夢などが）実現する

0009 *100%〜70%*
for a long time — 長い間

0010 *100%〜70%*
for example — 例えば

0011 *100%〜70%*
for the first time — 初めて

0012 *100%〜70%*
get up — 起きる

☐ 0013 100%~70%	
go away	立ち去る

☐ 0014 100%~70%	
have to ~	~しなければならない = must

☐ 0015 100%~70%	
how [what] about ... ?	~についてはどうですか

☐ 0016 100%~70%	
how to ~	~のしかた

☐ 0017 100%~70%	
in front of ~	~の前に

☐ 0018 100%~70%	
listen to ~	~を聞く

☐ 0019 100%~70%	
look at ~	~を見る

☐ 0020 100%~70%	
look for ~	~を探す

☐ 0021 100%~70%	
look forward to ~	~を楽しみにする (「~」は名詞・動名詞)

☐ 0022 100%~70%	
look like ~	~のように見える

☐ 0023 100%~70%	
of course	もちろん

☐ 0024 100%~70%	
pick up	車で迎える

STAGE 6 英熟語 学習率 100%〜

☐ 0025 *100%〜70%* **put on 〜**	〜を身につける
☐ 0026 *100%〜70%* **stand up**	立ち上がる
☐ 0027 *100%〜70%* **take care of 〜**	〜の世話をする
☐ 0028 *100%〜70%* **think of 〜**	〜について考える
☐ 0029 *100%〜70%* **welcome to 〜**	〜にようこそ
☐ 0030 *100%〜70%* **why don't you ... ?**	…してはどうでしょうか
☐ 0031 *69%〜* **a bottle of 〜**	1瓶の〜
☐ 0032 *69%〜* **a cup [glass] of 〜**	1杯の〜
☐ 0033 *69%〜* **a kind of 〜**	1種の〜
☐ 0034 *69%〜* **a large amount [number] of 〜**	非常に多くの〜
☐ 0035 *69%〜* **a lot of 〜 [lots of 〜]**	たくさんの〜
☐ 0036 *69%〜* **a pair of 〜**	1組の〜

☐ 0037 *69%~* **a piece of ~**	ひとつの~, 1片の
☐ 0038 *69%~* **after a while**	しばらくの間
☐ 0039 *69%~* **agrec with ~**	~に賛成する
☐ 0040 *69%~* **all over the world**	世界中で
☐ 0041 *69%~* **all year round[around]**	1年中
☐ 0042 *69%~* **and so on**	~など
☐ 0043 *69%~* **around the world**	世界中で
☐ 0044 *69%~* **arrive at [in] ~**	~に到着する
☐ 0045 *69%~* **ask ... for ~**	~のことで…にお願いする
☐ 0046 *69%~* **at a loss**	途方に暮れて
☐ 0047 *69%~* **at home**	家で
☐ 0048 *69%~* **at large**	一般的に

STAGE 6 英熟語 学習率 69%〜

☐ 0049 69%〜 **at least**	少なくとも
☐ 0050 69%〜 **at once**	すぐに = right now
☐ 0051 69%〜 **at the same time**	同時に
☐ 0052 69%〜 **at war**	戦争して
☐ 0053 69%〜 **be able to 〜**	〜ができる = can
☐ 0054 69%〜 **be about to 〜**	〜しようとしている
☐ 0055 69%〜 **be afraid of 〜**	〜について心配する
☐ 0056 69%〜 **be based on 〜**	〜に基づいている
☐ 0057 69%〜 **be covered with 〜**	〜におおわれている
☐ 0058 69%〜 **be different from 〜**	〜と異なっている
☐ 0059 69%〜 **be famous for 〜**	〜で有名である
☐ 0060 69%〜 **be good at 〜**	〜が得意である ⇔ be poor at 〜（〜が下手である）

☐ 0061 69%〜 **be happy to 〜**	〜してうれしい
☐ 0062 69%〜 **be impressed with 〜**	〜に感銘(かんめい)を受ける
☐ 0063 69%〜 **be in danger**	危険な状態にある
☐ 0064 69%〜 **be in shock**	ショックを受けている
☐ 0065 69%〜 **be in trouble**	困っている
☐ 0066 69%〜 **be located in 〜**	(位置が) 〜にある
☐ 0067 69%〜 **be over**	終わりである
☐ 0068 69%〜 **be proud of 〜**	〜を誇(ほこ)りに思う
☐ 0069 69%〜 **be ready for 〜**	〜の準備をする
☐ 0070 69%〜 **be willing to 〜**	喜んで〜する
☐ 0071 69%〜 **because of 〜**	〜の理由で
☐ 0072 69%〜 **before long**	まもなく = soon

STAGE 6 英熟語

STAGE 6　英熟語　学習率 69%〜

0073 69%〜 **begin [start] with 〜**	〜から始まる
0074 69%〜 **between 〜 and ...**	〜と…の間で（2者の間）
0075 69%〜 **billions of 〜**	何十億の〜
0076 69%〜 **both ... and 〜**	…と〜の両方とも
0077 69%〜 **break down**	崩壊する
0078 69%〜 **break into 〜**	〜に押し入る
0079 69%〜 **bring 〜 back**	〜を戻す
0080 69%〜 **bring about 〜**	〜を引き起こす
0081 69%〜 **call 〜 back**	〜に電話をかけ直す
0082 69%〜 **care for 〜**	〜を世話する
0083 69%〜 **change 〜 into ...**	〜を…に変える
0084 69%〜 **change trains**	電車を乗り換える（複数形に注意）

☐ 0085 69%~ **check out**	チェックアウトする
☐ 0086 69%~ **cheer ~ up**	~を励(はげ)ます
☐ 0087 69%~ **clean up**	きれいにする
☐ 0088 69%~ **come across**	~に出くわす
☐ 0089 69%~ **come back**	戻ってくる
☐ 0090 69%~ **come from ~**	~の出身である
☐ 0091 69%~ **come out**	明るみに出る
☐ 0092 69%~ **come up with ~**	~を思いつく
☐ 0093 69%~ **compare ... with ~**	…と~を比較する
☐ 0094 69%~ **depend on ~**	~に依存する
☐ 0095 69%~ **die of ~**	~で死ぬ
☐ 0096 69%~ **do ~'s best**	~の最善を尽くす

STAGE 6　英熟語　学習率 69%〜

0097　**do harm to 〜**	〜に害を与える
0098　**drop out (of 〜)**	（〜を）途中で辞める
0099　**each other**	お互い
0100　**eat out**	外食する
0101　**encourage ... to 〜**	…が〜することを奨励する
0102　**exchange 〜 with ...**	〜を…と交換する
0103　**face to face (with 〜)**	〜と向かいあって、〜と直接会って
0104　**fall down**	転倒する
0105　**far away**	遠く離れて
0106　**fill up**	いっぱいに満たす
0107　**find out**	見つける
0108　**for a while**	しばらくの間

☐ 0109 69%~ **for ~self**	~自身のために
☐ 0110 69%~ **get away**	立ち去る
☐ 0111 69%~ **get off ~**	~から降りる
☐ 0112 69%~ **get on ~**	~に乗る
☐ 0113 69%~ **get to ~**	~に到着する
☐ 0114 69%~ **give ... a try**	~を試す
☐ 0115 69%~ **give off**	(においなどを)放つ
☐ 0116 69%~ **give up**	あきらめる
☐ 0117 69%~ **go back**	戻っていく
☐ 0118 69%~ **go by**	過ぎ去る
☐ 0119 69%~ **go fishing**	釣りに行く
☐ 0120 69%~ **go home**	家に帰る

STAGE 6 英熟語 学習率 69%~

go on ~ing	~し続ける
go out	出かける
go shopping	買い物に行く
go through	~を経験する
graduate from ~	~を卒業する
have a good[great] time	楽しむ = enjoy ~self
have fun	楽しむ
hear from ~	~から便りがある
hear of ~	~のうわさを聞く
help ~ with ...	~の…を助ける
help yourself (to ~)	(~を)自由にとる
hold on	(電話で)切らないで待つ

☐ 0133 *69%〜* **hurry up**	急ぐ
☐ 0134 *69%〜* **in 〜 direction**	〜の方向に
☐ 0135 *69%〜* **in 〜 way(s)**	〜のやり方で
☐ 0136 *69%〜* **in addition**	加えて
☐ 0137 *69%〜* **in conclusion**	結論として
☐ 0138 *69%〜* **in fact**	実際に
☐ 0139 *69%〜* **in need**	必要な
☐ 0140 *69%〜* **in number**	数において
☐ 0141 *69%〜* **in 〜's opinion**	〜の意見では
☐ 0142 *69%〜* **in 〜's place**	〜の代わりに
☐ 0143 *69%〜* **in order to [so as to] 〜**	〜するために
☐ 0144 *69%〜* **in peace**	平和で

STAGE 6 英熟語 学習率 69%〜

0145 **in return**	お返しに
0146 **in search of ~**	~を求めて
0147 **in the future**	将来には
0148 **instead of ~**	~の代わりに
0149 **keep (on) ~ing**	~し続ける
0150 **keep in touch (with ~)**	(~と) 連絡を取る
0151 **lead ... to ~**	…が~するように導く
0152 **lie down**	横になる
0153 **little by little**	少しずつ
0154 **live a ~ life**	~の生活をする
0155 **look back at ~**	~を振り返る
0156 **look into ~**	~を調査する

0157 69%〜 **lose time**	時間をむだにする
0158 69%〜 **make a mistake**	間違いをする
0159 69%〜 **make a speech**	スピーチをする
0160 69%〜 **make friends with 〜**	〜と友達になる（複数形に注意）
0161 69%〜 **make up 〜's mind**	〜の意思を決める
0162 69%〜 **next to 〜**	〜の隣り，〜の次に，ほとんど〜
0163 69%〜 **no longer 〜**	もはや〜でない
0164 69%〜 **not 〜 at all**	全く〜ではない
0165 69%〜 **on 〜's way back to ...**	…に戻る途中で
0166 69%〜 **on the side of 〜**	〜の側に
0167 69%〜 **on time**	時間通りに ↔ In time（間に合って）
0168 69%〜 **one after another**	次々に

STAGE 6 英熟語 学習率 69%〜

☐ 0169 *69%〜* **one day**	（過去の）ある日
☐ 0170 *69%〜* **over there**	向こうに
☐ 0171 *69%〜* **pass 〜 on to ...**	〜を…に手渡す
☐ 0172 *69%〜* **point of view**	見方
☐ 0173 *69%〜* **protect ... from 〜**	…を〜から守る
☐ 0174 *69%〜* **put [write] down 〜**	〜を書き留める
☐ 0175 *69%〜* **put up**	組み立てる
☐ 0176 *69%〜* **remind ... of 〜**	…に〜を思い出させる
☐ 0177 *69%〜* **right now**	すぐに
☐ 0178 *69%〜* **run over 〜**	（車などで）〜を引く
☐ 0179 *69%〜* **see a doctor**	医者に診てもらう
☐ 0180 *69%〜* **send back 〜**	送り返す

0181 69%~ **shake hands (with ~)**	(~と)握手をする （複数形に注意）
0182 69%~ **sit down**	座る
0183 69%~ **so ~ that ...**	とても~なので…
0184 69%~ **some ~ other(s) ...**	あるものは~，また別のものは…
0185 69%~ **some day**	（未来の）いつか
0186 69%~ **some time later**	しばらくたって
0187 69%~ **sound like ~**	~のように聞こえる
0188 69%~ **speak to ~**	~に話しかける
0189 69%~ **stay at[in] ~**	~に滞在する
0190 69%~ **stay up**	夜ふかしをする
0191 69%~ **stop ... from ~ing**	…が~するのを妨げる
0192 69%~ **such as ~**	~のような

STAGE 6 英熟語 学習率 69%〜

suffer from 〜	〜で苦しむ
take a bath	風呂に入る
take a message	メッセージを受け取る ⇔ leave a message（メッセージを残す）
take a picture	写真をとる
take off	脱ぐ，離陸する
take out 〜	〜をとり出す
take part in 〜	〜に参加する
take time	時間をかける
thanks to 〜	〜のおかげで
the day before yesterday	一昨日 ⇔ the day after tomorrow（明後日）
the other day	先日
there is[are] 〜	〜がある

0205 **these days**	最近
0206 **throw ~ away**	~を捨てる
0207 **try ~ on**	~を試着する
0208 **turn off**	~を消す ⇔ turn on（~をつける）
0209 **turn to ~**	~の方を向く
0210 **upside down**	さかさまに
0211 **wait for ~**	~を待つ
0212 **want ... to ~**	…に~してほしい
0213 **write to ~**	~に手紙を書く

不規則動詞の変化表

原形(現在形)	意 味	過 去 形	過去分詞
be (is, am, are)	～である	was, were	been
begin	始まる	began	begun
break	壊す	broke	broken
bring	持ってくる	brought	brought
build	建てる	built	built
buy	買う	bought	bought
catch	捕まえる	caught	caught
choose	選ぶ	chose	chosen
come	来る	came	come
cut	切る	cut	cut
drink	飲む	drank	drunk
drive	運転する	drove	driven
eat	食べる	ate	eaten
fall	落ちる	fell	fallen
feel	感じる	felt	felt
find	見つける	found	found
get	得る	got	got[gotten]
give	与える	gave	given
go	行く	went	gone
grow	成長する	grew	grown

原形(現在形)	意 味	過 去 形	過去分詞
hear	聞く	heard	heard
hide	隠す	hid	hidden[hid]
hit	打つ	hit	hit
hold	抱く	held	held
keep	保つ	kept	kept
know	知る	knew	known
lay	横たえる	laid	laid
lead	導く	led	led
leave	去る	left	left
lend	貸す	lent	lent
lie	横たわる	lay	lain
lose	失う	lost	lost
make	作る	made	made
meet	会う	met	met
put	置く	put	put
read	読む	read*1	read*1
ride	乗る	rode	ridden
run	走る	ran	run
say	言う	said*2	said*2
see	見る	saw	seen
sell	売る	sold	sold
send	送る	sent	sent
show	示す	showed	shown

原形(現在形)	意　味	過　去　形	過去分詞
sing	歌う	sang	sung
sit	座る	sat	sat
sleep	眠る	slept	slept
speak	話す	spoke	spoken
spend	費やす	spent	spent
stand	立つ	stood	stood
steal	盗む	stole	stolen
swim	泳ぐ	swam	swum
take	取る	took	taken
teach	教える	taught	taught
tell	告げる	told	told
think	考える	thought	thought
throw	投げる	threw	thrown
understand	理解する	understood	understood
wear	着る	wore	worn
write	書く	wrote	written

＊1　発音は [red レッド] となる。
＊2　発音は [sed セド] となる。

英単語さくいん

本書の英単語の見出し語と「まとめて覚える英単語」をアルファベット順に並べています。「まとめて覚える英単語」のページは赤で示しています。

A

a	88	
a.m.	84	
able	121	
aboard	277	
about	10, 234	
above	167, 235	
abroad	103	
absorb	317	
accept	254	
accident	180	
acid	288	
across	96, 234	
act	227	
action	137	
active	179	
activity	213	
actor	214	
actress	306	
actually	120	
ad	317	
add	141	
addition	197	
address	195	
adjust	317	
admire	306	
adult	163	
advantage	289	
adventure	180	
advertise	180	
advice	180	
affect	318	
affection	318	
afraid	70	
after	10, 234	
afternoon	10, 84	
again	10	
against	120, 234	
age	163	
ago	48	
agree	72	
ahead	179	
air	139	
airline	254	
airport	168	
album	98	
alien	180	
all	28, 336	
allow	289	
almost	66	
aloha	197	
alone	111	
along	119	
alphabet	254	
already	74	
also	28	
although	306	
always	55	
amaze	289	
amazed	198	
amazing	163	
ambition	318	
America	85	
among	105, 234	
amount	242	
amusement	160	
an	88	
ancestor	238	
anchor	318	
ancient	170	
and	236	
anger	318	
angry	115	
animal	10	
animated	306	
animation	277	
anime	285	
announce	228	
announcer	318	
another	61, 336	
answer	34	
ant	174	
any	10	
anybody	318	
anymore	318	
anyone	66	
anything	55	
anytime	318	
anyway	191	
anywhere	102	
apartheid	289	
apartment	289	
appear	129	
apple	79, 123	
apply	191	
approach	254	
April	83	
apron	181	
architect	137	
Arctic	198	
area	132	

359

argument	318	
arm	101, 154	
army	152	
around	28, 234	
arrest	108	
arrive	56	
arrow	198	
art	56	
article	318	
artist	148	
as	41, 234	
ask	41	
asleep	228	
assistant	319	
astronaut	133	
at	10, 234	
athlete	300	
atmosphere	319	
atomic	254	
attack	181	
attend	242	
attendant	306	
attention	122	
audience	198	
August	83	
aunt	81, 122	
Australia	85	
automatically	319	
autumn	82, 177	
average	300	
awake	319	
award	198	
away	48	

B

baby	61	
back	41, 155	
bad	61	
badge	302	
bag	11	
bake	148	
ball	99	
ballerina	319	
ballet	319	
balloon	274	
bamboo	198	
ban	198	
banana	79, 176	
band	176	
bandage	306	
bandanna	242	
bank	278	
bar	144	
barbecue	289	
barber	255	
bark	181	
barrier	199	
base	255	
baseball	11, 156	
basketball	11, 156	
bass	157, 221	
bath	122	
bathroom	181	
battery	199	
battlefield	255	
bay	319	
be	28	
beach	129	
bean	78, 144	
bear	77, 126	
beat	215	
beautician	306	
beautiful	11	
beauty	199	
because	42, 236	
become	61	
bed	11	
bedroom	242	

beef	215
beep	319
beer	255
beetle	255
before	42, 234
beg	255
begin	66
beginner	255
beginning	306
behave	306
behind	178
Beijing	85
believe	113
bell	228
below	139, 235
belt	144
Berlin	85
beside	181
besides	306
between	56
bicycle	227
big	11
bike	28
bird	35, 77
birth	307
birthday	11
biscuit	319
bite	256
bitter	302
black	42
blackboard	238
blame	307
blanket	143
blind	161
blindfold	307
blog	302
blood	319
bloom	286
blossom	95

☐ blow	302	☐ bridge	167	☐ candy	320
☐ blue	42	☐ bright	133	☐ cap	12
☐ blueberry	137	☐ brightness	181	☐ capital	290
☐ blush	274	☐ bring	28	☐ captain	302
☐ board	192	☐ brother	35, 81	☐ car	42
☐ boarding	256	☐ brown	238	☐ card	106
☐ boat	111	☐ brush	124	☐ care	35
☐ body	102	☐ bucket	320	☐ career	278
☐ bomb	108	☐ build	61	☐ careful	127
☐ bomber	307	☐ building	115	☐ carefully	101
☐ bone	199	☐ bulb	320	☐ carpenter	158, 195
☐ book	12	☐ bump	274	☐ carrot	78, 163
☐ bookcase	243	☐ burn	122	☐ carry	49
☐ bookstore	129	☐ bury	227	☐ cartoon	228
☐ boomerang	243	☐ bus	28	☐ cartoonist	307
☐ border	174	☐ business	288	☐ case	189
☐ bored	301	☐ busy	99	☐ cast	320
☐ boring	215	☐ but	236	☐ castle	166
☐ borrow	115	☐ butter	307	☐ cat	12, 76
☐ both	96	☐ buy	56	☐ catch	100
☐ bottle	94	☐ buzzer	290	☐ cattle	77
☐ bowl	278	☐ by	12, 234	☐ cause	141
☐ bowling	307			☐ CD	12
☐ box	35	**C**		☐ ceiling	256
☐ boy	12	☐ cabbage	307	☐ celebrate	199
☐ boycott	250	☐ cafeteria	111	☐ cell	199
☐ brain	319	☐ cage	228	☐ cell phone	228
☐ branch	289	☐ cake	49	☐ cent	278
☐ brass band	199	☐ calculator	256	☐ center	320
☐ brave	181	☐ calendar	168	☐ centimeter	229
☐ Brazil	86	☐ call	35	☐ century	84, 200
☐ bread	131	☐ calm	307	☐ ceremony	320
☐ break	70	☐ camera	113	☐ certain	308
☐ breakfast	35	☐ camp	174	☐ certainly	221
☐ breath	307	☐ campaign	320	☐ chair	94
☐ breathe	307	☐ can	12	☐ challenge	308
☐ breathing	320	☐ Canada	85	☐ champion	182
☐ breathtaking	243	☐ cancer	221	☐ championship	152
☐ brick	256	☐ candle	215	☐ chance	213

361

☐ change 56	☐ classroom 109	☐ communication 97
☐ channel 320	☐ clean 42	☐ community 200
☐ chapter 243	☐ cleaner 257	☐ company 97
☐ character 182	☐ clear 151	☐ compare 129
☐ charity 182	☐ clearly 257	☐ compartment 278
☐ charm 174	☐ clerk 112, 158	☐ compass 303
☐ chase 308	☐ clever 102	☐ complain 290
☐ cheap 140	☐ click 308	☐ completely 243
☐ check 104	☐ climb 212	☐ computer 43
☐ cheek 155	☐ clinic 302	☐ concentrate 320
☐ cheer 145	☐ close 56	☐ concert 74
☐ cheerful 182	☐ cloth 163	☐ conclusion 222
☐ cheese 300	☐ clothes 62	☐ condition 321
☐ chef 243	☐ cloud 116	☐ conditioner 182
☐ chemical 320	☐ cloudy 49	☐ condominium 290
☐ cherry 49	☐ club 94	☐ conductor 229
☐ chess 200	☐ CO_2 196	☐ confectioner 279
☐ chest 155, 278	☐ coach 132	☐ conference 244
☐ chew 302	☐ coal 290	☐ confident 321
☐ chicken 212	☐ coat 135	☐ confuse 200
☐ child 49	☐ coffee 49	☐ confusing 303
☐ childhood 278	☐ coin 308	☐ congratulation 321
☐ chime 256	☐ cola 243	☐ connect 227
☐ China 85	☐ cold 42	☐ connection 257
☐ Chinese 86	☐ collect 66	☐ construction 321
☐ chocolate 104	☐ collection 308	☐ content 257
☐ choice 133	☐ college 129	☐ contest 189
☐ choose 101	☐ color 43	☐ continent 215
☐ chorus 221	☐ colorful 145	☐ continue 99
☐ Christmas 161	☐ combination 200	☐ control 279
☐ Christmas Eve 257	☐ come 13	☐ convenience 129
☐ church 129	☐ comedian 221	☐ convenient 148
☐ citizen 229	☐ comedy 257	☐ cook 99
☐ city 35	☐ comfort 308	☐ cooker 258
☐ civil 308	☐ comfortable 257	☐ cookie 124
☐ clap 238	☐ comic 94	☐ cooking 179
☐ class 13	☐ comment 200	☐ cool 43
☐ classical 200	☐ common 192	☐ cooperate 290
☐ classmate 36	☐ communicate 215	☐ cooperation 258

☐ copy	152			☐ design	97
☐ corn	78, 308	# D		☐ designer	222
☐ corner	161	☐ dad	277	☐ desk	36
☐ cost	321	☐ daily	258	☐ despair	291
☐ costume	222	☐ dam	321	☐ dessert	192
☐ cotton	290	☐ damage	309	☐ destroy	222
☐ cough	192	☐ dance	101	☐ detective	145
☐ count	279	☐ dancer	300	☐ develop	201
☐ country	49	☐ dangerous	100	☐ developing	259
☐ courage	222	☐ dark	107	☐ devil	259
☐ course	43	☐ darkness	258	☐ devotion	322
☐ cousin	179	☐ data	321	☐ diamond	201
☐ cover	132	☐ date	43	☐ diary	286
☐ cow	279	☐ daughter	43, 81	☐ dictionary	112
☐ cracker	279	☐ day	13, 84	☐ die	56
☐ crane	136	☐ dead	137	☐ diet	322
☐ craze	308	☐ deaf	201	☐ dietician	322
☐ crazy	303	☐ deal	258	☐ difference	70
☐ create	192	☐ dear	13	☐ different	36
☐ creativity	258	☐ death	222	☐ differently	259
☐ creature	321	☐ debate	321	☐ difficult	57
☐ cricket	156, 244	☐ debut	201	☐ difficulty	291
☐ crop	258	☐ December	83	☐ dining	216
☐ crowd	321	☐ decide	67	☐ dinner	29
☐ crowded	174	☐ decision	301	☐ dinosaur	244
☐ cry	50	☐ decorate	259	☐ diplomat	322
☐ cucumber	78, 303	☐ decrease	321	☐ direct	244
☐ culture	116	☐ deep	70	☐ direction	260
☐ cup	101	☐ deeply	244	☐ director	286
☐ cure	308	☐ deer	322	☐ disabled	309
☐ curry	127	☐ delicious	110	☐ disagree	120
☐ curtain	309	☐ delight	259	☐ disappear	114
☐ cushion	182	☐ demonstration	291	☐ disappointed	322
☐ custom	130	☐ dentist	182	☐ disaster	309
☐ customer	244	☐ depart	259	☐ discover	141
☐ cut	116	☐ department	168	☐ discovery	322
☐ cute	113	☐ departure	259	☐ disease	309
☐ cycle	215	☐ depend	152	☐ dish	125
☐ cycling	274	☐ desert	229	☐ display	260

☐ distant	260	
☐ disturb	322	
☐ dive	309	
☐ divide	322	
☐ do	13	
☐ doctor	62, 158	
☐ dog	13, 76	
☐ doghouse	309	
☐ doll	143	
☐ dollar	123	
☐ dolphin	238	
☐ dome	260	
☐ donate	279	
☐ donkey	77	
☐ door	36	
☐ doorbell	309	
☐ dot	164	
☐ down	29, 235	
☐ downstairs	183	
☐ drama	222	
☐ draw	67	
☐ dream	50	
☐ dress	216	
☐ dressed	275	
☐ dressing	260	
☐ drink	43	
☐ drive	100	
☐ driver	183	
☐ drop	136	
☐ drugstore	168	
☐ drum	67, 157	
☐ dry	114	
☐ dump	183	
☐ during	57, 235	
☐ dust	322	
☐ DVD	145	
☐ dying	287	

E

☐ each	50
☐ ear	155, 212
☐ early	29
☐ earn	138
☐ earphone	260
☐ earth	57
☐ earthquake	144
☐ easily	57
☐ east	229
☐ eastern	196
☐ easy	71
☐ eat	13
☐ echo	183
☐ eco-bag	322
☐ economic	323
☐ eco-tourism	244
☐ effect	309
☐ effective	245
☐ effort	150
☐ egg	14
☐ eight	89
☐ eighteen	89
☐ eighteenth	91
☐ eighth	91
☐ eightieth	92
☐ eighty	90
☐ either	114
☐ elbow	155
☐ elderly	168
☐ elect	260
☐ electric	309
☐ electricity	150
☐ electronic	201
☐ elementary	171
☐ elephant	76, 130
☐ eleven	89
☐ eleventh	91

☐ elm	309
☐ else	102
☐ e-mail	113
☐ embarrass	261
☐ embassy	323
☐ emerald	323
☐ emission	323
☐ employee	323
☐ empty	216
☐ encourage	152
☐ encouraging	245
☐ end	130
☐ endanger	245
☐ endangered	229
☐ enemy	148
☐ energy	140
☐ engine	245
☐ engineer	116
☐ engineering	223
☐ England	85
☐ English	14, 86
☐ enjoy	14
☐ enough	102
☐ enter	106
☐ entertainment	291
☐ entrance	150
☐ environment	98
☐ environmental	323
☐ episode	310
☐ equal	141
☐ equality	261
☐ equipment	323
☐ era	291
☐ eraser	160
☐ erupt	261
☐ escape	323
☐ especially	107
☐ ethnic	201
☐ evaluation	323

☐ eve	174	☐ factory	216	☐ fight	106
☐ even	71	☐ fade	183	☐ figure	138
☐ evening	14, 84	☐ fair	196	☐ fill	189
☐ event	62	☐ faithful	261	☐ film	245
☐ ever	74	☐ fall	36, 82	☐ final	292
☐ every	14	☐ family	14	☐ finally	166
☐ everybody	300	☐ famous	36	☐ find	58
☐ everyday	133	☐ fan	57	☐ fine	36
☐ everyone	29, 336	☐ fantastic	216	☐ fine arts	238
☐ everything	62, 336	☐ far	62	☐ finger	155, 161
☐ everywhere	162	☐ fare	201	☐ finish	71
☐ exam	223	☐ farm	134	☐ fire	102
☐ examine	261	☐ farmer	147	☐ firework	132
☐ example	50	☐ farming	192	☐ first	91
☐ excellent	291	☐ fashionable	324	☐ fish	44, 77
☐ exchange	164	☐ fast	44	☐ fishing	300
☐ excited	57	☐ fat	223	☐ fist	155
☐ exciting	44	☐ father	15, 81	☐ fit	292
☐ excuse	14	☐ favor	192	☐ fitting	280
☐ exercise	229	☐ favorite	15	☐ five	89
☐ expensive	131	☐ feature	261	☐ fix	223
☐ experience	67	☐ February	83	☐ flag	172
☐ experiment	323	☐ feed	324	☐ flash	262
☐ explain	114	☐ feel	58	☐ flavor	245
☐ explode	245	☐ feeling	141	☐ flight	189
☐ express	172	☐ feet	212	☐ float	280
☐ expression	291	☐ fellow	261	☐ floor	128
☐ extinct	323	☐ female	324	☐ florist	310
☐ extra	324	☐ fencing	238	☐ flower	58
☐ eye	44, 155	☐ festival	44	☐ fluently	148
☐ eyebrow	155	☐ fever	279	☐ flute	123, 157
☐ eyelash	155	☐ few	71	☐ fly	111
☐ eyelid	155	☐ fiction	183	☐ focus	324
☐ eyesight	292	☐ field	98	☐ fold	134
		☐ fifteen	89	☐ folk song	310
F		☐ fifteenth	91	☐ follow	67
☐ face	57, 155	☐ fifth	91	☐ food	29
☐ fact	133	☐ fiftieth	92	☐ fool	324
☐ factor	324	☐ fifty	90	☐ foot	154, 212

365

- [ ] football 130, 156
- [ ] footprint 262
- [ ] for 15, 234
- [ ] force 246
- [ ] forecast 246
- [ ] foreign 95
- [ ] forest 121
- [ ] forever 134
- [ ] forget 67
- [ ] forgive 324
- [ ] former 292
- [ ] fortieth 92
- [ ] fortune 230
- [ ] forty 90
- [ ] forward 106
- [ ] fossil fuel 202
- [ ] four 89
- [ ] fourteen 89
- [ ] fourteenth 91
- [ ] fourth 91
- [ ] fox 239
- [ ] France 85
- [ ] free 62
- [ ] freedom 153
- [ ] French 86
- [ ] fresh 168
- [ ] Friday 82
- [ ] fridge 164
- [ ] fried 324
- [ ] friend 15
- [ ] friendly 116
- [ ] friendship 262
- [ ] frog 76, 216
- [ ] from 15, 234
- [ ] front 72
- [ ] fruit 116
- [ ] fry 169
- [ ] full 286
- [ ] fun 29
- [ ] fund 262
- [ ] funny 127
- [ ] furniture 262
- [ ] future 62

G

- [ ] gain 324
- [ ] game 29
- [ ] garbage 134
- [ ] garden 143
- [ ] gas 292
- [ ] gate 138
- [ ] gather 108
- [ ] generation 230
- [ ] generous 324
- [ ] genre 310
- [ ] gentle 325
- [ ] gentleman 196
- [ ] geography 262
- [ ] German 86
- [ ] Germany 85
- [ ] gesture 178
- [ ] get 15
- [ ] giant 216
- [ ] gift 110
- [ ] giraffe 77
- [ ] girl 15
- [ ] girlfriend 303
- [ ] give 50
- [ ] glacier 202
- [ ] glad 118
- [ ] glasses 303
- [ ] global 217
- [ ] globally 262
- [ ] glove 202
- [ ] go 16
- [ ] goal 230
- [ ] God 164
- [ ] gold 169
- [ ] golden 174
- [ ] goldfish 175
- [ ] golf 156
- [ ] golfer 246
- [ ] good 16
- [ ] goodness 292
- [ ] goose 292
- [ ] government 293
- [ ] grade 121
- [ ] graduate 230
- [ ] gram 325
- [ ] grandchild 81, 175
- [ ] granddaughter 81, 280
- [ ] grandfather 37, 81
- [ ] grandma 124
- [ ] grandmother 44, 81
- [ ] grandpa 176
- [ ] grandparent 142
- [ ] grandson 81, 280
- [ ] grape 79, 310
- [ ] graph 104
- [ ] grass 183
- [ ] grassland 263
- [ ] gray 142
- [ ] great 37
- [ ] greedy 223
- [ ] green 142
- [ ] greenhouse 202
- [ ] greet 293
- [ ] greeting 150
- [ ] grin 275
- [ ] grocer 325
- [ ] ground 74
- [ ] group 114
- [ ] grow 67
- [ ] grown-up 325
- [ ] growth 325

☐ guess	113	☐ headache	114	☐ home run	325
☐ guest	223	☐ health	224	☐ homeless	246
☐ guide	126	☐ healthy	184	☐ homemaking	239
☐ guidebook	325	☐ hear	50	☐ homepage	280
☐ guitar	16, 157	☐ heart	132, 155	☐ homeroom	303
☐ guitarist	310	☐ heartbeat	310	☐ homestay	134
☐ gun	176	☐ heat	224	☐ hometown	247
☐ guy	310	☐ heater	293	☐ homework	30
☐ gym	123	☐ heavy	217	☐ honest	325
		☐ hectare	325	☐ honesty	263

H

		☐ heel	155	☐ hope	63
☐ habitat	202	☐ height	325	☐ hopeful	263
☐ hair	100	☐ helmet	263	☐ horizon	175
☐ haircut	223	☐ help	30	☐ horn	326
☐ half	288	☐ helpful	184	☐ horse	76, 148
☐ hall	97	☐ helping	325	☐ hospital	63
☐ hallway	246	☐ her	88	☐ host	119
☐ hamburger	179	☐ here	16, 336	☐ hot	30
☐ hammer	202	☐ heritage	230	☐ hot spring	303
☐ hamster	303	☐ hero	310	☐ hotel	95
☐ hand	58, 154	☐ hers	88	☐ hour	50
☐ handkerchief	275	☐ hide	310	☐ house	16
☐ handle	280	☐ high	44	☐ housework	184
☐ handmade	246	☐ highlight	310	☐ how	17, 236
☐ handout	246	☐ highway	311	☐ however	133, 235
☐ happen	104	☐ hiking	303	☐ hug	326
☐ happiness	293	☐ hill	167	☐ huge	145
☐ happy	30	☐ him	87	☐ human	73
☐ hard	37	☐ hip	154	☐ humid	281
☐ harm	263	☐ his	87	☐ humor	263
☐ harvest	202	☐ historical	311	☐ hunger	224
☐ hat	111	☐ history	103	☐ hungry	37
☐ hate	178	☐ hit	63	☐ hunt	203
☐ hatred	184	☐ hobby	177	☐ hunter	303
☐ have	16	☐ hockey	184	☐ hurry	123
☐ hawk	239	☐ hold	58	☐ hurt	116
☐ hay fever	280	☐ hole	130	☐ husband	81, 130
☐ he	87	☐ holiday	115		
☐ head	37, 155	☐ home	16		

367

I

- [ ] I　87
- [ ] ice　175
- [ ] ice cream　217
- [ ] iced　275
- [ ] idea　45
- [ ] identity　263
- [ ] if　63
- [ ] ill　264
- [ ] illness　264
- [ ] illustrator　203
- [ ] image　247
- [ ] imagine　189
- [ ] impact　203
- [ ] import　326
- [ ] importance　107
- [ ] important　63
- [ ] impossible　224
- [ ] impress　140
- [ ] improve　148
- [ ] in　17, 234
- [ ] including　293
- [ ] increase　203
- [ ] incredibly　203
- [ ] indeed　203
- [ ] India　86
- [ ] individual　264
- [ ] industrial　126
- [ ] industry　293
- [ ] influence　281
- [ ] information　103
- [ ] injection　264
- [ ] injure　203
- [ ] injury　190
- [ ] ink　175
- [ ] insect　311
- [ ] inside　103
- [ ] insist　326
- [ ] inspiration　326
- [ ] inspire　326
- [ ] instead　193
- [ ] instruct　204
- [ ] instructor　193
- [ ] instrument　204
- [ ] interested　58
- [ ] interesting　17
- [ ] interestingly　293
- [ ] international　166
- [ ] Internet　51
- [ ] internship　311
- [ ] interpreter　130
- [ ] interview　151
- [ ] interviewer　230
- [ ] into　58, 234
- [ ] introduce　196
- [ ] introduction　311
- [ ] invent　311
- [ ] invention　247
- [ ] inventor　311
- [ ] invite　151
- [ ] irregular　326
- [ ] island　147
- [ ] issue　326
- [ ] it　88
- [ ] Italy　85
- [ ] itchy　281
- [ ] its　88

J

- [ ] jacket　124
- [ ] jam　124
- [ ] January　83
- [ ] Japan　85
- [ ] Japanese　86
- [ ] Japanese-style　247
- [ ] jazz　239
- [ ] jeans　304
- [ ] jet　247
- [ ] job　59
- [ ] jogger　311
- [ ] jogging　311
- [ ] join　45
- [ ] joke　138
- [ ] journalist　167
- [ ] joy　167
- [ ] judge　230
- [ ] judgment　326
- [ ] juice　109
- [ ] July　83
- [ ] jump　214
- [ ] June　83
- [ ] jungle　213
- [ ] junior　37
- [ ] junior high school　264
- [ ] just　45

K

- [ ] kangaroo　277
- [ ] keep　59
- [ ] keeper　231
- [ ] key　161
- [ ] keyboard　224
- [ ] kick　264
- [ ] kid　123
- [ ] kill　73
- [ ] killer　311
- [ ] kilogram　301
- [ ] kilometer　131
- [ ] kind　37
- [ ] kindergarten　204
- [ ] king　127
- [ ] kitchen　127
- [ ] kiwi　184
- [ ] kiwifruit　79

☐ knee	155, 311	☐ left	45	☐ love	30
☐ knife	217	☐ leg	154, 161	☐ lovely	239
☐ knock	204	☐ lemon	312	☐ low	106
☐ know	17	☐ lend	281	☐ luck	196
☐ knowledge	204	☐ lesson	143	☐ luckily	327
☐ koala	160	☐ let	300	☐ lucky	107
☐ Korea	85	☐ letter	51	☐ lunch	30
☐ Korean	86	☐ level	184	☐ lunchbox	265
		☐ library	95	☐ lunchtime	185

L

☐ lie		204			
☐ life		38		## M	
☐ laboratory	294	☐ lifespan	327		
☐ lady	171	☐ lifestyle	169	☐ machine	74
☐ lake	97	☐ light	68	☐ machinery	327
☐ lamp	179	☐ like 動	17	☐ magazine	217
☐ land	98	☐ like 前	234	☐ magic	131
☐ land mine	227	☐ limited	327	☐ main	134
☐ language	51	☐ line	75	☐ majestic	204
☐ lantern	275	☐ lion	76, 124	☐ major	225
☐ lap	239	☐ lip	155	☐ make	18
☐ large	59	☐ list	224	☐ male	327
☐ last	17	☐ listen	17	☐ mammal	275
☐ lastly	326	☐ little	51	☐ man	30
☐ late	38	☐ live	18	☐ manager	193
☐ lately	326	☐ living	224	☐ many	18
☐ later	45	☐ lobby	185	☐ map	105
☐ latest	287	☐ local	145	☐ March	83
☐ laugh	134	☐ locate	247	☐ mark	205
☐ laughter	264	☐ location	265	☐ market	131
☐ law	265	☐ locker	275	☐ marry	231
☐ lawn	312	☐ London	85	☐ mask	138
☐ lawyer	158, 169	☐ lonely	193	☐ master	248
☐ lay	190	☐ long	18	☐ mat	185
☐ lead	138	☐ look	18	☐ match	131
☐ leader	171	☐ lose	68	☐ math	31
☐ leaf	247	☐ loss	248	☐ matter	164
☐ league	265	☐ lot	18	☐ may	59
☐ learn	51	☐ loud	217	☐ May	83
☐ learning	327	☐ loudly	248	☐ mayor	205
☐ leave	38			☐ me	87

369

☐ meal	145	
☐ mean	51	
☐ meaning	68	
☐ meaningful	153	
☐ measure	205	
☐ meat	105	
☐ mechanic	265	
☐ medal	281	
☐ media	327	
☐ medical	312	
☐ medicine	164	
☐ medium	166	
☐ meet	18	
☐ meeting	146	
☐ melody	265	
☐ melon	79, 327	
☐ melt	193	
☐ member	99	
☐ memorial	225	
☐ memory	166	
☐ menu	300	
☐ mess	312	
☐ message	68	
☐ metal	312	
☐ meteor	327	
☐ meter	94	
☐ method	265	
☐ middle	300	
☐ midnight	217	
☐ midway	266	
☐ military	312	
☐ milk	109	
☐ mind	104	
☐ mine	87	
☐ minister	185	
☐ ministry	327	
☐ minus	276	
☐ minute	45	
☐ mirror	161	
☐ miss	51	
☐ mission	327	
☐ mistake	136	
☐ mix	193	
☐ model	266	
☐ mom	45	
☐ moment	105	
☐ Monday	82	
☐ money	68	
☐ monkey	213	
☐ month	31, 84	
☐ monument	225	
☐ moon	167	
☐ morning	19, 84	
☐ mother	19, 81	
☐ motorcycle	304	
☐ motto	149	
☐ mountain	63	
☐ mouse	77, 300	
☐ mouth	52, 155	
☐ move	59	
☐ movement	231	
☐ movie	46	
☐ much	19	
☐ museum	128	
☐ music	19	
☐ musical	205	
☐ musician	68, 158	
☐ must	63	
☐ my	87	
☐ mysterious	281	
☐ mystery	281	

N

☐ nail	205	
☐ name	19	
☐ nap	328	
☐ nation	266	
☐ national	172	
☐ native	248
☐ natural	179
☐ naturally	312
☐ nature	108
☐ near	31, 235
☐ nearby	248
☐ nearly	266
☐ necessary	99
☐ neck	155, 239
☐ necklace	312
☐ need	52
☐ needle	266
☐ needy	328
☐ neighbor	218
☐ neighborhood	231
☐ nephew	81
☐ nervous	218
☐ nest	294
☐ net	175
☐ never	64
☐ new	19
☐ New Year	240
☐ New York	85
☐ New Zealand	85
☐ news	117
☐ newspaper	68
☐ next	31
☐ nice	19
☐ niece	81
☐ night	31, 84
☐ nine	89
☐ nineteen	89
☐ nineteenth	91
☐ ninetieth	92
☐ ninety	90
☐ ninth	91
☐ no one	336
☐ Nobel Prize	205
☐ nobody	336

nod	169
noisy	304
noodle	126
noon	84, 113
normal	248
north	171
northern	231
northwestern	328
nose	125, 155
note	146
notebook	110
nothing	96, 336
notice	170
novel	282
novelist	158
November	83
now	31, 84
nuclear	185
number	31
nun	193
nurse	73, 158
nursery	218
nutritious	328

O

object	266
occupation	312
occur	240
ocean	177
o'clock	20
October	83
octopus	160
of	38, 234
off	46, 235
offer	185
office	136
office worker	158
officer	105
official	169
often	20
oil	122
old	32
Olympic	167
omelet	312
on	20, 234
once	64
one	89
one hundred	90
one hundred and one	90
one hundred thousand	90
one hundredth	92
one million	90
one thousand	90
onion	78, 240
online	194
only	46
onto	304
open	38
opening	328
opinion	194
opposite	282
or	236
oral	205
orange	79, 109
order	150
ordinary	294
organ	157
organic	248
origin	328
original	206
originally	194
other	38
our	88
ours	88
out	46, 235
outside	104
over	38, 235
overnight	304
overseas	249
owl	218
own	94
owner	218
ozone	328

P

P.E.	162
p.m.	84
package	328
page	103
pain	282
paint	163
painter	287
painting	276
pair	194
pamphlet	172
pancake	304
panda	135
panel	206
pants	266
paper	64
paperback	328
parade	277
paralyzed	294
pardon	144
parent	113
Paris	85
park	32
part	69
particular	267
partner	249
party	100
pass	73
passenger	267
passion	206
passport	164

371

☐ past	286	☐ pie	147	☐ politician	268
☐ path	328	☐ piece	99	☐ pollution	194
☐ patient	312	☐ pig	77	☐ pond	313
☐ pay	249	☐ pillow	249	☐ pool	240
☐ peace	64	☐ pilot	218	☐ poor	59
☐ peaceful	146	☐ pin	267	☐ popcorn	176
☐ peach	218	☐ pineapple	313	☐ popular	46
☐ peak	185	☐ pink	180	☐ pork	268
☐ peanut	206	☐ pitch	304	☐ position	268
☐ pen	20	☐ pitcher	267	☐ positive	329
☐ pencil	32	☐ pity	329	☐ possible	231
☐ penguin	328	☐ pizza	142	☐ post	166
☐ people	32	☐ place	52	☐ postcard	186
☐ pepper	313	☐ plan	102	☐ pot	146
☐ per	301	☐ plane	115	☐ potato	78, 146
☐ percent	287	☐ planet	190	☐ pound	287
☐ perfect	69	☐ plant	137	☐ pour	313
☐ perfectly	294	☐ plastic	118	☐ power	171
☐ perform	109	☐ plate	225	☐ powerful	190
☐ performance	140	☐ platform	329	☐ practice	59
☐ performer	231	☐ play	20	☐ praise	195
☐ perhaps	149	☐ player	21	☐ pray	329
☐ period	206	☐ please	21	☐ precious	313
☐ permission	329	☐ pleasure	149	☐ prefecture	172
☐ person	74	☐ plentiful	329	☐ prefer	250
☐ personal	249	☐ plenty	194	☐ prepare	190
☐ pet	160	☐ plus	276	☐ prescribe	313
☐ pharmacist	282	☐ pocket	175	☐ present	52
☐ phone	39	☐ poem	294	☐ presentation	250
☐ photo	163	☐ point	69	☐ preserve	329
☐ photograph	206	☐ poison	249	☐ president	109
☐ photographer	138	☐ poisoned	267	☐ pressure	232
☐ photography	313	☐ poisonous	267	☐ pretty	128
☐ phrase	294	☐ polar	194	☐ price	206
☐ pianist	267	☐ police	106	☐ pride	207
☐ piano	20, 157	☐ police officer	158	☐ priest	165
☐ pick	100	☐ policeman	268	☐ primary	240
☐ picnic	301	☐ policy	249	☐ prince	295
☐ picture	20	☐ polite	225	☐ princess	329

☐ print	207	☐ rabbit	76, 165	☐ regard	330
☐ priority	207	☐ race	186	☐ regular	330
☐ prize	302	☐ racket	125	☐ rehearse	314
☐ probably	250	☐ radio	120	☐ reindeer	269
☐ problem	64	☐ rain	95	☐ relate	330
☐ proceed	268	☐ rainbow	169	☐ relation	250
☐ produce	121	☐ raincoat	240	☐ relationship	302
☐ product	149	☐ rainy	128	☐ relative	241
☐ profession	268	☐ raise	108	☐ relax	227
☐ professional	149	☐ rapid	329	☐ relay	270
☐ program	60	☐ rat	329	☐ release	295
☐ programmer	186	☐ rate	313	☐ relief	250
☐ prohibit	313	☐ rather	313	☐ remain	165
☐ project	172	☐ ray	269	☐ remember	71
☐ promise	146	☐ reach	221	☐ remind	270
☐ promote	268	☐ reaction	329	☐ removal	330
☐ protect	232	☐ read	21	☐ remove	171
☐ proud	186	☐ reader	314	☐ rental	330
☐ provide	269	☐ reading	276	☐ repair	251
☐ psychology	269	☐ ready	110	☐ repeat	304
☐ public	282	☐ real	190	☐ replace	251
☐ pull	304	☐ realize	225	☐ reply	314
☐ pumpkin	78, 313	☐ really	21	☐ report	151
☐ punish	250	☐ reason	106	☐ reporter	170
☐ purple	250	☐ receive	119	☐ rescue	314
☐ purpose	165	☐ recently	330	☐ research	207
☐ push	240	☐ recommend	330	☐ reset	330
☐ put	46	☐ record	196	☐ resource	207
		☐ recording	269	☐ respect	197
Q		☐ recycle	74	☐ responsible	295
☐ question	46	☐ recycling	178	☐ rest	118
☐ quick	269	☐ red	100	☐ restaurant	52
☐ quickly	115	☐ reduce	140	☐ result	304
☐ quiet	114	☐ referee	282	☐ retire	207
☐ quietly	143	☐ reflect	330	☐ return	117
☐ quit	269	☐ refrigerator	304	☐ reuse	140
☐ quite	172	☐ refuse	153	☐ rhythm	295
☐ quiz	127			☐ rice	47
				☐ rich	136

373

☐ ride	71	☐ salt	139	☐ section	241
☐ right 名形	21	☐ salty	314	☐ see	22
☐ right 名	270	☐ same	60	☐ seed	296
☐ ring	190	☐ sanctuary	295	☐ seem	208
☐ rise	136	☐ sandwich	124	☐ select	232
☐ risk	330	☐ satellite	270	☐ sell	117
☐ rival	314	☐ Saturday	82	☐ send	64
☐ river	52	☐ sauna	314	☐ senior	296
☐ road	105	☐ sausage	162	☐ sentence	208
☐ roar	305	☐ save	64	☐ Seoul	85
☐ robber	207	☐ sax	241	☐ separate	122
☐ robot	282	☐ saxophone	157	☐ separately	331
☐ rock	71	☐ say	32	☐ September	83
☐ role	330	☐ saying	331	☐ series	186
☐ roll	213	☐ scare	283	☐ serious	287
☐ Rome	85	☐ scared	314	☐ serve	191
☐ roof	107	☐ scarf	276	☐ service	186
☐ rookie	208	☐ scary	314	☐ set	151
☐ room	32	☐ scene	251	☐ setting	315
☐ round	137	☐ scenery	295	☐ seven	89
☐ rugby	213	☐ schedule	331	☐ seventeen	89
☐ rule	112	☐ scheme	331	☐ seventeenth	91
☐ run	21	☐ school	21	☐ seventh	91
☐ runner	173	☐ schoolyard	241	☐ seventieth	92
☐ Russian	86	☐ science	32	☐ seventy	90
S		☐ scientist	120	☐ several	271
		☐ scissors	208	☐ severe	208
☐ sacred	219	☐ score	295	☐ shade	208
☐ sad	52	☐ scout	331	☐ shake	191
☐ sadly	270	☐ scramble	270	☐ shampoo	178
☐ sadness	195	☐ scrap	270	☐ shape	251
☐ safe	186	☐ scuba diving	314	☐ share	97
☐ safely	314	☐ sea	47	☐ shark	315
☐ safety	331	☐ seal	191	☐ she	88
☐ sail	283	☐ search	251	☐ sheep	77
☐ salad	132	☐ season	47	☐ sheet	331
☐ sale	232	☐ seat	117	☐ shelf	283
☐ salmon	302	☐ second	91	☐ shell	219
☐ salon	305	☐ secret	305	☐ shelter	225

374

☐ shine 146	☐ sister 22, 81	☐ snorkeling 315
☐ ship 296	☐ sit 47	☐ snow 65
☐ shirt 125	☐ site 150	☐ snowy 127
☐ shock 108	☐ situation 208	☐ so 39, 236
☐ shocked 315	☐ six 89	☐ soap 271
☐ shoe 94	☐ sixteen 89	☐ soccer 33, 156
☐ shoot 126	☐ sixteenth 91	☐ social 241
☐ shooting star 331	☐ sixth 91	☐ social studies 214
☐ shop 47	☐ sixtieth 92	☐ soft 150
☐ shopping 53	☐ sixty 90	☐ softball 119
☐ short 101	☐ size 131	☐ softly 214
☐ should 69	☐ skate 212	☐ solar 141
☐ shoulder 155, 213	☐ sketch 315	☐ soldier 219
☐ shout 118	☐ ski 95	☐ soloist 209
☐ show 53	☐ skiing 300	☐ solution 331
☐ shower 315	☐ skill 173	☐ solve 170
☐ showroom 283	☐ skillful 288	☐ some 22
☐ shrine 117	☐ skin 173	☐ somebody 315
☐ shut 296	☐ skip 331	☐ someday 187
☐ shuttle 331	☐ sky 117	☐ somehow 226
☐ shy 315	☐ sleep 47	☐ someone 121
☐ sick 69	☐ sleeping bag 305	☐ something 47, 336
☐ sickness 271	☐ sleepy 125	☐ sometime 187
☐ side 152	☐ slip 305	☐ sometimes 22
☐ sigh 276	☐ slipper 315	☐ son 72, 81
☐ sight 251	☐ slow 219	☐ song 60
☐ sightseeing 118	☐ slowly 121	☐ soon 39
☐ sign 177	☐ slum 283	☐ sore 283
☐ signal 271	☐ small 53	☐ sorry 22
☐ silence 232	☐ smart 160	☐ sound 60
☐ silent 251	☐ smell 121	☐ soup 162
☐ similar 135	☐ smile 112	☐ sour 315
☐ simple 139	☐ smiley face 209	☐ source 271
☐ simply 271	☐ smog 296	☐ south 187
☐ since 75, 234	☐ smoke 173	☐ southeastern 272
☐ sincerely 286	☐ smoothly 271	☐ soybean 226
☐ sing 33	☐ snack 177	☐ space 95
☐ singer 72	☐ snake 221	☐ spacecraft 296
☐ single 315	☐ sneaker 296	☐ spaceship 187

375

☐ spaghetti	144	☐ step	136	☐ suffer	232
☐ span	316	☐ stew	284	☐ sugar	252
☐ Spanish	86	☐ stick	187	☐ suggest	272
☐ speak	22	☐ sticker	332	☐ suggestion	188
☐ speaker	252	☐ still	48	☐ suit	228
☐ special	39	☐ stomach	195	☐ summer	23, 82
☐ species	332	☐ stomachache	187	☐ sun	96
☐ speech	73	☐ stone	187	☐ Sunday	82
☐ speed	147	☐ stop	53	☐ sunlight	252
☐ spell	191	☐ store	98	☐ sunny	53
☐ spend	125	☐ storm	188	☐ sunrise	143
☐ spicy	316	☐ stormy	284	☐ sunset	252
☐ spirit	165	☐ story	65	☐ supermarket	128
☐ splash	305	☐ straight	162	☐ support	141
☐ spoon	297	☐ strange	103	☐ sure	39
☐ sport	33	☐ stranger	316	☐ surf	139
☐ spot	153	☐ straw	170	☐ surface	332
☐ spread	151	☐ strawberry	79, 316	☐ surfing	316
☐ spring	39, 82	☐ stream	332	☐ surprise	219
☐ square	165	☐ streamline	272	☐ surprised	162
☐ stadium	98	☐ street	53	☐ surprising	226
☐ staff	180	☐ stress	332	☐ surprisingly	297
☐ stage	197	☐ strict	301	☐ surround	209
☐ stair	177	☐ strike	272	☐ survey	305
☐ stamp	332	☐ strong	65	☐ survival	209
☐ stand	48	☐ student	23	☐ survive	226
☐ stapler	332	☐ studio	316	☐ survivor	316
☐ star	97	☐ study	23	☐ sweater	214
☐ start	22	☐ stuffed	252	☐ sweep	316
☐ starvation	283	☐ stupid	332	☐ sweet	69
☐ starve	332	☐ style	165	☐ swim	23
☐ state	219	☐ subject	39	☐ swimmer	316
☐ station	60	☐ suburb	297	☐ swimming	277
☐ statue	226	☐ subway	209	☐ sword	284
☐ stay	33	☐ succeed	332	☐ Sydney	85
☐ steak	191	☐ success	332	☐ symbol	152
☐ steal	209	☐ successful	272	☐ system	209
☐ steam	272	☐ such	69		
☐ steep	176	☐ suddenly	126		

T

table	40
table tennis	123
take	23
talent	316
talk	23
tall	48
tap	305
task	252
taste	128
taxi	210
taxi driver	158
tea	53
teach	40
teacher	54, 158
team	40
teammate	286
teamwork	170
tear	232
technique	272
technology	197
telegram	333
telephone	333
tell	54
temper	333
temperature	333
temple	132
ten	89
ten million	90
ten thousand	90
tennis	23
tent	219
tenth	91
terrible	135
terror	316
test	105
textbook	112
than	65
thank	40
that	24, 336
the	88
theater	288
their	88
theirs	88
them	88
then	24
therapy	317
there	24
therefore	333
these	336
they	88
thick	226
thin	301
thing	40
think	33
third	91
thirsty	110
thirteen	89
thirteenth	91
thirtieth	91
thirty	89
this	24, 336
those	33, 336
though	197
three	89
throat	284
through	72
throw	135
Thursday	82
ticket	118
tie	147
tiger	76, 220
tightly	210
till	333
time	24
timing	297
tiny	273
tip	333
tired	48
to	24, 234
toast	109
today	24, 84
toe	155
together	33
toilet	241
Tokyo	85
tomato	78, 220
tomorrow	54, 84
tongue	252
tonight	84, 119
too	25
tool	188
tooth	143, 155
toothache	284
toothbrush	284
top	301
topic	253
torch	333
tornado	333
total	302
touch	96
tough	333
tour	119
tourism	253
tourist	220
tournament	188
toward	288
towel	139
tower	284
town	103
toy	160
track	122
trade	210
trader	333
tradition	107
traditional	60

377

traffic	178
tragedy	173
train	40
trainer	188
training	301
transportation	285
trash	101
travel	96
traveling	305
tray	214
treasure	112
treat	220
tree	48
trekking	317
tremble	273
trick	151
trip	54
trouble	135
truck	188
truly	210
trumpet	212
trust	297
try	34
T-shirt	110
tube	241
Tuesday	82
tulip	334
tuna	276
turn	40
turtle	214
TV	25
twelfth	91
twelve	89
twentieth	91
twenty	89
twenty-first	91
twenty-one	89
twice	197
twin	242
two	89
type	253

U

umbrella	100
uncle	81, 126
unclean	297
under	41
understand	65
unfair	317
unfortunately	334
unhappy	253
unicycle	297
uniform	111
unique	166
united	273
universal	285
university	119
unlucky	305
unplug	298
until	72, 235
up	25, 235
upon	285
upset	226
upside	210
us	88
use	34
useful	65
user	188
usual	317
usually	41

V

vacation	54
vacuum	273
value	210
variety	288
various	170
vase	162
vast	210
vegetable	137
vending machine	334
Venezuela	86
very	25
vet	144
victim	317
video	54
video game	147
Vietnam	86
view	128
viewer	334
village	70
villager	220
violin	147
visa	334
visit	34
visitor	133
vividly	253
voice	125
volcano	273
volleyball	142, 156
volume	285
volunteer	115

W

waist	155
wait	65
waiter	189
waitress	285
wake	305
walk	25
wall	177
wallet	253
want	25
war	73
warm	60
warming	120

378

☐ warn	242	☐ where	26, 236	☐ word	61
☐ wash	54	☐ which	26, 236	☐ work	34
☐ washing	273	☐ while	73, 236	☐ worker	211
☐ Washington	85	☐ whisper	285	☐ workshop	211
☐ waste	98	☐ white	41	☐ world	55
☐ wastebasket	317	☐ who	27, 236	☐ World War II	317
☐ watch	25	☐ whole	233	☐ worried	317
☐ water	55	☐ whose	27, 236	☐ worry	112
☐ waterfall	195	☐ why	34, 236	☐ worth	254
☐ watermelon	79, 277	☐ wide	189	☐ would	70
☐ wave	173	☐ wife	81, 120	☐ wounded	274
☐ way	34	☐ wild	195	☐ wrap	118
☐ we	88	☐ wilderness	211	☐ wrestle	254
☐ weak	140	☐ will	61	☐ wrestler	149
☐ wealth	334	☐ willing	233	☐ wrestling	135
☐ wear	72	☐ win	104	☐ write	27
☐ weather	55	☐ wind	171	☐ writer	107, 158
☐ website	168	☐ window	111	☐ wrong	117

Y

☐ Wednesday	82	☐ windy	301		
☐ week	26, 84	☐ wine	149	☐ year	27, 84
☐ weekday	334	☐ wing	273	☐ yellow	41
☐ weekend	84, 96	☐ winner	227	☐ yen	301
☐ weigh	334	☐ winter	27, 82	☐ yesterday	27, 84
☐ weight	334	☐ wisdom	274	☐ yet	70
☐ welcome	26	☐ wise	335	☐ yogurt	288
☐ well	26	☐ wish	66	☐ you	87
☐ well-balanced	334	☐ with	27, 234	☐ young	66
☐ west	139	☐ without	66, 235	☐ your	87
☐ western	253	☐ wolf	211	☐ yours	87
☐ wet	306	☐ woman	55		

Z

☐ wetland	334	☐ wonder	142		
☐ whale	76, 220	☐ wonderful	55	☐ zebra	176
☐ what	26, 236	☐ wonderland	242	☐ zone	335
☐ wheel	220	☐ wood	142	☐ zoo	110
☐ wheelchair	178	☐ wooden	298	☐ zookeeper	274
☐ when	26, 236	☐ wool	211		

英熟語さくいん

A

- [ ] a bottle of ~ 340
- [ ] a cup [glass] of ~ 340
- [ ] a few 338
- [ ] a kind of ~ 340
- [ ] a large amount of ~ 340
- [ ] a large number of ~ 340
- [ ] a little 338
- [ ] a lot of ~ 340
- [ ] a pair of ~ 340
- [ ] a piece of ~ 341
- [ ] after a while 341
- [ ] after school 338
- [ ] agree with ~ 341
- [ ] all day 338
- [ ] all over the world 341
- [ ] all year around 341
- [ ] all year round 341
- [ ] and so on 341
- [ ] around the world 341
- [ ] arrive at ~ 341
- [ ] arrive in ~ 341
- [ ] as ... as ~ can 338
- [ ] ask ... for ~ 341
- [ ] at a loss 341
- [ ] at first 338
- [ ] at home 341
- [ ] at large 341
- [ ] at least 342
- [ ] at once 342
- [ ] at the same time 342
- [ ] at war 342

B

- [ ] be able to ~ 342
- [ ] be about to ~ 342
- [ ] be afraid of ~ 342
- [ ] be based on ~ 342
- [ ] be covered with ~ 342
- [ ] be different from ~ 342
- [ ] be famous for ~ 342
- [ ] be going to ~ 338
- [ ] be good at ~ 342
- [ ] be happy to ~ 342
- [ ] be impressed with ~ 343
- [ ] be in danger 343
- [ ] be in shock 343
- [ ] be in trouble 343
- [ ] be interested in ~ 338
- [ ] be located in ~ 343
- [ ] be over 343
- [ ] be proud of ~ 343
- [ ] be ready for ~ 343
- [ ] be willing to ~ 343
- [ ] because of ~ 343
- [ ] before long 343
- [ ] begin with ~ 344
- [ ] between ~ and ... 344
- [ ] billions of ~ 344
- [ ] both ... and ~ 344
- [ ] break down 344
- [ ] break into ~ 344
- [ ] bring ~ back 344
- [ ] bring about ~ 344

C

- [ ] call ~ back 344
- [ ] care for ~ 344
- [ ] change ~ into ... 344
- [ ] change trains 344
- [ ] check out 345

☐ cheer ~ up	345
☐ clean up	345
☐ come across	345
☐ come back	345
☐ come from ~	345
☐ come out	345
☐ come true	338
☐ come up with ~	345
☐ compare ... with ~	345

D

☐ depend on ~	345
☐ die of ~	345
☐ do ~'s best	345
☐ do harm to ~	346
☐ drop out of ~	346

E

☐ each other	346
☐ eat out	346
☐ encourage ... to ~	346
☐ exchange ~ with ...	346

F

☐ face to face (with ~)	346
☐ fall down	346
☐ far away	346
☐ fill up	346
☐ find out	346
☐ for ~ self	347
☐ for a long time	338
☐ for a while	346
☐ for example	338
☐ for the first time	338

G

☐ get away	347
☐ get off	347
☐ get on ~	347

☐ get to ~	347
☐ get up	338
☐ give ... a try	347
☐ give off	347
☐ give up	347
☐ go away	339
☐ go back	347
☐ go by	347
☐ go fishing	347
☐ go home	347
☐ go on ~ing	348
☐ go out	348
☐ go shopping	348
☐ go through	348
☐ graduate from ~	348

H

☐ have a good time	348
☐ have a great time	348
☐ have fun	348
☐ have to ~	339
☐ hear from	348
☐ hear of ~	348
☐ help ~ with ...	348
☐ help yourself (to ~)	348
☐ hold on	348
☐ how about ... ?	339
☐ how to ~	339
☐ hurry up	349

I

☐ in ~ direction	349
☐ in ~ way(s)	349
☐ in addition	349
☐ in conclusion	349
☐ in fact	349
☐ in front of ~	339
☐ in need	349
☐ in number	349

☐ in ~'s opinion	349
☐ in ~'s place	349
☐ in order to ~	349
☐ in peace	349
☐ in return	350
☐ in search of ~	350
☐ in the future	350
☐ instead of ~	350

K

☐ keep (on) ~ ing	350
☐ keep in touch	350

L

☐ lead ... to ~	350
☐ lie down	350
☐ listen to ~	339
☐ little by little	350
☐ live a ... life ~	350
☐ look at ~	339
☐ look back at ~	350
☐ look for ~	339
☐ look forward to ~	339
☐ look into ~	350
☐ look like ~	339
☐ lose time	351
☐ lots of ~	340

M

☐ make a mistake	351
☐ make a speech	351
☐ make friends with ~	351
☐ make up ~'s mind	351

N

☐ next to ~	351
☐ no longer ~	351
☐ not ~ at all	351

O

☐ of course	339
☐ on ~'s way back to …	351
☐ on the side of ~	351
☐ on time	351
☐ one after another	351
☐ one day	352
☐ over there	352

P

☐ pass ~ on to …	352
☐ pick up	339
☐ point of view	352
☐ protect ... from ~	352
☐ put down ~	352
☐ put on ~	340
☐ put up	352

R

☐ remind ... of ~	352
☐ right now	352
☐ run over ~	352

S

☐ see a doctor	352
☐ send back	352
☐ shake hands (with ~)	353
☐ sit down	353
☐ so ~ that ...	353
☐ so as to ~	349
☐ some ~ other(s) ...	353
☐ some day	353
☐ some time later	353
☐ sound like ~	353
☐ speak to ~	353
☐ stand up	340
☐ start with ~	344
☐ stay at ~	353

☐ stay up	353
☐ stop ... from ~ ing	353
☐ such as ~	353
☐ suffer from ~	354

T

☐ take a bath	354
☐ take a message	354
☐ take a picture	354
☐ take care of ~	340
☐ take off	354
☐ take out ~	354
☐ take part in ~	354
☐ take time	354
☐ thanks to ~	354
☐ the day after tomorrow	354
☐ the other day	354
☐ there is[are] ~	354

☐ these days	355
☐ think of ~	340
☐ throw ~ away	355
☐ try ~ on	355
☐ turn on	355
☐ turn to ~	355

U

☐ upside down	355

W

☐ wait for ~	355
☐ want ... to ~	355
☐ welcome to ~ .	340
☐ what about ... ?	339
☐ why don't you ... ?	340
☐ write down ~	352
☐ write to ~	355

● 著者紹介

杉山一志（すぎやまかずし）

東進ハイスクール・東進衛星予備校，Z会東大マスターコース英語科講師。実用英語検定1級，TOEIC®テスト975点など，さまざまな英語資格を取得。小学生から大学受験生，TOEIC受験指導まで幅広く行うとともに，模試作成・監修や教材開発にも取り組んでいる。主な著書として『英文法パターンドリル（中1，中2，中3）』（文英堂），『小学校スーパードリル2・3』（共著・Jリサーチ出版），『スピード英語長文Level 1～4』（共著・ピアソン桐原）などがある。

イラスト	桜井葉子
編集協力	（有）アートマン
英文校閲	Bernard Susser

シグマベスト
中学英単語 Max2300

本書の内容を無断で複写(コピー)・複製・転載することは，著作者および出版社の権利の侵害となり，著作権法違反となりますので，転載等を希望される場合は前もって小社あて許諾を求めてください。

©杉山一志 2012
Printed in Japan

著　者	杉山一志
発行者	益井孝郎
印刷所	図書印刷株式会社
発行所	株式会社　文英堂

〒601-8121　京都市南区上鳥羽大物町28
〒162-0832　東京都新宿区岩戸町17
（代表）(03) 3269-4231

●落丁・乱丁はおとりかえいたします。